Michel Soignet

CW00821235

Le

Français

Juridique

Droit – Administration – Affaires

HACHETTE
Français langue étrangère

43, quai de Grenelle, 75905 Paris Cedex 15.

www.hachettefle.fr

Sommaire

Sommaire

Couverture : Darwin Project
Conception graphique et réalisation : Desk
Secrétariat d'édition : Anne Andrault
Illustrations : Philippe Outin

ISBN : 978-2-01-155200-6
© Hachette Livre 2003, 43, quai de Grenelle, 75905 Paris Cedex 15

Avant-propos

Le français juridique est une introduction au vocabulaire juridique ainsi qu'à la connaissance des sources du droit, des institutions françaises et communautaires, de la justice française et du droit des entreprises. Il établit ainsi un lien direct et systématique entre terminologie de spécialité et connaissance de différents domaines liés à la pratique d'activités juridiques dans le contexte culturel français et communautaire. Cependant, le discours juridique s'inscrit dans les domaines plus vastes de la langue soutenue et des rituels du français officiel. *Le français juridique* a donc aussi pour objectif un approfondissement d'actes de parole courants de la vie quotidienne, déjà connus, mais qui sont ici transposés dans des situations spécifiques plus complexes relevant de la vie juridique.

Le français juridique s'adresse à des étudiants ou à des apprenants déjà insérés dans la vie active et qui ont atteint le niveau B 1 du Cadre Commun de référence du Conseil de l'Europe. Il est constitué de dix unités qui peuvent, suivant les besoins et les objectifs retenus, être traitées de manière linéaire ou modulaire.

Chaque unité est constituée de quatre étapes successives s'articulant autour d'un aspect différent du domaine juridique (justice, administrations, institutions françaises et communautaires, entreprise). Chaque étape comprend des documents écrits et oraux à la base desquels sont proposées des activités de compréhension et d'expression écrites et orales ainsi que des exercices centrés sur l'acquisition et le renforcement du lexique et de la phraséologie du droit et de la langue administrative. Ces quatre étapes sont complétées par une page d'exercices récapitulatifs mettant en œuvre les quatre compétences ainsi que par un canevas destiné à aider les apprenants à s'auto-évaluer et à consigner les connaissances et les savoir-faire acquis au cours de l'unité.

Mise en œuvre de connaissances professionnelles en français, découverte et approfondissement du lexique de spécialité et de la phraséologie du droit, prise de conscience de la nécessaire transposition de la langue courante à la langue administrative, pratique du français écrit et oral dans un contexte spécifique sont autant d'éléments qui font du *Français juridique* un outil particulièrement adapté à l'acquisition progressive et approfondie des savoir-faire requis pour l'obtention du Certificat de français juridique de la Chambre de commerce et d'industrie de Paris.

Guilhène MARATIER-DECLETY
Directrice des Relations Internationales/Enseignement
Chambre de Commerce et d'Industrie de Paris

1 Domaines et sources du droit

1. Les différents domaines du droit

1 Glossaire

DROIT : *ensemble des règles juridiques émises par l'autorité publique qui définissent un cadre aux activités humaines.*
◆ *ensemble de droits (exemple : le droit de vote), d'obligations (exemple : payer ses impôts), d'interdictions (exemple : faire travailler des enfants).*

DROIT OBJECTIF : *ensemble des règles juridiques applicables à tous.*

DROIT SUBJECTIF : *droits conférés par le droit objectif aux personnes physiques (êtres humains) et aux personnes morales (associations, sociétés, etc.).*

! INFOS

• Le **droit positif** est constitué de l'ensemble des règles en vigueur à une période donnée.
• Le **droit civil** constitue le **droit commun**. Il comporte l'ensemble des règles qui régissent les relations juridiques entre des personnes privées qui ne relèvent d'aucune législation spécifique.
• Le **droit spécial** concerne des personnes juridiques exerçant leurs activités dans des cadres juridiques particuliers : droit commercial, droit du travail, etc.
• Le **droit pénal** s'applique à des personnes physiques ou morales ayant commis des infractions (contraventions, délits, crimes). Ces infractions entraînent des sanctions.

2 Les différentes branches du droit

Droit privé		
Droit privé Il concerne les rapports des personnes privées entre elles.	**National**	**Droit civil** : relations entre les personnes privées concernant la personnalité, la famille, les contrats et la propriété.
		Droit commercial : relations entre les commerçants.
		Droit du travail : relations entre employeur et salarié.
	International	**Droit privé international** : relations internationales des personnes privées.
Droit public Il concerne l'organisation des pouvoirs publics et leurs relations avec les particuliers.	**National**	**Droit social** : fonctionnement des organismes de sécurité sociale et relations avec les particuliers.
		Droit constitutionnel : fonctionnement des institutions politiques de l'État.
		Droit administratif : fonctionnement des administrations et relations avec les particuliers.
		Droit fiscal : impôts et taxes.
		Droit pénal : sanction des infractions
	International	**Droit public international** : relations entre les États et les organismes internationaux.

M. Bialès, R. Leurion, I. Le Texier, *Économie-Droit, Plein pot bac STT,* Éditions Foucher, 2001.

3 Scènes de vie

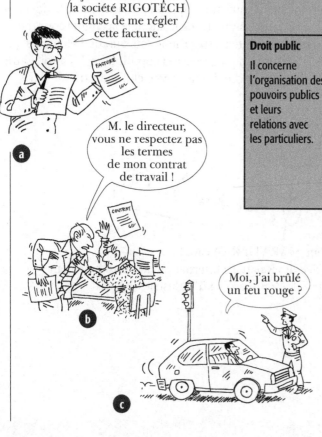

Ça fait six mois que la société RIGOTECH refuse de me régler cette facture.

a

M. le directeur, vous ne respectez pas les termes de mon contrat de travail !

b

Moi, j'ai brûlé un feu rouge ?

c

Le feu ! Je suis sûr que c'est mon voisin. Il m'avait déjà menacé.

d

À vous de Jouer

1 • Dites à quel domaine du droit se rapportent :

– *les dessins du document 3 :*

a. .... b. ....

c. .... d. ....

– *les situations suivantes :*

e. un conflit entre deux États à propos des eaux territoriales : ....

f. un litige entre une entreprise et un de ses clients : ....

g. un vol avec effraction : ....

2 • Créez des relations entre ces personnalités juridiques et notez sur la flèche la branche du droit concernée.

a. M. Adarson, canadien, père de Marielle

b. M. Hergelin, locataire

c. Caisse de sécurité sociale du Haut-Rhin

d. M. Fivel, assuré social

droit privé international

i. Organisation des Nations unies

e. Mme Barillet, propriétaire

f. République de Hongrie

g. Mme Adarson, française, mère de Marielle

h. FITEX, fournisseur de MARINFO

j. MARINFO SA

• Utiliser le vocabulaire •

3 • Complétez avec le verbe convenable : *s'appliquer à – relever de – concerner – régir.*

a. Les rapports entre un entrepreneur et ses employés .... droit du travail.

b. Le droit administratif .... les relations entre les citoyens et les administrations.

c. Le droit pénal .... les personnes ayant commis des actes sanctionnés par la loi.

d. Le droit fiscal, sous des formes diverses, ... tous les citoyens.

4 • Trouvez dans les documents l'équivalent des mots soulignés.

a. Les pouvoirs publics (................................) imposent certaines règles aux particuliers.

b. La Sécurité sociale est une institution (................................) qui s'occupe de la protection sociale des travailleurs.

c. Le droit objectif concerne aussi bien les citoyens (................................) que les sociétés, les associations, etc. (................................).

• S'exprimer •

5 • Vous travaillez dans une petite entreprise qui a des débouchés commerciaux à l'étranger. Votre directeur voudrait ouvrir un magasin en France. Il n'a aucune formation juridique et vous demande votre aide.

a) Présentez-lui oralement les différentes branches du droit en France (document 2).

b) Afin de convaincre votre directeur de l'importance de l'aspect juridique de la question, faites-lui une note écrite. Trouvez, dans votre pays, des exemples concrets et rattachez chaque exemple à la branche du droit concernée.

Aide

Pour l'exercice 5a.

1. Faites une phrase d'introduction. Exemple : *Dans le droit français, on distingue…*

2. Présentez les deux branches principales et les branches annexes en utilisant des mots pour introduire les différentes parties et les lier entre elles : *la première, la seconde, d'abord, ensuite, enfin, une autre branche est…, continuons avec…, parlons maintenant de…*

3. Faites une phrase de conclusion. Exemple : *Pour ouvrir et faire fonctionner un magasin en France, vous devrez recueillir des informations concernant plusieurs branches du droit français.*

2. Les sources du droit

1 Glossaire

> **SOURCES DIRECTES DU DROIT** : *les lois, les traités, les règlements administratifs, les usages, la coutume.*
>
> **SOURCES INDIRECTES DU DROIT** : *la jurisprudence, la doctrine.*
>
> **SOURCES ÉCRITES DU DROIT** : *les lois, les règlements administratifs, les décrets et les arrêtés.*
>
> **SOURCES NON ÉCRITES DU DROIT** : *l'usage, la coutume.*

! INFOS

• Le traité de Maastricht a été **ratifié** par la France après le référendum de septembre 1993.

• En vertu de l'article 38 de la Constitution, le gouvernement peut demander au Parlement, pour une durée limitée, l'autorisation de prendre des **ordonnances**. Celles-ci ont force de loi.

• Quand la justice se trouve confrontée à une situation qui n'est prévue par aucune réglementation, on parle de **vide juridique**.

2 La hiérarchie des sources directes et écrites du droit

Chaque texte de niveau inférieur doit obligatoirement être en conformité avec les textes de niveau supérieur.

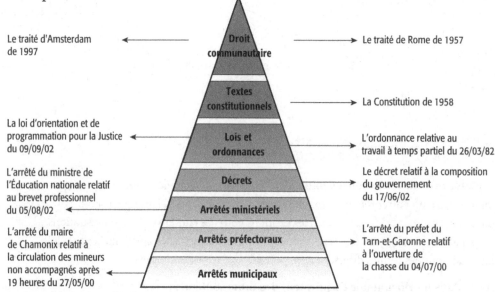

Le traité d'Amsterdam de 1997 ← **Droit communautaire** → Le traité de Rome de 1957

Textes constitutionnels → La Constitution de 1958

La loi d'orientation et de programmation pour la Justice du 09/09/02 ← **Lois et ordonnances** → L'ordonnance relative au travail à temps partiel du 26/03/82

L'arrêté du ministre de l'Éducation nationale relatif au brevet professionnel du 05/08/02 ← **Décrets** → Le décret relatif à la composition du gouvernement du 17/06/02

Arrêtés ministériels

L'arrêté du maire de Chamonix relatif à la circulation des mineurs non accompagnés après 19 heures du 27/05/00 ← **Arrêtés préfectoraux** → L'arrêté du préfet du Tarn-et-Garonne relatif à l'ouverture de la chasse du 04/07/00

Arrêtés municipaux

> Selon l'article 55 de la Constitution, « les traités ou accords régulièrement ratifiés ou approuvés ont, dès leur publication, une autorité supérieure à celle des lois [...] ».

3 Les sources indirectes et non écrites

• D'une manière générale, le préavis de démission est d'une semaine pour les ouvriers et de trois mois pour les cadres. Cette pratique a un caractère général et constant. C'est ce que l'on désigne par **usage**.

• Un directeur a consulté sans le prévenir le fichier personnel de l'ordinateur d'un de ses employés. Pour l'analyse de la plainte que le salarié a déposée, le juge s'est référé à un rapport sur la cybersurveillance des salariés dans l'entreprise. Il a eu recours à la **doctrine**.

• Madame Soubrié, qui travaillait dans un magasin de vêtements féminins, a été licenciée. Dans son contrat d'engagement, son patron lui avait imposé la clause de non concurrence. Un procès l'a opposée à son ancien patron qui a obtenu du tribunal l'interdiction qu'elle exerce son métier pendant un an. La cour d'appel, en se référant à d'autres affaires de ce genre, a déclaré cette clause nulle et non avenue en estimant qu'elle contrevenait au principe de la liberté du travail puisqu'elle empêchait la salariée de retrouver un emploi dans une branche d'activité où elle avait 16 ans d'expérience professionnelle. Cette décision relève de la **jurisprudence**.

• En général, la femme mariée prend le nom de son mari mais ce n'est pas obligatoire. C'est la **coutume**.

À vous de Jouer

• Comprendre les documents •

🎧 **1 • L'affaire Patrick Doublong**

a) Écoutez une fois l'enregistrement et dites à quelle branche du droit on peut associer cette affaire.

....

b) Écoutez le document une deuxième fois et répondez aux questions suivantes.

À quelle source du droit la justice peut-elle se référer pour instruire cette affaire ?.................................

....

Pourquoi ?...

S'agit-il d'une source directe ou indirecte ? Justifiez votre réponse. ....

....

(Pour en savoir plus sur le conseil des prud'hommes, voir page 38.)

2 • Dites si ces affirmations sont vraies ou fausses.

	V	F
a. Seuls les arrêtés municipaux sont indépendants des lois et décrets.	☐	☐
b. Les arrêtés préfectoraux doivent être conformes à la législation communautaire.	☐	☐
c. L'usage est une pratique non écrite le plus souvent considérée comme obligatoire.	☐	☐
d. Les sources indirectes sont hiérarchisées.	☐	☐

• Utiliser le vocabulaire •

3 • Complétez avec l'expression convenable : *suite à – en vertu de – visant à – conformément à.*

a. Le ministre de l'Intérieur a promulgué un arrêté .... renforcer la sécurité routière.

b. .... la loi de 1901, les associations ne doivent pas faire de bénéfices.

c. .... décret n° 74-449 du 15 mai 1974, l'officier d'état civil doit remettre le livret de famille aux époux lors de la célébration du mariage.

d. .... la décision du juge, M. Bru doit payer la somme due à M. Davon.

4 • Réécrivez les phrases en remplaçant les expressions soulignées par des expressions formées avec les mots de la bulle.

un · force · faire · prendre · jurisprudence · avoir · de · loi · arrêté

a. Cette décision de justice <u>va servir d'exemple pour traiter ce type d'affaires</u>.

....

b. Le maire a <u>publié un texte</u> relatif à la propreté des rues.

....

c. Un décret peut <u>avoir la même valeur qu'une loi</u>.

....

• S'exprimer •

5 • Au cours d'une conversation, un fonctionnaire de votre pays interroge un juriste français à propos de la hiérarchie des sources du droit en France.

Jouez la scène à deux. Aidez-vous des documents de la page 6 pour imaginer des questions et trouver les réponses. Vous pouvez ensuite inverser les rôles : le juriste français pose au fonctionnaire des questions sur les sources du droit dans votre pays.

Aide

Pour l'exercice 5.
1. Une conversation commence toujours par des formules de politesse : *Salut ! ; Ça va ? ; Bonjour. Comment allez-vous ?* Si les deux personnes ne se connaissent pas, ne pas oublier de se présenter mutuellement.
2. Introduisez ensuite le sujet de vos questions dans la conversation : *Au fait, je voulais te (vous) demander à propos de… ; J'aurais quelques questions à te poser sur… ; Ça ne te dérange pas si je te pose…*
3. Utilisez des expressions pour introduire une nouvelle question : *Dis-moi (Dites-moi) par ailleurs, si… ; Je voudrais aussi savoir pourquoi… ? ; Et, en ce qui concerne…, comment… ?*
4. Vous pouvez aussi enchaîner une réponse avec une nouvelle question en utilisant les expressions : *d'ailleurs, et puis, autre chose… une autre question…*
5. Terminez en remerciant : *Merci beaucoup, je comprends mieux… ; Merci. Maintenant, j'y vois plus clair…*

3. Une forêt de codes

1 Pourquoi des codes ?

L'idée de compiler dans un recueil unique l'ensemble des lois, décrets et réglementations date de la Révolution de 1789. Elle avait pour but d'instaurer une même loi valable pour tous. C'est Napoléon qui a mené à bien le projet avec la rédaction, sous son règne, de cinq grands codes, les plus célèbres étant le Code civil (1804) et le Code pénal (1810).

Ce souci de proposer des recueils de réglementations juridiques a refait surface au milieu du XXe siècle. Plusieurs commissions ont été instituées dans ce but, la dernière en date étant la Commission supérieure de la codification, créée en 1989, et qui fonctionne toujours aujourd'hui. Elle est présidée par le Premier ministre et placée sous contrôle parlementaire. Il existe à l'heure actuelle une soixantaine de codes régulièrement réactualisés.

Le principe de la codification a été repris par de nombreux pays un peu partout dans le monde. Mais il est étranger à d'autres, notamment aux pays anglo-saxons où le droit écrit tient une place relativement secondaire. Par contre, la codification joue un rôle croissant dans le droit européen et le droit international.

2 Le site internet de Dalloz

Code de commerce 2003

Décrets d'application de la loi RNE, loi Murcef, transposition de directives communautaires, le Code de commerce 2003 comprend, cette année encore, de grandes réformes. De plus, afin d'accompagner au mieux l'évolution du droit des affaires, l'Appendice du code a été largement remanié avec de larges extraits du Code monétaire et financier, de plus amples développements consacrés à la procédure commerciale et une nouvelle rubrique de synthèse « contrats d'affaire » qui rassemble les règles fondamentales du droit des obligations civiles et commerciales.

Sommaire

Intégralité du Code de commerce codifié.

Appendice comprenant de nombreuses rubriques en rapport avec le droit commercial et notamment d'importants extraits du Code monétaire et financier.

Code pénal 2003

La 100e édition de Code pénal Dalloz ! Avec l'ensemble des textes codifiés ou non qui sanctionnent les comportements fautifs, le Code pénal 2003 reprend : le délit de harcèlement moral, la réforme du traitement de la délinquance des mineurs initié par la loi Perben et la loi d'amnistie. L'Appendice se développe en droit pénal des affaires avec de nouvelles rubriques : « banqueroute », « marchés financiers », « commissaires aux comptes », « sociétés commerciales ». Enfin, 13 000 références de jurisprudence éclairent sur l'application de la règle pénale.

Sommaire

Nouveau Code pénal et Textes complémentaires : Amnistie, Code de la route, Douanes, Enfance délinquante maintenue sans jurisprudence car transférée dans le Code de procédure pénale, Étrangers, Presse... Ancien Code pénal Nouvelles rubriques en appendice couvrant le droit pénal des affaires : – Banqueroute – Commissaires aux comptes – Marchés financiers – Sociétés commerciales – Travail.

Code du travail 2003

La 65e édition du Code du travail est à jour des lois Fillon des 3 et 17 janvier 2003, des textes relatifs à l'aide au retour à l'emploi et à l'indemnisation du chômage du 8 février 2003 et des textes relatifs à l'égalité entre femmes et hommes, et au soutien à l'emploi des jeunes.

Le Code du travail 2003 est bien sûr augmenté de textes complémentaires pratiques (conventions relatives au travail, réglementation du travail, groupements professionnels, représentation des salariés, participation et intéressement, régimes spéciaux...). Enfin, ses annotations de jurisprudence, revues et augmentées, permettent de replacer les décisions de justice dans le contexte des règles du droit du travail qu'elles appliquent.

Sommaire

L'intégralité du Code du travail (parties Législative, Réglementaire et Décrets) plus 400 pages de textes complémentaires non codifiés.

http://www.boutique.dalloz.fr

À vous de Jouer

1 • **Trouvez dans le document 1 l'équivalent des expressions soulignées.**

a. Les différents codes sont <u>périodiquement mis à jour</u>.

....

b. Les révolutionnaires voulaient <u>que tous les Français soient traités de la même façon</u>.

....

c. <u>Rassembler les réglementations dans des recueils</u> ne se pratique pas dans tous les pays.

....

d. <u>L'idée de rédiger des codes</u> est réapparue après la guerre.

....

2 • **Pour vendre leurs codes, les éditions Dalloz mettent l'accent, dans leur publicité, sur deux aspects :**

– les nouveautés en ce qui concerne les lois et leurs décrets d'application, d'une part ;

– les textes complémentaires, d'autre part.

Relevez, dans le document 2, des exemples de textes complémentaires.

....

....

3 • **Trouvez dans les documents les verbes correspondant aux définitions suivantes.**

Document 1

a. Mettre en place une commission : ....

b. Avoir une place de plus en plus importante : ....

Document 2

c. Ajouter de nouvelles données dans un texte : ....

d. Punir les actes délictueux ou criminels : ....

4 • **Complétez avec le mot convenable :** *intégralité – extraits – références – appendice.*

a. Ce recueil propose .... de la réglementation du travail.

b. Il y a aussi plusieurs .... de jurisprudence.

c. On trouve en .... de ce code des informations sur le droit commercial.

d. Il comprend également des .... d'un autre code.

5 • Un colloque sur les problèmes de l'harmonisation du droit au niveau international se tient à Paris. À la suite de l'intervention d'un juriste de votre pays, le public lui pose des questions sur la place du droit écrit sur le thème suivant : se rattache-t-il plutôt au système français ou au contraire au système anglo-saxon ?

Jouez la scène à plusieurs. L'un d'entre vous se sera renseigné sur le sujet et jouera le juriste, les autres lui poseront les questions.

6 • **Vous êtes responsable de la promotion dans une maison d'édition spécialisée dans la publication de textes juridiques. Rédigez un texte publicitaire pour un nouveau recueil de réglementations juridiques de votre pays à la manière de ceux présentés dans le document 2.**

Aide

Pour l'exercice 5.

1. L'intervenant finit sa communication en ouvrant le débat. Utilisez les expressions : *si vous avec des questions… ; je suis à votre disposition pour… ; et maintenant, je vous passse la parole…*

2. Utilisez des expressions permettant d'introduire une idée : *il me semble que… ; j'ai la conviction que… ; je crois que… ; peut-être que…, etc.*

3. L'intervenant termine le débat en demandant s'il y a d'autres questions, en remerciant le public, en exprimant sa satisfaction, etc. Utilisez les expressions : *je vous remercie pour… ; j'ai pris beaucoup de plaisir à… ; je trouve que ce débat…, etc.*

4. La complémentarité des sources

1 Le droit communautaire et le droit négocié

Les sources « traditionnelles » du droit sont complétées par :

LE DROIT COMMUNAUTAIRE

Obligation pour la France, du fait de son appartenance à l'Union européenne, de participer à l'effort de collaboration et d'harmonisation des systèmes juridiques des États membres.

LE DROIT NÉGOCIÉ

Les conventions et accords collectifs sont la traduction de la participation des salariés (par l'intermédiaire de leurs représentants) à la prise de décisions dans les entreprises.

L'importance croissante du droit communautaire

• En France, près d'un texte sur six est communautaire : une grande partie de la législation des États membres est élaborée sur une base commune à tous. Certains domaines ont d'ailleurs été transférés aux institutions européennes : les États n'ont plus d'autonomie dans des domaines comme, par exemple, la réglementation de la concurrence ou la protection du consommateur.
• La primauté du droit communautaire : en cas de conflit entre une norme de droit interne et une norme communautaire, c'est la seconde qui doit être appliquée. La loi nationale antérieure contraire doit être écartée au profit du droit communautaire. Aucune loi postérieure contraire ne peut être adoptée.

L'importance croissante du droit négocié

• Les lois Auroux (1982) imposent aux entreprises l'obligation légale de négocier :
– au niveau de la branche : tous les ans pour la négociation des salaires, tous les cinq ans pour la négociation des grilles de classification ;
– au niveau de l'entreprise : lorsqu'une ou plusieurs sections syndicales d'organisations représentatives sont présentes, l'employeur est tenu chaque année d'engager une négociation sur les salaires effectifs, la durée et l'organisation du temps de travail.
• Les lois Aubry (1998, 2000) imposent la réduction hebdomadaire du temps de travail à 35 heures (RTT) mais en exigeant que le passage aux 35 heures se fasse dans le cadre d'une négociation.

D'après Y. Kacimi, M. Kaddouch, V. Pieulle, S. Tardif, *Droit BTS 1re année*, Hachette Livre, pp. 90-92.

2 La Commission européenne confrontée à l'hostilité des pêcheurs

Dans un communiqué de presse en date du 11/12/02, la Commission européenne avait fait état d'une proposition visant à réduire de manière significative les captures de pêche pour le cabillaud, afin d'éviter de se trouver, dans un avenir à court terme, devant l'obligation de prendre des mesures beaucoup plus strictes concernant la pêche au cabillaud, poisson dont la population diminue de manière inquiétante, notamment en mer du Nord. Le 05/02/03, la Commission a rencontré les professionnels de la pêche et proposé des mesures de compensation au manque à gagner des pêcheurs. Malgré cela, les marins-pêcheurs de Boulogne, entre autres, restent sceptiques et envisagent de faire pression sur le ministère français de l'Agriculture et de la Pêche afin qu'il obtienne de Bruxelles la levée des mesures envisagées par la Commission. Les associations de protection de la nature et de l'environnement, quant à elles, exigent la mise en œuvre immédiate de mesures très strictes permettant la sauvegarde de la faune marine dans son ensemble.

À vous de Jouer

• Comprendre les documents •

 1 • Écoutez le document une première fois et dites oralement ce que vous avez compris des dispositions des lois Aubry.

 2 • Écoutez le document une deuxième fois. Reproduisez et complétez le tableau.

Les lois Aubry Un exemple de droit négocié	Les lois Aubry Principales dispositions
• *réforme fondée sur la concertation*	• *réduction du temps de travail sans diminution de salaire*

3 • Les quatre phrases suivantes donnent des informations fausses. Rétablissez la vérité.

a. La France n'est pas intégrée à l'effort d'harmonisation des systèmes juridiques.

....

b. Les États membres sont libres d'appliquer ou non la législation européenne sur la concurrence.

....

c. D'après les conventions collectives, ce sont les salariés qui prennent les décisions.

....

d. Selon les lois Auroux, l'employeur peut négocier les salaires avec les employés.

....

• Utiliser le vocabulaire •

4 • Reliez par une flèche les phrases de même sens.

a. Une loi non conforme au droit communautaire doit être écartée.

b. Dans certains secteurs, le pouvoir législatif a été intégralement transféré à l'UE.

c. L'employeur est tenu de négocier avec ses employés.

1. Certaines décisions doivent être prises en concertation avec les salariés de l'entreprise.

2. Une loi qui ne respecte pas la réglementation communautaire n'est plus applicable.

3. L'UE décide parfois pour tous ses membres.

5 • Complétez avec le mot convenable : *l'harmonisation – la primauté – les normes – négociation.*

a. .... des législations au sein de l'UE est une nécessité absolue.

b. Au niveau des entreprises, certaines décisions ne peuvent être prises qu'après ....

c. La construction européenne accentue chaque jour .... de la législation communautaire sur les législations nationales.

d. Toute nouvelle disposition nationale doit respecter .... européennes.

• S'exprimer •

6 • Les représentants des pêcheurs et ceux des écologistes ont été reçus par un fonctionnaire du ministère. Celui-ci est au bord de la crise de nerfs et se lamente à haute voix sur les difficultés à respecter à la fois le droit communautaire, les exigences des pêcheurs et le point de vue des écologistes.

Jouez la scène en groupe (durée : deux minutes)

7 • Vous êtes responsable de la rubrique *Juriste en herbe* dans un journal pour lycéens. Rédigez un article sur les relations entre droit national et droit communautaire.

Aide

Pour l'exercice 6.
Utilisez les expressions : *je suis à bout, je n'en peux plus, je ne m'en sortirai jamais, c'est impossible, etc.*
Pour l'exercice 7.
1. Pour intéresser un public adolescent, vous devez l'accrocher dès la première phrase. Partez d'un cas concret pour ensuite aller vers des notions plus abstraites. Exemple : *Pourquoi les Anglais ont-ils peur de ne plus pouvoir manger des chips au paprika et les Français des camemberts au lait cru ? C'est à cause des nouvelles normes communautaires. En effet,...*
2. Employez le langage courant et un ton familier ; multipliez les exemples.

Faisons le point

1 • Faites des phrases en reliant les éléments des trois colonnes.

Le droit pénal	compiler	à une loi.
Les décrets d'application	concerne	les personnes qui commettent des infractions.
Un code a pour but de	se réfèrent	les textes juridiques relatifs à un domaine précis.

2 • Faites des phrases en remettant les mots en ordre.

a. autorité/le/droit/des/relations/public/les/avec/publique/l'/citoyens/régit

....

b. arrêtés/maires/de/à/la/municipaux/prennent/visant/vie/réglementer/commune/leur/des/les

....

c. textes/est/domaine/un/droit/compilation/juridiques/de/concernant/du/une/code/un

....

3 • Complétez les phrases en utilisant les mots et expressions proposés :

des noms	des verbes	des expressions introductives
jurisprudence	*se référer*	*en cas de*
personnes privées	*s'appliquer*	*d'une manière générale*
primauté	*être en conformité avec*	*en application de*

a. ...., le droit civil .... aux rapports entre ....

b. .... vide juridique, on .... à ....

c. .... principe de ...., le droit national doit ....

le droit communautaire.

4 • Vous travaillez pour l'association SOS Études. Vous êtes chargé de la boîte à questions du site internet pour les questions juridiques. Des lycéens vous interrogent par mail et vous leur répondez par le même canal.
Exemples de questions : *Dans quels cas la justice a-t-elle recours à la jurisprudence ? Le droit négocié, qu'est-ce que c'est ? Je ne comprends pas bien les relations entre droit français et droit communautaire...*

5 • Vous venez de faire un stage en France et votre professeur vous a encouragé à le contacter par internet si vous aviez des questions à lui poser.
a) Écrivez un e-mail pour lui demander des explications complémentaires sur les sources du droit français.
b) Un autre élève rédige la réponse.

6 • Un journaliste français travaillant pour une émission juridique d'une radio française vous interroge sur les sources du droit dans votre pays.
Les questions peuvent être purement informatives : *Quelle est la place de la jurisprudence dans votre pays ?* ou bien partir d'une comparaison avec les sources du droit français : *En France, le droit négocié prend une place de plus en plus importante dans la réglementation juridique. Est-ce le cas dans votre pays ?*

7 • Jeu : un étudiant donne une définition et les autres doivent trouver le terme technique.
Exemple : *C'est un recueil dans lequel sont rassemblées toutes les réglementations concernant les relations des entreprises entre elles (Code de commerce).*

Aide

Pour l'exercice 4.

N'oubliez pas d'utiliser les formules de politesse : *Bonjour, à l'attention de, je vous remercie d'avance, bien à vous,* etc.

La réponse peut comprendre des exemples illustratifs.

Pour l'exercice 5.

Il faut introduire le thème : *Avec le développement des relations internationales, la question des sources du droit est de plus en plus d'actualité. Monsieur..., bonjour ! Vous êtes...*

Les questions doivent s'enchaîner. Commencez vos questions avec : *à votre avis, selon vous, oui, mais..., et puis..., continuons, passons à autre chose, une dernière question si vous le permettez...*

N'oubliez pas les salutations d'usage à la fin d'une interview : *je vous remercie, merci à vous, j'ai pris beaucoup de plaisir à m'entretenir avec vous..., les auditeurs ont sans doute...,* etc.

Faites votre propre Bilan

1 • Classez et notez le vocabulaire que vous avez appris.

Les branches du droit	Les sources du droit
• *le droit civil*	• *les sources directes*

2 • Notez les mots et expressions permettant d'argumenter et de communiquer que vous avez appris.

Actes de parole	Articulateurs du discours
• *Je vous remercie de* • *Et maintenant, je vous passe la parole*	• *à l'heure de* • *en cas de*

3 • Notez les expressions en français courant et leur équivalent dans la phraséologie administrative.

• *être obligé de/être tenu de*
• *appeler/désigner*

2 Le cadre institutionnel national

1. La Constitution du 4 octobre 1958

1 Extraits

PRÉAMBULE
[…]

Article premier. – La France est une République indivisible, laïque, démocratique et sociale. Elle assure l'égalité devant la loi de tous les citoyens sans distinction d'origine, de race ou de religion. Elle respecte toutes les croyances. Son organisation est décentralisée.

TITRE PREMIER :
DE LA SOUVERAINETÉ

Article 2. – La langue de la République est le français.
L'emblème national est le drapeau tricolore bleu, blanc, rouge.
L'hymne national est *la Marseillaise*.
La devise de la République est « Liberté, Égalité, Fraternité ».
Son principe est : gouvernement du peuple, par le peuple, pour le peuple.

Article 3. – La souveraineté nationale appartient au peuple qui l'exerce par ses représentants et par la voie du référendum.

Aucune section du peuple ni aucun individu ne peut s'en attribuer l'exercice.
Le suffrage peut être direct ou indirect dans les conditions prévues par la Constitution. Il est toujours universel, égal et secret.
Sont électeurs, dans les conditions déterminées par la loi, tous les nationaux français majeurs, des deux sexes, jouissant de leurs droits civiques et politiques.
La loi favorise l'égal accès des femmes et des hommes aux mandats électoraux et aux fonctions électives.

2 Les symboles de la République française

Allons enfants de la Patrie,
Le jour de gloire est arrivé !
Contre nous de la tyrannie
L'étendard sanglant est levé ! (bis)
Entendez-vous dans les campagnes
Mugir ces féroces soldats ?
Ils viennent, jusque dans vos bras,
Égorger vos fils et vos compagnes.

Aux armes, citoyens !
Formez vos bataillons !
Marchons, marchons !
Qu'un sang impur
Abreuve nos sillons !

! INFOS

• En 1905, le gouvernement de la République a promulgué la **loi de séparation de l'Église et de l'État**.

• Le **suffrage universel** a été proclamé en 1848 mais il n'est devenu effectif qu'en 1945, date à laquelle les femmes ont obtenu le droit de vote.

• En 1974, Valéry Giscard d'Estaing, nouvellement élu président de la République, a fait voter une loi sur l'**abaissement de la majorité de 21 à 18 ans**.

• La loi constitutionnelle du 8 juillet 1999, à l'origine du dernier paragraphe de l'article 3, recommande de respecter le **principe de la parité**.

• Parmi les **résidents étrangers en France**, seuls les ressortissants de l'Union européenne sont autorisés à **voter** et seulement pour les **élections municipales et européennes**.

À vous de Jouer

1 • Retrouvez dans le document 1 l'expression équivalente de chacune de ces phrases.

Exemple : Le peuple détient l'autorité suprême et l'exerce dans l'intérêt général. → *gouvernement du peuple, par le peuple, pour le peuple.*

a. Tous les citoyens ont des droits et des devoirs identiques. ....

b. Pour les citoyens, le vote est le moyen d'expression de leur volonté. ....

c. La Constitution fixe les différentes modalités de vote. ....

d. Lors de la constitution de listes de candidats, il faut éviter la discrimination entre hommes et femmes. ....

2 • De quoi s'agit-il ?

a. Composée en avril 1792, son titre initial était : *Chant de guerre pour l'armée du Rhin.* ....

b. Né pendant la Révolution de 1789, il unit la couleur du roi à celles de la ville de Paris. ....

c. Symbole de la République française, on voit son buste dans toutes les mairies. Elle a eu le visage de Brigitte Bardot, celui de Catherine Deneuve et maintenant celui de Lætitia Casta. ....

d. Ce sont trois grandes idées de la Révolution de 1789 que la République a adoptées. ....

• Utiliser le vocabulaire •

3 • Retrouvez dans le document l'équivalent des mots soulignés.

a. La loi garantit (..) les libertés publiques.

b. La décision revient (..) au peuple par la voix des urnes.

c. Personne n'a le droit de prendre (..) le pouvoir en dehors des élections.

d. Le sénateur nouvellement élu remplit (..) sa fonction avec dynamisme.

e. Il faut encourager (..) la candidature de Colette Massenet.

4 • Complétez avec le verbe convenable : *déterminer – être édicté – être autorisé à – être proclamé.*

a. Les décrets d'application d'une loi .... quelques semaines après la loi.

b. En raison de la situation politique, l'état d'urgence .... hier dans la république du Patachon.

c. La Constitution .... les différents modes de scrutin.

d. Les ressortissants de l'UE .... voter aux élections municipales.

• S'exprimer •

5 • Un mystérieux navire vient d'accoster sur une île déserte et totalement inconnue. Les voyageurs décident d'y créer un État indépendant. Bien sûr, ils souhaitent donner des fondements solides à leur future nation. Pour cela, il faut notamment savoir :

– Quel sera le régime de cet État : démocratique, royaliste, républicain, religieux ?

– Y aura-t-il une ou plusieurs langues nationales ?

– Y aura-t-il des représentants du peuple ? Comment seront-ils élus ?

– Qui aura le droit de vote : les nationaux, les étrangers, les hommes seulement, les femmes seulement ? etc.

Il faut aussi trouver un hymne, un emblème, un drapeau, une devise à cet État…

a) Mettez-vous en groupe et construisez votre État.

b) Sur le modèle de la Constitution française, écrivez les trois premiers articles de votre constitution.

Aide

Vos choix peuvent avoir un caractère fantaisiste.
Cependant, veillez à utiliser le vocabulaire du droit et justifiez toujours vos choix en utilisant des expressions propres à l'argumentation : *en vertu de…, selon…, conformément à…, étant donné que…, dans le respect de…, etc.*

2. La répartition des pouvoirs

En France est appliqué le principe de la séparation des pouvoirs.

Le pouvoir exécutif

Président de la République
Le président de la République réside à l'Élysée.

Premier ministre
Les services du Premier ministre sont installés à l'hôtel Matignon.

Attributions du président de la République
Nomination du Premier ministre
Présidence du Conseil des ministres
Dissolution de l'Assemblée nationale
Décision d'organiser un référendum

Attributions du Premier ministre
Constitution du gouvernement, composé des différents ministres
Conduite de la politique de la nation
Responsabilité devant l'Assemblée nationale
Exécution des lois votées

Le pouvoir législatif

Le Parlement

Assemblée nationale
L'Assemblée nationale siège au palais Bourbon.

Sénat
Le Sénat siège au palais du Luxembourg.

Attributions de l'Assemblée nationale
Vote des lois
Propositions de lois
Droit de proposer des amendements aux projets de lois du gouvernement
Mise en cause de la responsabilité du gouvernement
(motion de censure)

Attributions du Sénat
Vote des lois
Propositions de lois
Droit de proposer des amendements aux projets de lois du gouvernement

Le contrôle de l'exercice des pouvoirs exécutif et législatif

Le Conseil constitutionnel

Attributions du Conseil constitutionnel
Vérification de la conformité des lois et règlements avec la Constitution

À vous de Jouer

• Comprendre les documents •

1 • Retrouvez à quel type de pouvoir ces titres de journaux font référence. Notez également qui exerce ce pouvoir.

a Réforme de la procédure de divorce : feu vert du Conseil constitutionnel !

b DÉBATS HOULEUX AU PALAIS DU LUXEMBOURG

c Après la dissolution de l'Assemblée : des législatives en juin

d Fermeture progressive des centrales nucléaires : le ministère de l'Environnement dit non

e UNE LANGUE ÉTRANGÈRE DANS TOUTES LES ÉCOLES PRIMAIRES À PARTIR DE 2005

f RÉFÉRENDUM SUR LA RÉGIONALISATION : C'EST NON !

a. *Contrôle des pouvoirs / neuf sages*
b. ....
c. ....
d. ....
e. ....
f. ....

• Utiliser le vocabulaire •

2 • **Complétez avec le verbe convenable :** *présenter – siéger – déposer – adopter – rejeter.*

a. Le Premier ministre .... sa démission au président de la République.
b. Tard dans la nuit, les députés .... la loi sur les transferts de propriété.
c. Cela fait deux législatures que Jean-Charles Bardon .... à l'Assemblée nationale.
d. Les députés de l'opposition .... une motion de censure.
e. Le projet de loi .... par 92 voix contre 102.

3 • **Certains termes ont des sens voisins mais ils ne peuvent pas être employés les uns à la place des autres. Choisissez le mot qui convient.**

a. *proposition – projet*
   Le ministre de la Justice a présenté son .... de réforme au gouvernement.
   Le ministre des Finances a fait des .... pour résoudre le déficit budgétaire.
b. *formation – élaboration*
   .... du gouvernement prendra environ quarante-huit heures.
   C'est au pouvoir législatif que revient .... de la loi.
c. *attribution – répartition*
   Quelle est la .... des pouvoirs entre Sénat et Assemblée nationale ?
   La Constitution définit les .... du Premier ministre, des députés, etc.

• S'exprimer •

4 • Une délégation d'élus de votre pays doit se rendre en France où ils rencontreront le président de la République et le Premier ministre.
a) Vous êtes chargé de préparer ce voyage. Rédigez une note à l'intention des participants pour leur rappeler les attributions de chacun de ces personnages de l'État.
b) Comme une visite réciproque a été décidée, laissez, à l'intention des futurs visiteurs, une note sur le fonctionnement des institutions dans votre pays.

5 • À l'occasion d'une rencontre internationale, des étudiants français en sciences politiques interrogent des étudiants originaires de votre pays sur vos institutions. **Formez des groupes et jouez la/les scène(s).**

Aide

Pour l'exercice 4a.
Commencez par une ou deux phrases pour rappeler qu'en France, le pouvoir exécutif a « deux têtes ». Évitez, dans la mesure du possible, de présenter d'abord les attributions de l'un, ensuite les attributions de l'autre. Exemple : *C'est le président de la République qui nomme le Premier ministre. En revanche, c'est au Premier ministre que revient le choix des membres du gouvernement. Par la suite…*

Pour l'exercice 5.
Attention ! C'est une conversation, pas une interview !

3. Les collectivités territoriales

1 La décentralisation

Historiquement, la France était un pays très centralisé. La loi de décentralisation du 2 mars 1982 (appelée aussi loi Defferre, ministre de l'Intérieur à l'époque) donne aux différentes collectivités territoriales des attributions qui relevaient jusque-là de l'administration d'État. La loi crée les conseils régionaux et augmente le pouvoir de décision des conseils généraux et des conseils municipaux.

2 Les attributions et domaines de compétence des assemblées élues

Elles constituent le pouvoir législatif local sous le contrôle de l'État.

	Attributions	**Quelques domaines de compétence**
Région	*Le conseil régional :* son président **exécute** les décisions sous le **contrôle** du préfet de région.	Développement économique (aides aux entreprises) Aménagement du territoire (réseaux de communications, équipements publics) Etc.
Département	*Le conseil général :* son président **exécute** les décisions sous le **contrôle** du préfet de département.	Aide sociale et santé Équipements collectifs Soutien financier aux communes Etc.
Commune	*Le conseil municipal :* le maire et ses adjoints **exécutent** les décisions sous le **contrôle** du préfet de département et sont chargés de l'administration de la commune.	Organisation des services communaux (police communale, voirie, etc.) Aménagement du domaine public (urbanisme, environnement, etc.) Organisation des transports et de la restauration scolaires Aide au développement économique

4 La représentation de l'État dans les collectivités territoriales

	Région	**Département**	**Commune**
Représentant	Préfet de région (sous l'autorité des ministres)	Préfet de département (sous l'autorité des ministres)	Maire (sous l'autorité du préfet de département)
Domaine de compétence	Mise en œuvre des politiques nationales Coordination de l'action des préfets de département	Respect des lois, ordre public, sécurité Organisation des élections Délivrance de titres (passeports, cartes d'identité, permis de conduire, cartes de séjour, etc.) Vérification de la légalité des actes du conseil régional	Publication des lois et règlements Réalisation d'opérations administratives (élections, état civil, recensement, etc.) Police judiciaire

Un exemple de partage des compétences entre l'État et les collectivités territoriales

	Commune	Département	Région	État
Enseignement	Création, construction et entretien			Élaboration des programmes Rémunération des personnels Organisation des études
	des écoles élémentaires et des classes maternelles	des collèges	des lycées et des établissements d'éducation spécialisée	

D'après *Le Cahier du Citoyen* 3e, Hachette Livre, p. 44.

3 Le découpage administratif

CREUSE

HAUTE VIENNE

CORRÈZE

HAUTE VIENNE

LIMOGES

! INFOS

◆

• Un **État :** la République française
26 **régions**
100 **départements**
(96 métropolitains, 4 outre-mer)
36 763 **communes**
(36 580 en métropole, 183 outre-mer)
• Le **conseil régional** siège à l'hôtel de région, le **conseil général** à l'hôtel du département, le maire et le **conseil municipal** à l'hôtel de ville (mairie).
• Les **préfectures** abritent les services des **préfets de région** et des **préfets de département**.

À vous de Jouer

• Comprendre les documents •

1 • **Dites si les affirmations suivantes sont vraies ou fausses et justifiez oralement votre réponse.**

	V	F
a. La loi Defferre a créé les conseils régionaux, les conseils généraux et les conseils municipaux.	☐	☐
b. Il y a une relation hiérarchique entre le maire et le préfet de département.	☐	☐
c. L'État est seul responsable de la construction et de l'entretien des établissements scolaires.	☐	☐

2 • **Complétez le tableau suivant.**

Projets	Qui décide ?	Qui exécute ?	Qui contrôle ?
Aménagement touristique du canal du Midi (région Midi-Pyrénées)			
Lutte contre la tuberculose et le cancer (département de la Meuse)			
Construction d'une déchetterie (ville de Souillac)			

3 • **Présentez par écrit les personnalités suivantes en précisant leurs attributions.**

M. Charles PODEAU
Préfet de région
34000 Montpellier

Mme Irène PATON
Adjoint au maire
Mairie de Pantin
93500 Pantin

M. GEORGES DELFAU
Président du conseil régional
Hôtel de région
13000 Marseille

M. Gilles Soumidan
Conseiller général
Hôtel du département
59000 Lille

Exemple : M. Charles Podeau est préfet de la région Languedoc-Roussillon où il représente l'État français. Il est chargé de...

• Utiliser le vocabulaire •

4 • **Complétez avec le verbe convenable.** Des noms dérivés de ces verbes se trouvent dans les documents 1 et 2. *Exemple : décision → décide*

a. L'État ne décide plus pour la région mais il .... par le préfet de région.

b. La loi de 1982 a pour but de .... l'administration française.

c. Elle .... davantage de compétences aux collectivités territoriales.

d. Le maire .... la commune assisté de ses adjoints.

5 • **Complétez avec des mots choisis dans le document 4.**

a. Le préfet de département doit contrôler .... de l'ordre public par les citoyens.

b. Le maire est responsable de .... des arrêtés préfectoraux et municipaux.

c. Le préfet de région doit veiller à .... des décisions du gouvernement.

• S'exprimer •

6 • À l'occasion d'un congrès, des représentants de collectivités territoriales de votre pays font connaissance avec des conseillers généraux, des conseillers municipaux, etc., venus de France.

a) Jouez des situations à deux ou trois.

b) Inversez la situation : des élus français vous interrogent sur le fonctionnement des collectivités territoriales dans votre pays.

> ### Aide
>
> **Pour l'exercice 6.**
>
> **1.** Consultez une carte administrative de la France.
>
> **2.** Une partie des membres du groupe va jouer les Français. Ils se répartissent les rôles.
>
> L'autre partie du groupe prépare les questions possibles.
>
> **3.** Pour donner davantage de vie à vos échanges, variez les façons de présenter votre fonction :
>
> – en nommant votre fonction : *Bonjour, je suis Hervé Dullin, conseiller général de l'Essonne.*
>
> – en décrivant vos attributions : *Bonjour, je suis Hervé Dullin, je suis chargé d'exécuter les décisions du conseil général que je préside.*

4. Les consultations électorales

1 Les élections dans la presse

La foule des meetings, l'indécision des électeurs

a ....

RECORD DU NOMBRE DE CANDIDATS À L'ÉLYSÉE

Plus de 8 000 candidats pour 537 sièges

b ....

c ....

LE NOUVEAU PROFIL DE L'ÉLECTORAT

Pourquoi ce scrutin ennuie les Français et fâche les Anglais

d ....

e ....

Dix questions au maire sortant sur le premier tour

f ....

2 Extrait d'un procès-verbal de bureau de vote

Élection du Président de la République
Procès-verbal des opérations électorales
de la commune de Pantin – 2e tour de scrutin

Arrondissement   Bobigny   Canton Ouest
Commune   Pantin   1er bureau
Nombre d'électeurs inscrits : 1 137
Nombre de votants : 922
Nombre d'enveloppes : 922
Nombre de bulletins annulés : 37
dont bulletins blancs : 20
et bulletins nuls : 17
Nombre de suffrages exprimés : 885
Nombre d'électeurs ayant voté par procuration : 16
Le bureau est composé de :
Mr Bertrand Tardieu, député maire, président
M. Damaret, Mme Savin, Mlle Rose, M. Assouan, assesseurs ; Mme Choux, secrétaire

État des suffrages recueillis par chaque candidat
Candidats   **Nombre de suffrages respectivement obtenus**

Candidats	En chiffres	En toutes lettres
Jacques CHIRAC	756	sept cent cinquante six
Jean-Marie LE PEN	129	cent vingt-neuf
Total	885	huit cent quatre-vingt-cinq

Clôture du procès-verbal
Le présent procès-verbal dressé et clos le 5 mai 2002 à 9 heures, a été, après lecture, signé par le président et les assesseurs, le secrétaire et les délégués des candidats.

3 Élections et modes de scrutin

	Qui élit-on ?	Pour un mandat de combien de temps ?	Selon quel mode de scrutin ?
Élections municipales	les conseillers municipaux	6 ans	scrutin de liste à deux tours a. ....
Élections cantonales	les conseillers généraux	6 ans	scrutin uninominal b. ....
Élections régionales	les conseillers régionaux	6 ans	scrutin proportionnel c. ....
Élections législatives	les députés	5 ans	scrutin uninominal à deux tours d. ....
Élections sénatoriales	les sénateurs	9 ans	scrutin indirect à un ou deux tours e. ....
Élections présidentielles	le président de la République	5 ans	scrutin uninominal à deux tours f. ....
Élections européennes	les députés au Parlement européen	5 ans	scrutin proportionnel à un tour g. ....

N.B. Lorsque l'expression « suffrage indirect » n'apparaît pas, le suffrage est direct et, lorsque l'expression « à deux tours » n'apparaît pas, le scrutin en comporte un seul.

4 Glossaire

SCRUTIN MAJORITAIRE : *est considéré comme élu celui qui obtient la majorité des voix.*
ÊTRE ÉLU À LA MAJORITÉ ABSOLUE : *être élu avec 50 % des voix au premier tour.*
ÊTRE ÉLU À LA MAJORITÉ RELATIVE : *être élu avec le plus grand nombre de voix au second tour.*
SUFFRAGE DIRECT : *tous les électeurs votent.*

SUFFRAGE INDIRECT : *seules des personnes déjà élues votent. (Pour les élections sénatoriales coexistent le scrutin majoritaire et la représentation proportionnelle.)*
SCRUTIN UNINOMINAL : *on vote pour une seule personne.*
SCRUTIN DE LISTE : *les électeurs doivent voter pour une des listes qui sont candidates.*
SCRUTIN PROPORTIONNEL : *le nombre d'élus dépend du nombre de voix obtenues par une liste.*

À vous de **Jouer**

• Comprendre les documents •

1 • Lisez les titres de journaux du document 1 et inscrivez en dessous de quelle élection il s'agit quand c'est possible.

2 • Consultez le document 3 et le glossaire et dites si les affirmations suivantes sont vraies ou fausses.

	V	F
a. Les députés peuvent être élus à la majorité absolue ou à la majorité relative.	☐	☐
b. Les députés sont élus par les maires et les conseillers municipaux.	☐	☐
c. Les élections au Parlement européen sont un scrutin de liste.	☐	☐
d. Le député de la circonscription de Gourdon a été élu au premier tour avec 49 % des voix.	☐	☐

3 • Répondez aux questions.

a. Quels sont les représentants qui ne sont pas élus au suffrage universel ? ....

b. Pour quelles élections existe-t-il des listes ? ....

c. Pour les élections législatives, dans quel cas un député est-il élu dès le premier tour ? ....

d. Un président de la République peut-il être élu au premier tour ? ....

4 • À l'aide de vos réponses aux questions 2 et 3, complétez le tableau de la page 20, document 3.

• Utiliser le vocabulaire •

5 • Complétez les phrases suivantes avec le verbe convenable : *se présenter – être élu – obtenir – désigner.*

a. L'actuel président de la République .... le 5 mai 2002.

b. Mon candidat préféré .... 52 % des voix au second tour.

c. Les élections cantonales servent à .... les conseillers généraux.

d. Seize candidats .... aux présidentielles de 2002.

• S'exprimer •

🎧 **6 • Scrutin majoritaire et/ou scrutin proportionnel ?**

a) Écoutez une première fois le document en prenant des notes.

b) Écoutez-le une deuxième fois et complétez le tableau suivant (vous ne devez pas remplir obligatoirement toutes les cases) : + *d'accord,* − *pas d'accord,* + − *les deux,* L *législatives,* P *présidentielle,* ? *on ne sait pas.*

	Proportionnel	Majoritaire	Les deux	Pour certaines élections	Pour toutes les élections
Gilbert					
Gabrielle					
Roger					
Julien					

c) Écoutez-le une troisième fois et notez les raisons avancées par chaque personne.

d) Considérons que ces quatre témoignages sont représentatifs de ce que pensent les Français à propos du débat scrutin proportionnel / scrutin majoritaire.

À l'aide des informations que vous venez de collecter, écrivez un article de journal.

e) Mettez-vous par deux et imaginez une conversation où chacun des deux personnages développe ses propres idées.

Aide

1. Faites une introduction générale présentant l'enquête (*auprès de qui, pourquoi, etc.*).

2. Développez les arguments selon le plan suivant : arguments pour le scrutin majoritaire / arguments pour le scrutin proportionnel / opinions plus nuancées.

3. Proposez une conclusion qui interpelle les hommes politiques sur cette question.

4. Utilisez des formes du langage parlé : *Tu vois, moi, le scrutin proportionnel… ; c'est pas tout à fait comme ça… ; là, je ne suis pas d'accord… ; c'est vrai mais bon… ; ça se discute… ; oui et non…, etc.*

Faisons le point

1 • Complétez.

a. Le mandat .... dure 9 ans.

b. Le mandat .... dure 5 ans.

c. Le mandat .... dure 6 ans.

d. Le pouvoir exécutif est exercé par ....

e. Le pouvoir législatif est exercé par ....

municipal
présidentiel
sénatorial

président
de la République
Assemblée
nationale   Sénat
Premier ministre

2 • Notez entre parenthèses les verbes synonymes : *excéder – constituer – se terminer – siéger – débuter – examiner.*
L'Assemblée nationale et le Sénat <u>composent</u> (............................) le Parlement. Le Parlement <u>étudie</u> (............................), discute et vote les lois. Les députés et les sénateurs <u>se réunissent</u> (............................) d'octobre à juin en session ordinaire. Celle-ci <u>commence</u> (............................) le 1er mardi d'octobre et (............................) le dernier jeudi de juin. Le nombre de jours que chaque assemblée peut siéger ne peut pas <u>dépasser</u> (............................) 120 jours.

3 • La décentralisation : encore un pas en avant !

a) Écoutez le document une première fois et dites si les affirmations suivantes sont vraies ou fausses. Justifiez oralement votre réponse.

	V	F
a. L'Assemblée nationale est seule habilitée à modifier la Constitution.	☐	☐
b. L'esprit de la réforme est encore mal déterminé par le gouvernement.	☐	☐
c. Le gouvernement souhaite une participation plus active des citoyens à la prise de décisions.	☐	☐
d. Elle ne touche pas la Corse et les départements et territoires d'outre-mer.	☐	☐
e. Les régions pauvres risquent, selon certains, d'être défavorisées.	☐	☐

b) Complétez les phrases suivantes avec le terme convenable : *être touché par – gérer – passer par – être chargé de – être associé à*

a. La décentralisation .... une phase de consultations.

b. Un nombre important de domaines .... le projet de réforme.

c. Les collectivités locales .... la réflexion.

d. C'est le ministre des Libertés locales qui .... mettre la loi en œuvre.

e. Qui va .... les bâtiments scolaires ?.

c) Écoutez une deuxième fois l'enregistrement et commentez les expressions suivantes en utilisant des informations contenues dans le document.

a. Principe de proximité : ....

b. Droit à l'expérimentation : ....

c. Principe de participation populaire : ....

d. Autonomie financière : ....

e. Droit à la spécificité : ....

4 • Le rôle des acteurs de la vie institutionnelle

a) Nous sommes en période électorale. Le conseil général souhaite sensibiliser les adolescents au fonctionnement des institutions et vous demande de réaliser un petit texte qui leur est destiné, pour le site internet du conseil général.

Utilisez les notes suivantes.

<u>Rôle du président du conseil général</u> : *administration du département – président des séances du conseil général – responsable de la préparation du budget – chargé de l'exécution des décisions du conseil général – représentation du département dans les cérémonies officielles*

b) Choisissez d'autres acteurs de la vie institutionnelle et reproduisez l'exercice en recherchant les informations nécessaires dans l'unité.

Faites votre propre Bilan

1 • Classez et notez le vocabulaire que vous avez appris.

Le pouvoir législatif	Le pouvoir exécutif
• *un député*	• *le Premier ministre*

Les collectivités territoriales	Les élections
• *le conseil régional*	• *le scrutin majoritaire*

2 • Notez les mots et expressions permettant d'argumenter et de communiquer que vous avez appris.

Actes de parole	Articulateurs du discours
• *se présenter* • *définir les fonctions de quelqu'un*	• *en vertu de* • *conformément à*

3 • Notez les expressions en français courant et leur équivalent dans la phraséologie administrative.

• *avoir la majorité / obtenir la majorité*
• *contrôler / exercer un contrôle*

Unité 2 – Le cadre institutionnel national

3 Les institutions européennes

1. L'Union européenne : qui est-elle ?

1 Un peu d'histoire

Dès 1945, les dirigeants européens prennent conscience que maintenir la paix politique et assurer la reconstruction économique passe par la création d'une Europe unie. C'est le cas de Winston Churchill (qui propose la création des États-Unis d'Europe) et de Robert Schuman et Jean Monnet qui seront les véritables « promoteurs » de la construction européenne. Plusieurs traités permettront progressivement d'arriver à l'Union européenne telle que nous la connaissons aujourd'hui.

1957
Traité de Rome instituant la Communauté économique européenne (CEE ou Marché commun) dont le but est la création progressive d'une zone de libre-échange.

1979
Premières élections au Parlement européen au suffrage universel.

1987
Entrée en vigueur de l'Acte unique européen qui fixe pour 1992 la réalisation complète du marché unique (libre circulation des personnes, des marchandises, des services et des capitaux).

1990
Signature de l'accord de Schengen pour la suppression des frontières. Le nombre de signataires va augmenter au fil des années (élargissement de « l'espace Schengen »).

1992
Traité portant création de l'Union européenne, signé à Maastricht et ratifié par les États membres.

1997
Traité d'Amsterdam : renforcement de la coopération, lancement d'une réflexion sur la réforme des institutions en vue de l'élargissement de l'UE, extension des pouvoirs du Parlement.

2002
Passage à la monnaie unique pour les 12 pays de la zone Euro.

1er mai 2004 L'Europe des 15 est devenue l'Europe des 25 !

2 Les acteurs institutionnels de l'Union européenne

Le Conseil européen : il détient le pouvoir politique suprême de l'Union européenne.

Le Conseil des ministres de l'Union européenne : il est l'organe décisionnaire de l'UE.

La Commission européenne : elle constitue l'instance d'initiative, d'exécution, de gestion et de contrôle.

Le Parlement européen : il représente l'ensemble des peuples des pays membres et est investi d'un pouvoir législatif et de contrôle. Son rôle, depuis l'Acte unique, ne cesse de grandir au fil des traités successifs.

La Cour de justice européenne : elle a pour fonction de veiller au respect du droit communautaire et règle les litiges à l'intérieur de l'Union européenne.

! INFOS

• L'**Europe des 6** (Allemagne, Belgique, France, Italie, Luxembourg, Pays-Bas) devient en 1972 l'**Europe des 9** (adhésion du Danemark, de l'Irlande, du Royaume-Uni), l'**Europe des 10** en 1981 (entrée de la Grèce), l'**Europe des 12** en 1986 (intégration de l'Espagne et du Portugal) et l'**Europe des 15** en 1995 (entrée de l'Autriche, de la Finlande et de la Suède). L'**Europe des 25** s'élargit à : la Lituanie, l'Estonie, la Lettonie, la Pologne, la République Tchèque, la Slovaquie, la Hongrie, la Slovénie, Chypre et Malte.

• **Espace Schengen** en 2003 : Allemagne, Autriche, Belgique, Espagne, France, Grèce, Italie, Luxembourg, Pays-Bas, Portugal.

• **Zone Euro** en 2003 : Allemagne, Autriche, Belgique, Espagne, Finlande, France, Grèce, Irlande, Italie, Luxembourg, Pays-Bas, Portugal.

À vous de Jouer

• Comprendre les documents •

 1 • Écoutez plusieurs fois le document oral. Repérez le contexte des expressions suivantes et trouvez un équivalent :

a. L'élargissement de l'UE : ....

b. Les Eurosceptiques : ....

c. L'Europe, ce sont davantage des paroles que des actes : ....

d. La peur de voir diminuer la souveraineté nationale : ....

e. La libre circulation des personnes : ....

f. Le lancement de l'euro : ....

2 • Retrouvez les pays de l'UE qui ne font pas partie de la zone Euro et ceux qui ne font pas partie de l'espace Schengen. Sont-ils les mêmes ?

Hors zone Euro : ....   Hors espace Schengen : ....

3 • Écrivez des phrases en utilisant un élément de chaque colonne.

Le traité de Rome	avoir pour fonction de	le renforcement de la coopération.
Le traité d'Amsterdam	détenir	la Communauté économique européenne.
Le Conseil européen	instaurer	le pouvoir d'arbitrer les conflits internes.
La Cour de justice	instituer	tracer les orientations de la politique de l'UE.

• Utiliser le vocabulaire •

4 • Complétez en formant les expressions convenables.

a. Le traité de Rome .... de la CEE.

b. La monnaie unique .... le 1er janvier 2002.

c. La Commission européenne .... de proposition et de gestion.

d. Le Parlement européen .... législatif et de contrôle.

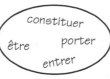

constituer
être   porter
entrer

une   organe
instance   vigueur   en
un
création

5 • Retrouvez le mot convenable dans les documents.

a. En cas de ...., on peut avoir recours à la Cour de justice.

b. L'idée de .... européenne est née dès la fin de la guerre.

c. En 2003, des négociations ont eu lieu en vue de .... de l'UE.

d. L'adhésion de nouveaux pays implique la .... des institutions.

• S'exprimer •

 6 • L'Europe vue par les Européens

a) Écoutez à nouveau le document oral et notez les arguments des trois catégories d'Européens.

b) Pour faire l'analyse présentée dans le document oral, le journaliste a fait la synthèse d'enquêtes menées dans la rue.
Répartissez-vous en trois groupes (indifférents, eurosceptiques, convaincus) et jouez le micro-trottoir en utilisant le langage parlé et des exemples qui illustrent les différents arguments.

7 • Donnez une définition de chacune des institutions européennes mentionnées en utilisant vos propres mots. Les autres devront deviner de laquelle il s'agit.

Aide

Pour l'exercice 6b.

Exemples :

– *Vous savez, je dois reprendre le travail le 5 septembre et je ne trouve pas de place en crèche pour mon bébé. Alors, vous savez, l'UE, moi...*

– *Tout ça c'est du cinéma. Qu'est-ce que ça va changer pour les pauvres comme moi ? UE ou pas UE, ce sont toujours les politiques qui décident et... qui s'en mettent plein les poches...*

– *Moi, chasseur français, je dois accepter de ne plus pratiquer mon sport favori aussi longtemps que d'habitude parce que Bruxelles a décidé que c'est comme ça ? Vous n'y pensez pas !*

– *J'ai dix-neuf ans et moi, ça me plaît de pouvoir aller étudier où je veux, travailler où je veux avec bientôt vingt-cinq membres de l'UE. Vous vous rendez compte ?*

Unité 3 – Les institutions européennes

2. Bruxelles

① Le Conseil européen

Définition des orientations politiques

Composition
- Il comprend les chefs d'État ou de gouvernement et le président de la Commission européenne, accompagné d'un membre de la Commission.
- Il se réunit au moins deux fois par an.

Solutions aux problèmes délicats

Attributions
- Il définit les lignes directrices de la politique de l'Union en ce qui concerne son évolution (institutions, élargissement).
- Il apporte des solutions aux dossiers les plus sensibles.

Le Conseil des ministres de l'Union européenne

Prise de décisions

Composition
- Il comprend un ministre de chaque État. Chaque gouvernement se fait représenter par l'un ou l'autre de ses ministres en fonction des dossiers à l'ordre du jour.

Fonctionnement
- Les actes sont pris à la majorité simple, à la majorité qualifiée ou à l'unanimité.
- La présidence du Conseil est « tournante » : elle est exercée par chaque État membre pour une période de six mois.

Attributions
- C'est un forum de décision : sur proposition de la Commission européenne, le Conseil des ministres adopte les règlements, les directives et les décisions. Dans un nombre croissant de domaines, il est soumis à la procédure de codécision avec le Parlement européen.

La Commission européenne

Surveillance Propositions Exécution Gestion

Composition
- Elle est composée de 25 commissaires (2 pour l'Allemagne, l'Espagne, la France, l'Italie, le Royaume-Uni, un pour les autres pays membres) mandatés par les États membres. Son président est nommé par les États et elle élit en son sein ses vice-présidents.
- Elle doit être investie par le Parlement européen qui a le droit de la révoquer.
- Les commissaires sont spécialisés (environnement, agriculture, sécurité, etc.).

Attributions
- Elle veille au respect des traités et des décisions prises par les institutions européennes, les États membres, les entreprises. Elle peut saisir la Cour de justice européenne.
- Elle prépare et soumet au Conseil des ministres et au Parlement les textes des règlements, des directives, des décisions.
- Elle met en œuvre les textes votés.
- Elle prépare et exécute le budget de l'Union européenne.
- Elle représente l'UE sur le plan international dans les négociations des accords internationaux, les négociations d'association, les négociations des accords d'adhésion.

② Glossaire

RÈGLEMENT : *un acte qui s'applique de façon obligatoire et générale dans tous les États membres.*
DIRECTIVE : *un acte qui impose à tous les états membres d'atteindre un certain but dans un délai donné en leur laissant le choix des moyens.*
DÉCISION : *un acte obligatoire qui concerne des personnes ou des groupes de personnes clairement identifiés.*

MAJORITÉ SIMPLE : *le choix qui obtient le plus de voix.*
MAJORITÉ QUALIFIÉE : *chaque État possède un certain nombre de voix variable et défini à l'avance (en fonction de la population de chaque pays).*
UNANIMITÉ : *tous les membres doivent effectuer le même choix.*
CODÉCISION : *partage de la fonction décisionnelle entre le Conseil des ministres et le Parlement européen.*

À vous de Jouer

• Comprendre les documents •

1 • De quelle instance s'agit-il ?

a. Il comprend 15 présidents de la République ou Premiers ministres : ....

b. Elle est composée de 25 membres : ....

c. Jusqu'en mai 2004, quinze ministres y siègent : ....

2 • Qui fait quoi ?

a. Lancer une réflexion sur la réforme des institutions en vue du passage à l'Europe des 25. ....

b. Prendre des décisions en relation avec le Parlement européen. ....

c. Faire des propositions et, une fois les décisions prises, les mettre en pratique. ....

d. Se mettre d'accord (difficilement !) sur le rythme de la réduction des déficits budgétaires. ....

e. Condamner une institution, un État, une entreprise parce qu'ils ne respectent pas la réglementation européenne.
....

f. Représenter l'UE sur le plan international. ....

3 • Qu'est-ce que c'est ?

a. Un acte qui a pour les États membres un caractère obligatoire même si les modalités d'application relèvent de chaque État. ....

b. Un acte que tous les États membres sont impérativement tenus de respecter. ....

c. Un acte qui est obligatoire pour certaines catégories de personnes. ....

d. Un système de vote où chaque pays n'a pas le même nombre de voix. ....

• Utiliser le vocabulaire •

4 • Complétez avec le mot convenable : *sanctions – proposition – procédure – solutions.*

a. La directive 2002/14/CE a été votée selon quelle .... ?

b. Il faut apporter des .... rapides à la question de la réforme des institutions.

c. Cette réglementation a été élaborée sur .... du commissaire au budget.

d. La Commission est habilitée à proposer des .... en cas de non-respect des textes adoptés par les instances délibératives de l'UE.

• S'exprimer •

5 • Vous participez à un stage de formation à Bruxelles. Une rencontre est organisée avec plusieurs fonctionnaires de l'Union européenne afin que les stagiaires puissent s'informer plus précisément sur certains points.

a) Mettez-vous en deux groupes : les stagiaires, les fonctionnaires de l'UE. Imaginez les questions et les réponses.

b) Après le stage, vous êtes chargé(e)s de rédiger un texte destiné à la traduction dans votre langue pour servir de base à la rédaction de documents d'information sur l'Union européenne.

Répartissez-vous la tâche à plusieurs. Certains écrivent un texte sur une institution, d'autres choisissent un aspect transversal (exemples : *De la proposition à la décision ; Les relations entre la Commission européenne et le Conseil des ministres, etc.*).

Aide

Pour l'exercice 5a.

1. Avant de poser votre question, vous devez vous présenter. Quand vous avez obtenu la réponse que vous souhaitiez, vous devez remercier.

2. Les questions doivent apporter une réponse complexe. Exemple : *Finalement, quel est le cheminement d'une directive européenne ?*

3. Une première question peut être l'occasion d'en poser une ou plusieurs autres. Utilisez des expressions qui permettent de relier réponse et question suivante : *donc, et…, et puis, et ensuite, etc.,* d'autres qui permettent de vérifier que vous avez bien compris : *cela veut dire que…, si je comprends bien…*

4. Les réponses peuvent être illustrées d'exemples : *Ainsi, la France a fait l'objet de sanctions car elle ne respectait pas la libre circulation des marchandises en refusant de lever l'embargo sur l'importation de viande de bœuf britannique.*

Pour l'exercice 5b.

Pensez à intégrer les éléments de la rubrique **Infos** dans le texte que vous rédigez.

Le Parlement européen

Qui sont les députés européens ?

Ils sont élus pour cinq ans au suffrage universel direct. Ils sont 732, regroupés en huit groupes politiques et dix-sept commissions parlementaires. Le président est élu pour deux ans et demi par les députés.

Les cinq pouvoirs du Parlement européen

1. Le pouvoir de censurer

Les députés sont habilités à censurer la Commission qui doit alors démissionner.

2. Le pouvoir de voter le budget

Pour certaines dépenses, le Parlement, après une navette entre lui et le Conseil des ministres, vote (ou non) définitivement le budget.

3. Le pouvoir de veto

Il s'applique selon la **procédure d'avis conforme** : le Parlement européen n'est pas habilité à proposer des amendements mais le Conseil doit réexaminer sa proposition jusqu'à ce que le Parlement se prononce favorablement au texte.

4. Le pouvoir d'interpeller

Le Parlement bénéficie du droit de poser des questions écrites ou orales à la Commission et au Conseil des ministres.

5. Le pouvoir de consultation, de coopération et de codécision

• **La procédure de consultation :** la Commission et le Conseil des ministres de l'UE demandent l'avis du Parlement et du CES (Conseil économique et social) mais ils ne sont pas obligés d'en tenir compte.

• **La procédure de coopération :** le Parlement et le CES sont sollicités sur une proposition de la Commission et donnent leur avis. Le Conseil des ministres n'est pas tenu de prendre en compte l'avis du Parlement, mais la proposition doit alors être votée à l'unanimité. Sinon, le texte est retiré.

• **La procédure de codécision :**

Quand un texte est adopté, il paraît au *Journal officiel des communautés européennes* (JOCE).

> ## ! INFOS
>
> • **Le Comité de conciliation :** il est composé de représentants du Parlement et du Conseil et tente, en cas de désaccord, d'aboutir à une position commune.
>
> • **Le Conseil économique et social (CES) :** composé de 222 membres représentant les employeurs, les salariés, les agriculteurs, les commerçants, etc., il est un organe consultatif.
>
> • **Le Comité des régions :** lui aussi est composé de 222 membres et a un rôle consultatif. Il représente les intérêts des collectivités régionales et locales.
>
> • **La Cour des comptes :** composée de quinze membres (un par État), elle est chargée du contrôle des finances de l'UE et doit être consultée en ce qui concerne les projets financiers et les questions budgétaires.

À vous de Jouer

• Comprendre les documents •

1 • De quelle procédure s'agit-il ?

a. Le Conseil des ministres est obligé de tenir compte des modifications demandées par le Parlement. ....

b. On attend du Parlement qu'il se prononce sur un acte mais il ne doit pas suggérer de modifications. ....

c. Au même titre que d'autres instances, le Parlement doit formuler une opinion. ....

d. Le Conseil n'est pas tenu de suivre l'avis du Parlement si tous ses membres sont d'accord. ....

 2 • Écoutez deux fois le document et choisissez la bonne réponse.

a. La réforme des institutions est urgente / est souhaitable / peut attendre.

b. Selon la proposition, le président de la commission serait élu / désigné / proposé par le Parlement européen.

c. Dans cette hypothèse, les pouvoirs du Parlement européen seraient réduits / inchangés / augmentés.

d. Le président du Conseil européen serait élu / désigné par les chefs d'État et de gouvernement.

e. Monsieur Chalon voit dans ce système un problème politique / de fonctionnement / juridique.

 3 • Répondez oralement aux questions suivantes.

a. Pourquoi le journaliste pose-t-il une question sur la modification du rôle du Parlement européen ?

b. Selon M. Chalon, quelle est la différence entre la situation actuelle et la situation proposée ?

c. Pourquoi M. Chalon met-il en relation la procédure de désignation du président de la Commission qui est proposée et l'idée de modifier la durée du mandat du président du Conseil européen ?

• Utiliser le vocabulaire •

4 • Complétez avec le verbe convenable : *être habilité à – se prononcer sur – bénéficier de – être tenu de.*

a. La Commission .... demander des sanctions pour les pays ne respectant pas la législation communautaire.

b. Le Parlement européen .... pouvoirs importants.

c. Dans un nombre croissant de cas, le Conseil .... respecter les décisions votées par le Parlement.

d. Le Parlement européen doit respecter les délais pour .... les propositions du Conseil des ministres.

5 • Quel est le nom correspondant aux verbes suivants :

a. interpeller : ....

b. démissionner : ....

c. adopter : ....

d. réexaminer : ....

• S'exprimer •

6 • Vous travaillez au service de presse d'une institution européenne.

Observez le document ci-contre, extrait d'un communiqué de presse du Conseil des ministres.

Écrivez un compte-rendu de ce type sur un projet de directive proposé selon une procédure de votre choix.

7 • Vous pensez à une procédure. Les autres membres du groupe doivent deviner laquelle. Vous pouvez seulement répondre par oui ou par non.

Bruxelles, le 11 octobre 2002
13027 (presse 323)

COMITÉ DE CONCILIATION PARLEMENT - CONSEIL
Déchets d'équipements électriques et électroniques
Substances dangereuses dans les équipements électriques et électroniques
Le Conseil et le Parlement européen, réunis au sein du Comité de conciliation, sont parvenus aujourd'hui à un accord sur une proposition de directive relative aux déchets d'équipements électriques et électroniques (DEEE) et sur une proposition visant à limiter l'utilisation de certaines substances dangereuses dans les équipements électriques et électroniques. Pour que les deux propositions soient adoptées, cet accord doit maintenant être confirmé par le Parlement (à la majorité des suffrages exprimés) et par le Conseil (procédure de vote à la majorité qualifiée). […]

Aide

Pour l'exercice 6.
1. Il doit s'agir d'une procédure en cours, le communiqué de presse doit préciser la suite de la procédure.
2. Veillez à utiliser la langue administrative : *relatif à, visant à, au sein de, parvenir à, etc.*

4. Luxembourg

1 La Cour de justice des Communautés européennes (CJCE)

Elle siège à Luxembourg et assure le respect des traités communautaires ainsi que des règlements, décisions et directives qui en découlent. Elle est composée de quinze juges assistés de six avocats généraux. Le président de la Cour est élu par les juges pour trois ans.

2

Code du travail – Chapitre III
TRAVAIL DE NUIT

Section 1
Dispositions relatives aux femmes

Art. L. 213-1. Les femmes ne peuvent être employées à aucun travail de nuit dans les usines, manufactures, mines et carrières, chantiers, ateliers et leurs dépendances, de quelque nature que ce soit, publics ou privés, laïques ou religieux, même lorsque ces établissements ont un caractère d'enseignement ou de bienfaisance, ainsi que dans les offices publics et ministériels, les établissements des professions libérales, des sociétés civiles, des syndicats professionnels et des associations de quelque nature que ce soit.

La Cour est compétente pour régler :

• **les litiges entre États membres ;**

Exemple : Espagne contre Royaume-Uni.

• **les litiges entre Union européenne et État(s) membre(s) ;**

Exemple : la Commission demande des sanctions contre la France pour non-respect des traités communautaires.

• **les litiges entre les institutions communautaires ;**

Exemple : le Parlement européen attaque le Conseil des ministres parce que ce dernier a négligé de le consulter avant de rendre une décision.

• **les litiges entre des personnes juridiques et l'Union européenne.**

Exemple : la Commission européenne poursuit une entreprise pour manquement aux règles de la concurrence.

Par ailleurs, une juridiction nationale peut soumettre à la Cour de justice des questions relatives à l'interprétation du droit communautaire.

La Commission européenne a décidé de demander des sanctions financières contre la France qui n'a pas exécuté un arrêt de la Cour de justice européenne (CJCE) du 13 mars 1997. Dans cet arrêt, la Cour a constaté que la France a violé le principe de l'égalité de traitement entre les hommes et les femmes en maintenant dans sa législation une interdiction du travail de nuit pour les femmes et pas pour les hommes. La Commission propose que la CJCE fixe une astreinte (amende financière) de 142 425 euros. Cette sanction s'appliquerait à chaque journée de non-respect du deuxième arrêt de la CJCE au titre de l'article 171 du traité CE.

3 Les sources du droit communautaire

• **Sources directes :**
– le droit originaire : les traités constitutifs et les actes qui les ont modifiés ;
– le droit dérivé : ensemble des actes pris par les institutions communautaires en vertu des traités (règlements, directives, décisions et recommandations) ;
– les accords internationaux conclus et ratifiés par l'Union européenne ;
– les conventions entre États ;
– le droit international général.

• **Sources indirectes :**
– les principes généraux du droit (dont le respect des droits fondamentaux) ;
– les arrêts de la Cour de justice qui font jurisprudence. La jurisprudence de la Cour a joué un rôle fondamental dans la construction européenne car ses arrêts vont toujours dans le sens des intérêts de l'UE.

À vous de Jouer

• Comprendre les documents •

1 • De quel type d'attribution de la Cour de justice relèvent les cas suivants :

a. Plaintes pour des discriminations fondées sur la nationalité. ....

b. Un pays membre refuse de commercialiser un produit fabriqué dans un autre pays membre. ....

c. Un État membre refuse d'appliquer une directive européenne. ....

d. Une entreprise a été sanctionnée par la CJCE.

....

2 • Dites de quel droit il s'agit et caractérisez-le (droit originaire, source indirecte, etc.).

a. La convention de Genève relative au traitement des prisonniers de guerre. ....

b. L'accord d'association avec la Roumanie. ....

c. La convention fiscale entre la France et la Hongrie.

....

d. La réglementation européenne de la chasse aux oiseaux migrateurs. ....

• Utiliser le vocabulaire •

3 • Complétez avec le mot convenable : *soumettre à – rendre – être compétent pour – être assisté de.*

a. Le président de la Commission .... deux vice-présidents.

b. En 2001, la Cour de justice .... 526 arrêts.

c. La Cour de justice .... faire respecter les décisions du Conseil.

d. La Commission .... Parlement un projet de directive visant à renforcer la réglementation de l'usage des pesticides.

4 • Réécrivez les phrases avec un synonyme des mots soulignés trouvé dans les documents.

a. Une entreprise a été attaquée (...........................) pour non-respect (...........................) des règles de la concurrence.

b. Un tribunal national (...........................) peut interroger la Cour de justice sur la manière de comprendre (...........................) le droit communautaire.

c. L'UE a signé (...........................) un accord d'association avec la Turquie.

d. Les décisions de la Cour de justice deviennent des sources du droit (...........................).

• S'exprimer •

5 • Consultez le document 2.

Une association féministe a salué cette demande de la Commission européenne par un article de presse, et une polémique s'est engagée sur ce thème.

– L'association a publié un article dans un grand quotidien.

– Une association de protection de la famille a répondu aux féministes dans le même quotidien.

– Le ministre de l'Emploi s'est exprimé dans une lettre ouverte sur la question.

– Le président de la Commission a justifié la demande dans un communiqué de presse.

a) Mettez-vous en groupes et écrivez ces différents documents.

b) Organisez ensuite un débat comme dans un magazine d'actualité télévisé.

Aide

Pour l'exercice 5a.

1. Utilisez des mots et expressions pour introduire les opinions en présence : *penser, croire, être convaincu que, être persuadé que, estimer que, considérer que, etc.*
Prenez des positions favorables : *enfin !, une demande juste, justifiée, motivée, approuver, être totalement d'accord, partager entièrement, saluer avec satisfaction, etc.*
Prenez des positions hostiles : *c'est un scandale !, une demande démagogique, non fondée, hypocrite, provocatrice, s'opposer à, protester contre, être indigné, surpris, choqué, etc.*
Vous pouvez aussi nuancer votre pensée : *être réservé, nuancé, contestable, discutable, c'est vrai mais, cependant, mais il ne faut pas oublier que, etc.*

2. Utilisez des arguments humains : *la liberté, les choix personnels, les contraintes familiales, la vraie nature des femmes, etc.*

3. Faites valoir des arguments juridiques : *obligation de respecter les directives, toutes les conventions internationales sont favorables à l'égalité de traitement, la décision au cas par cas, la recherche d'un compromis, la souveraineté des États, la consultation des syndicats, le rôle possible des comités d'entreprise, etc.*

Pour l'exercice 5b.

1. Désignez un animateur qui présentera les invités, ouvrira le débat, fera en sorte que chacun puisse s'exprimer, conclura l'émission.

2. Pensez à utiliser des expressions permettant d'entrer dans le débat : *je voudrais dire que..., laissez-moi vous dire le point de vue de..., il faut tout de même ajouter/faire remarquer, reconnaître que..., je suis tout à fait d'accord avec vous, je ne partage pas votre analyse, etc.*

Faisons le point

1 • Complétez en recherchant les éléments dans la leçon.

a) La C_ _ _ _ _ _ _ _ européenne :

une institution

d'_ _ _ _ _ _ _ _ _ de _ _ _ _ _ _

d'_ _ _ _ _ _ _ _

Respect des _ _ _ _ _ _ _ et des _ _ _ _ _ _ _ _ _

du _ de l'UE

b) Le _ _ _ _ _ _ _ des _ _ _ _ _ _ _ _

Prise de _ _ _ _ _ _ _ _ _ : majorité _ _ _ _ _ _

majorité _ _ _ _ _ _ _ _ _

_ _ _ _ _ _ _ _ _ _ _ _ _ _

Il adopte : → les _ _ _ _ _ _ _ _ _

→ les _ _ _ _ _ _ _ _ _

→ les _ _ _ _ _ _ _ _

c) Le _ _ _ _ _ _ _ européen

Lignes _ _ _ _ _ _ _ _ _ _ _ _ de la _ _ _ _ _ _ _ _ _

de l'Union européenne en ce qui concerne les :

orientations _ _ _ _ _ _ _ _ _ _

solutions aux _ _ _ _ _ _ _ _ _ _ _ _ _ _ _ _

d) Le _ _ _ _ _ _ _ _ _ européen

Procédures : la _ _ _ _ _ _ _ _ _ _ _

la _ _ _ _ _ _ _ _ _ _ _

la _ _ _ _ _ _ _ _ _ _

l' _ _ _ _   _ _ _ _ _ _ _ _

2 • L'élargissement de l'Union européenne

a) Lisez attentivement le texte ci-dessous.

b) Peu de temps après sa nomination au poste de président de cette convention, M. Giscard d'Estaing donne une conférence de presse. Simulez-la à plusieurs.

c) Rédigez un communiqué pour une agence de presse.

L'élargissement de l'Union européenne à l'Est sera la grande affaire de 2002. La Commission veut en effet conclure d'ici à la fin de l'année les négociations avec dix des treize candidats afin que les adhésions démarrent dès 2004. Si, compte tenu de l'évolution actuelle des échanges, l'intégration des ex-pays de l'Est ne pose pas trop de problèmes sur le plan économique, il n'en va pas de même pour des domaines sensibles tels que la politique agricole commune, la politique de sécurité, la pauvreté et le retard de ces pays en termes de culture juridique. Pour toutes ces raisons, la réforme des institutions est incontournable. Car l'Union européenne se bat depuis des années avec cette contradiction : le souhait d'intégrer au plus vite les pays d'Europe centrale tout en étant consciente que les institutions, dans leur fonctionnement actuel, ne pourront que difficilement supporter le big bang que va représenter l'élargissement.

Le sommet de Nice, en décembre 2000, devait lancer le processus de réforme des institutions, mais chacun sait que, malgré les déclarations officielles, il a été un échec. Et, de ce fait, la contradiction reste entière. C'est pourquoi il a été décidé, au sommet de Laacken, de créer une convention dont la tâche serait de proposer une réforme des institutions qui puisse être opérationnelle en 2004, au moment du démarrage de l'élargissement. Valéry Giscard d'Estaing, qui en est le président, a pour mission de diriger les travaux qui devraient aboutir à la résolution de cette contradiction entre approfondissement et élargissement. La tâche est complexe et de nombreux conflits risquent d'éclater, mais les Européens n'ont guère d'autre choix que d'inventer des formes institutionnelles originales pour avancer. La réussite de l'Euro, une première dans l'histoire, montre que, au pied du mur, ils peuvent en être capables.

D'après un article d'*Alternatives économiques*, janvier 2002, pp. 46-47.
© Alternatives économiques.

Aide

Pour l'exercice 2b.

1. Notez les principales idées et soulignez les articulateurs du discours.

2. Répartissez-vous les tâches et les aspects qui seront abordés par chaque journaliste.

3. Utilisez les informations données dans la leçon pour expliciter les idées, les arguments, les illustrer avec des exemples, etc.

4. Pensez à introduire et à conclure la conférence de presse : *Monsieur le président, c'est avec plaisir que…, Monsieur le président, nous vous adressons tous nos remerciements, etc.*

Pour l'exercice 2c.

1. Attention ! Écrire un communiqué n'est pas répéter le texte. Utilisez vos propres mots et traduisez les idées qui ont été réellement exprimées au cours de la conférence.

2. Vous devez effectuer une synthèse, c'est-à-dire reprendre l'essentiel en liant les éléments entre eux.

Faites votre propre Bilan

1 • Classez et notez le vocabulaire que vous avez appris.

L'histoire de l'UE	Les institutions européennes
• *un traité* • *la zone euro*	• *la Commission européenne* • *le Parlement européen*

Les procédures	La justice communautaire
• *la procédure d'avis conforme*	• *le droit communautaire*

2 • Notez les mots et expressions permettant d'argumenter et de communiquer que vous avez appris.

Actes de paroles	Articulateurs du discours
• *protester* • *nuancer*	• *pour toutes ces raisons…* • *en effet…*

3 • Notez les expressions en français courant et leur équivalent dans la phraséologie administrative.

• *avoir le pouvoir de / être habilité à*
• *avoir / disposer de*

4 Les juridictions

1. Regard sur la justice

1 Les fondements de la justice en France

● **Le rôle de la justice est :**
– de s'exercer au nom du peuple français et dans l'intérêt général de la société ;
– d'assurer un procès juste et équitable ;
– de garantir le respect de la procédure.

● **Ses principes sont :**
– d'être séparée des pouvoirs législatif et exécutif ;
– d'être accessible à tous ;
– d'être égale pour tous ;
– d'être fondée sur les principes de la *Déclaration des droits de l'homme et du citoyen* de 1789 et la *Convention européenne des droits de l'homme* ;
– de donner droit à des recours ;
– de garantir les droits de la personne : présomption d'innocence, droit à la défense et au respect des lois, droit à l'aide juridictionnelle.

● **Elle a ses limites :**
– elle use d'un langage technique précis mais dont les mots et les concepts ne sont pas usités couramment ;
– son fonctionnement quotidien est difficile : encombrement, lenteur, risque d'erreur judiciaire, etc.

2 Quelques autres caractéristiques

● **La justice est hiérarchisée :** elle a une structure pyramidale à plusieurs degrés (instances) afin que les citoyens aient la possibilité de contester une décision, d'en demander le réexamen, de faire réviser ou casser un jugement.

● **La justice est spécialisée :** suivant le type d'affaire, c'est tel ou tel tribunal qui est compétent. En ce qui concerne le droit pénal, cela dépend aussi de la gravité de la faute.

● Chaque tribunal a un domaine **géographique de compétence** déterminé.

> **! INFOS**
>
> • Tout **prévenu** est **présumé innocent** tant qu'il n'a pas été jugé **coupable**.
> • Les personnes majeures dont les revenus sont insuffisants et tous les mineurs peuvent bénéficier de l'**assistance gratuite d'un avocat**.
> • Philippe Maurice, condamné à mort pour avoir tué un policier, a été **gracié** en 1981 par le président de la République, quelques mois avant l'**abolition de la peine de mort**.
> • La tradition veut que, après une élection présidentielle, une **loi d'amnistie** soit proposée au Parlement.
> • L'amnistie concerne des délits de moindre importance (stationnement interdit par exemple). Cette pratique est de plus en plus contestée.

À vous de Jouer

• Comprendre les documents •

1 • Trouvez dans les documents le mot ou l'expression qui exprime les idées suivantes :

a. Tout le monde a droit à la justice : ....

b. La justice peut se tromper : ....

c. La justice est la même pour tous : ....

d. La justice garantit la présence d'un avocat : ....

e. Un condamné peut tenter de faire annuler la décision le concernant : ....

2 • De quelle caractéristique de la justice s'agit-il dans les affirmations suivantes ?

a. La politique n'a rien à voir avec la justice. ....

b. La cour d'appel est une plus haute instance que le tribunal correctionnel. ....

c. Toutes les procédures judiciaires sont soumises à des règles précises. ....

d. On ne juge pas n'importe quel prévenu devant n'importe quel tribunal. ....

3 • Retrouvez les phrases qui illustrent ou développent les principes du document 1.

a. La présomption d'innocence : ....

b. L'aide juridictionnelle : ....

• Utiliser le vocabulaire •

4 • Complétez les phrases avec un mot choisi dans les documents.

a. La justice garantit le droit au .... lorsqu'on estime être victime d'une injustice.

b. « Au nom du peuple français, je vous demande .... de la peine de mort » (le ministre de la Justice devant l'Assemblée nationale le 18 septembre 1981).

c. Seul le président de la République peut .... un condamné.

d. À l'occasion de la révision d'un procès, il arrive que le jugement soit ....

e. Un tribunal est compétent pour un .... précis, un département par exemple.

5 • Chassez l'intrus et justifiez oralement votre choix.

a. une affaire de détournement de fonds – une bonne affaire – une affaire de mœurs

b. les droits de la personne – le droit à la défense – le droit à la retraite

c. être amnistié – être gracié – être excusé

d. le principe de morale – le principe d'égalité – le principe d'équité

e. la compétence territoriale – la compétence intellectuelle – la compétence juridictionnelle

• S'exprimer •

6 • Parler de la justice

a) Vous êtes trois étudiants en droit. Un de vos anciens professeurs vous demande de venir présenter la justice française devant une classe dans le cadre d'un cours d'éducation civique.

Répartissez-vous la tâche selon les trois points suivants :

1. Les principes de la justice ;

2. Les caractéristiques de la justice ;

3. Le citoyen face à la justice.

Jouez la scène.

b) La situation est la même mais vous devez présenter la justice de votre propre pays.

Aide

Pour l'exercice 6a.

1. Relisez le document et prenez des notes sur les différents points dont vous voulez parler. Exemples :
– *justice équitable*
– *présomption d'innocence*
– *aide juridictionnelle*

2. Faites une introduction, présentez les différents éléments en les reliant entre eux, faites une conclusion et passez la parole à votre collègue : *pour ma part, je vais vous parler de..., si la justice est la même pour tous, que faire lorsque quelqu'un n'a pas les moyens de payer un avocat ?, enfin, il faut noter que la justice doit être..., voilà ce que je voulais vous dire sur..., maintenant je passe la parole à... qui va vous parler de...*

3. N'oubliez pas de demander s'il y a des questions.

2. La justice rendue par des magistrats professionnels

1 Quelle justice, quel tribunal ?

La justice administrative

Le tribunal administratif a pour rôle de juger les litiges entre l'administration et le citoyen (par exemple, dommages causés chez un particulier à la suite de travaux publics). Si le jugement rendu est contesté, il est possible de déposer un recours auprès de la cour administrative d'appel.

La justice civile

Elle est compétente pour les litiges entre citoyens. Selon la gravité du délit, c'est le tribunal d'instance (moins de 7 600 euros) qui est compétent ou le tribunal de grande instance (au-dessus de 7 600 euros). Le recours éventuel s'effectue devant la cour d'appel.

La justice pénale

Elle est rendue par deux tribunaux.

Le tribunal de police traite les contraventions.

Le tribunal correctionnel juge les délits pouvant entraîner des peines de 5 ans au maximum. Un jugement rendu par ces tribunaux peut faire l'objet d'un recours en cour d'appel.

N.B. : les crimes sont jugés par la cour d'assises (voir page 38).

2 Où s'adresser pour contester un arrêt de cour d'appel ?

Cour administrative d'appel : saisir le Conseil d'État.

Cour d'appel (justice civile et pénale) : déposer un pourvoi devant la Cour de cassation.

Dans les deux cas : porter dans un deuxième temps l'affaire devant la Cour européenne des droits de l'homme.

La Cour de cassation siège à Paris. Elle se prononce sur la forme (respect des procédures) mais pas sur le fond. Elle peut accueillir le pourvoi ou le rejeter. Dans la deuxième hypothèse, elle renvoie les parties devant une autre cour d'appel.

La Cour européenne des droits de l'homme, à Strasbourg, traite, comme son nom l'indique, des atteintes aux droits de l'homme. Elle n'est compétente qu'à partir du moment où tous les recours nationaux ont été tentés sans succès. Si elle juge la demande recevable, sa décision prime celle des tribunaux nationaux.

3 Chronique judiciaire (1)

Un fonctionnaire de la police des frontières de Coquelles (Pas-de-Calais) a été condamné à un an de prison ferme pour corruption passive par le tribunal de Boulogne-sur-Mer, pour avoir proposé à une réfugiée du centre de Sangatte un rapport sexuel en échange d'un passage en Angleterre. Le policier, qui a été jugé jeudi 4 juillet, a été définitivement exclu de la fonction publique.

Le Monde, 11 juillet 2002.

La Cour européenne des droits de l'homme a condamné la France, mardi 5 juillet, pour avoir fait durer pendant près de dix ans une procédure judiciaire concernant un internement abusif en service psychiatrique. Les juges européens ont estimé que la durée de la procédure était excessive. Ils ont alloué 12 000 euros aux requérants.

Le Monde, 11 juillet 2002.

Les pourvois des sept personnes condamnées dans l'affaire des comptes de l'Olympique de Marseille (OM) ont été rejetés, mercredi 7 février, par la Cour de cassation. Plusieurs anciens dirigeants du club de football avaient été condamnés, en 1998, à verser des dommages et intérêts aux parties civiles.

D'après Le Monde, 12 février 2001.

M. B., relaxé en première instance, est définitivement relaxé par la cour d'appel de Paris.

L. M., relaxé en première instance, est condamné à 4 ans de prison dont 2 avec sursis par la cour d'appel de Nancy (cassation en cours).

R. A. est condamné à 7 ans d'emprisonnement par la cour d'assises d'Aix-en-Provence (cassation en cours).

http://www.ca-paris.justice.fr

4 Glossaire

INFRACTION : *violation d'une loi.*

CONTRAVENTION : *infraction punie d'une amende.*

DÉLIT : *infraction à la loi pour laquelle l'auteur est passible de peines correctionnelles (emprisonnement court, amendes).*

CRIME : *infraction punie d'une peine de réclusion ou de détention criminelle pour une durée limitée ou à perpétuité.*

À vous de Jouer

• Comprendre les documents •

1 • **Écoutez le document oral.**
Reproduisez et complétez le tableau.
(Attention, le document oral ne permet pas de remplir une des cases.)

	Plaignant / Requérant	Décision du tribunal	Recours possible
Nouvelle 1			
Nouvelle 2			
Nouvelle 3			
Nouvelle 4			

2 • **Examinez les cas suivants et dites de quelle juridiction ils relèvent.**

a. Madame Marino a porté plainte contre son voisin qui a empoisonné son chien. ....

b. M. Tarant conteste la condamnation que le tribunal d'instance a prononcée contre lui. ....

c. M. Régent doit payer 6 800 euros de dommages et intérêts pour les détériorations effectuées dans l'appartement qu'il loue à Mme Roger. ....

d. Lors de la réfection de la nationale 113, la maison de M. Carel a été endommagée. ....

• Utiliser le vocabulaire •

3 • **Complétez avec le verbe convenable :** *rendre – déposer / former – saisir – porter.*

a. Fatiguée du harcèlement de son chef de bureau, Madame Ric a décidé de .... la justice.

b. Le tribunal .... son jugement dans trois semaines.

c. Savez-vous que vous avez le droit de .... un recours devant la Cour européenne des droits de l'homme ?

d. Le comportement de M. Darin .... atteinte à la liberté individuelle de Juliette Malard.

4 • **Reliez les deux colonnes et soulignez les expressions verbe + nom ainsi formées.**

a. Gilles Sorin est condamné
b. Madame Batano doit verser
c. M. Daronnet à été exclu
d. L'arrêt de la cour d'appel

1. de l'ordre des médecins.
2. a été cassé pour vice de forme.
3. à trois ans de prison dont un avec sursis.
4. des dommages et intérêts pour diffamation.

5 • **Rayez le mot inexact.**

La Cour européenne des droits de l'homme est incompétente/ compétente sur les questions touchant aux droits fondamentaux des citoyens. Si la décision rendue en France respecte la Convention européenne des droits de l'homme, la Cour européenne juge la demande recevable/irrecevable. Dans le cas contraire, la décision prise par la Cour européenne est contraignante/facultative pour l'État condamné.

• S'exprimer •

6 • Un grand hebdomadaire pour lequel vous travaillez veut publier un dossier sur la complexité des procédures judiciaires.

a) Dans un premier temps, vous rencontrez quelqu'un qui a subi une procédure de justice longue et compliquée. Simulez l'interview.

b) Racontez dans un article le parcours de cette personne.

7 • **Vous avez été injustement condamné. Vous racontez votre histoire dans une lettre au président de la République pour lui exposer votre position.**

Aide

Pour l'exercice 1.
– Diffamation : accusation portant atteinte à l'honneur d'une personne
– Squatter un immeuble : l'occuper illégalement
– Rendre un délibéré : rendre une décision après une période plus ou moins longue
– Le plaignant / le requérant / le demandeur : celui qui fait appel à la justice

Pour l'exercice 6a.
Vos questions porteront :
– sur les faits : *Quand avez-vous été arrêté ?*
– sur les sentiments de l'accusé : *Qu'avez-vous ressenti lorsque vous avez entendu le verdict ?*

Pour l'exercice 6b.
1. Racontez les faits chronologiquement : *délit / crime reproché ; procès en première instance, procès en appel, etc. / arrêt définitif.*
2. Utilisez les articulateurs du discours narratif : *un jour, ce jour-là, puis, alors, enfin, mais, c'est alors que…, etc.*
3. Prévoyez une phrase de conclusion.
Exemples : *C'est souvent long mais cela vaut la peine de se battre. Monsieur Rapin a fini par accepter le jugement. Il a purgé sa peine. Il tente aujourd'hui de retrouver une vie normale.*

Pour l'exercice 7.
Votre lettre est une lettre officielle :
– Vous devez donc y faire figurer vos nom et adresse ainsi que ceux du destinataire.
– Vous devez mettre une formule d'adresse.
– Vous expliquez la raison de votre courrier.
– Vous racontez votre histoire, expliquez que vous êtes innocent et demandez une remise de peine ou la grâce présidentielle.
– Vous terminez la lettre par des remerciements anticipés et une formule de politesse marquant votre respect.

3. La justice rendue par des juges non professionnels et des citoyens

1 Les institutions

La cour d'assises

• **Lieu d'implantation** : le chef-lieu de chaque département.
• **Attributions** : elle juge les crimes, les crimes contre l'humanité, le trafic de stupéfiants, les affaires de terrorisme… Elle juge également les délits commis à l'occasion des crimes.
• **Composition** : 12 membres constituent le jury : 3 magistrats, 9 jurés (citoyens tirés au sort pour une session).
• **Prise de décision** : le jury délibère et vote à la majorité simple (décisions favorables à l'accusé), à la majorité de 8 voix sur 12 (décisions défavorables à l'accusé). Le verdict est rendu par le jury.
• **Recours possible** : faire appel (la Cour de cassation désigne une autre cour d'assises qui procède au réexamen de l'affaire).

2 Chronique judiciaire (2)

Le conseil des prud'hommes

• **Lieu d'implantation** : au moins un par chef-lieu de département.
• **Attributions** : il règle les litiges individuels professionnels entre employeur et employé (salaire, contrat de travail, licenciement).
• **Composition** : nombre égal de représentants des employés et des employeurs du secteur privé, élus pour un mandat de 5 ans (juridiction paritaire).
• **Prise de décision** : chaque affaire passe d'abord obligatoirement devant un bureau de conciliation (un conseiller-salarié et un conseiller-employeur) qui s'efforce de concilier les parties. Si la phase de conciliation échoue, le bureau de jugement (deux conseillers-salariés, deux conseillers-employeurs) rend son jugement.
• **Recours possible** : dossier réexaminé par un juge et les quatre conseillers. En cas d'échec, l'affaire est portée devant la cour d'appel.

I. B. - Meurtre raciste
D. B. a été déclaré coupable par la cour d'assises de Seine-Maritime d'avoir volontairement donné la mort à I. B., en le jetant dans un bassin du port du Havre où il s'est noyé.
D. B. a été condamné à 18 ans de réclusion criminelle.
Il a été également condamné à verser pour leur préjudice personnel 110 000 euros à la famille et à payer la somme de 1 euro à titre de dommages-intérêts aux associations de lutte contre le racisme qui s'étaient portées partie civile.

D'après http://perso.wanadoo.fr/mrap.76

Après quatre heures de délibéré, la cour d'assises d'appel de la Moselle a condamné, samedi 1er juin, Marc Dumoulin, député de la deuxième circonscription du Haut-Rhin, à cinq ans de prison et à cinq ans d'interdiction des droits civiques, civils et de famille. En octobre 2001, la cour d'assises de Strasbourg lui avait infligé la même peine, mais assortie d'un sursis de deux ans.

Le Monde, 4 juin 2002.

! INFOS

◆
• On peut être condamné à cinq ans de **prison ferme**, à cinq ans de prison dont deux **avec sursis**, à deux ans de prison avec sursis, à la **réclusion criminelle à perpétuité**, ou être **acquitté** (aux assises) ou **relaxé** (en correctionnelle).

• Le conseil des prud'hommes est divisé en cinq sections : industrie, commerce, agriculture, etc. Chaque section comprend un **bureau de conciliation** et un **bureau de jugement**.

Mme B. (51 ans) est-elle victime d'un système de management qui exclut les plus âgés et les moins souples, ou n'a-t-elle pas su s'adapter ? Rappel des faits : après la reprise de la société où elle travaillait, elle s'est vu reprocher à plusieurs reprises de ne pas être assez aimable avec les clients et, d'une manière générale, de ne pas respecter le « style » de la maison. Après trois avertissements, elle a été licenciée. Selon Mme B., le motif réel de son licenciement est son âge. La section commerciale du conseil des prud'hommes, qui a évoqué le dossier hier, rendra son délibéré le 24 juin.

À vous de Jouer

• Comprendre les documents •

1 • Dites si les affirmations sont vraies ou fausses et justifiez oralement votre choix.

	V	F
a. La cour d'assises juge les crimes, les litiges et les délits.	☐	☐
b. Le nombre de voix requis aux assises dépend de la décision elle-même.	☐	☐
c. Le conseil des prud'hommes ne concerne pas les fonctionnaires et l'État.	☐	☐
d. Au conseil des prud'hommes, si le bureau de conciliation n'arrive pas à convaincre les parties en présence de régler le litige à l'amiable, le bureau de jugement tranche.	☐	☐

2 • Répondez aux questions.

a. Pourquoi Marc Dumoulin a-t-il été rejugé ? ....

b. Cette deuxième décision lui a-t-elle été favorable ? Justifiez votre réponse. ....

c. Quel est le motif « officiel » du licenciement de Mme B. ? ....

d. Pourquoi s'est-elle adressée au conseil des prud'hommes ? ....

e. Est-ce que la condamnation de D. B. par la cour d'assises de Seine-Maritime est définitive ? ....

• Utiliser le vocabulaire •

3 • Complétez avec un des verbes suivants : *infliger – porter – rendre – acquitter.*

a. La cour d'assises de Melun .... la réclusion à perpétuité au tueur en série de l'Aubrac.

b. L. H., non satisfait de la décision de la cour administrative d'appel, a décidé de .... son affaire devant le Conseil d'État.

c. Considérant qu'il ne s'agissait pas d'un cas de légitime défense, la cour d'assises de Montpellier n'a pas .... M. Douve, qui avait tué par balle deux malfaiteurs.

d. Après 10 heures de délibération, le jury .... son délibéré : Mme R. dormira en prison ce soir.

4 • De quoi s'agit-il ?

a. tenter de se mettre d'accord sans jugement : ....

b. prendre sa décision : ....

c. emprisonner à vie : ....

d. faire du commerce de drogue : ....

• S'exprimer •

5 • Le mode de fonctionnement des différents tribunaux.

a) En groupe, rédigez des petits articles rendant compte de jugements en cour d'assises ou devant les conseils des prud'hommes.

b) Échangez vos articles avec un autre groupe et préparez :
– un exposé sur les procédures de la cour d'assises ;
– un exposé sur les procédures des conseils des prud'hommes.

c) Préparez une fiche synthétique formalisant les différentes étapes des procédures.

d) Suivez la même démarche à partir de deux types de tribunaux de votre pays.

Aide

Pour l'exercice 5a.

1. Vous devez suivre le plan suivant :
   a. Le crime ou le litige
   b. Le procès
   c. La sentence
   d. Le recours (éventuel).

2. Veillez à développer des affaires de complexité différente (recours ou non, recours amenant à une réduction de peine, acquittement, etc.).

Pour l'exercice 5b.

1. Procédez par étapes, du plus simple au plus compliqué.

2. Pensez à illustrer les différents cas de figure d'exemples concrets.

Pour l'exercice 5c.

Vous pouvez par exemple faire un tableau ou un schéma.

39

4. La justice des mineurs

1 Quelques données

- **Le juge des enfants**
  juge les mineurs auteurs de délits et protège les mineurs en danger.
- **Le tribunal des enfants**
  juge les enfants de moins de 16 ans auteurs d'un crime ou d'un délit grave.
- **La cour d'assises des mineurs**
  juge les mineurs de plus de 16 ans auteurs d'un crime.
- **Le tribunal de police**
  juge les enfants auteurs d'une contravention.
- Les débats sont à huis clos et leur compte-rendu ne peut être publié dans la presse.

2 Les sources de la justice pour enfants

- **Le Code pénal**

- **L'ordonnance nº 45-174 du 2 février 1945 relative à l'enfance délinquante**
  Principales dispositions :
  1. Les tribunaux spécialisés peuvent prendre des sanctions pénales à l'encontre des mineurs âgés de plus de 13 ans lorsque les circonstances et la personnalité du délinquant l'exigent.
  2. Les tribunaux pour enfants peuvent imposer des mesures éducatives pour les moins de 13 ans (mise sous protection judiciaire, placement dans une institution d'éducation ou de formation professionnelle, obligation d'accomplir un travail de réparation ou d'intérêt général présentant un caractère formateur et de nature à favoriser l'insertion sociale). Les peines privatives de liberté sont effectuées dans des établissements spécialisés ou des quartiers séparés des maisons d'arrêt.

- **La loi d'orientation et de programmation de la justice du 15 juin 2002 (loi Perben)**
  Cette loi se donne pour but, en ce qui concerne la justice des mineurs, « d'adapter l'ordonnance du 2 février 1945 aux nouvelles caractéristiques de cette délinquance dans le respect de ses principes directeurs, à savoir la spécialisation des magistrats et la primauté de l'action éducative » (Titre III : prévenir et traiter plus efficacement la délinquance des mineurs).
  Principales mesures concernant la justice des mineurs :
  A. Renforcer et encadrer le dispositif de traitement des mineurs récidivistes ou violents
  1. Sous la responsabilité de la protection judiciaire de la jeunesse, créer des centres éducatifs fermés destinés à accueillir des mineurs délinquants dans un cadre permettant de s'assurer de leur présence effective.
  2. Sous la responsabilité de l'administration pénitentiaire et avec la protection judiciaire de la jeunesse, créer de nouveaux quartiers de mineurs dans les établissements pénitentiaires et créer des établissements pénitentiaires autonomes pour mineurs. [...]
  B. Développer la prévention de la récidive
  Cet objectif doit être atteint grâce à cinq réformes de procédure :
  1. Le juge de proximité [...] pourra intervenir rapidement dans le champ des petites infractions [...] et prononcer des mesures éducatives et préventives.
  2. La présente loi permet au procureur de la République [...] de saisir le juge des enfants afin que le délinquant comparaisse devant le tribunal pour enfants dans un délai rapproché pour y être jugé.
  3. Il convient aussi de créer [pour les mineurs de 10 à 13 ans] une réponse pénale originale à vocation éducative et préventive, le cas échéant plus ferme et dissuasive qu'une simple mesure éducative.
  4. [La loi prévoit] la relance des mesures de réparation [...] et de réduire les délais de prise en charge des mesures éducatives [...]
  5. Il est [...] nécessaire, parallèlement aux mesures de soutien [des] parents, de renforcer [leur] implication en créant une amende civile [...] qui permette de condamner les parents qui manquent à leurs obligations et mettent en danger leur enfant mineur.

À vous de **Jouer**

• Comprendre les documents •

🎧 **1 • Écoutez une fois chaque témoignage.**
a) Notez pour chacun d'eux le point de la loi qui est critiqué (lettre et/ou numéro du document 2).

Témoignage 1 : ....   Témoignage 2 : ....   Témoignage 3 : ....

Témoignage 4 : ....   Témoignage 5 : ....   Témoignage 6 : ....

b) Après avoir écouté les témoignages une deuxième fois, complétez le tableau.

	Critique formulée	Solution proposée
Témoignage 1		
Témoignage 2		
Témoignage 3		
Témoignage 4		
Témoignage 5		
Témoignage 6		

2 • De l'ordonnance du 2 février 1945 à la loi Perben. Faites un tableau qui montre ce qui reste, ce qui est renforcé, ce qui change / est nouveau.

• Utiliser le vocabulaire •

3 • Reformulez les phrases en utilisant les expressions données : *éviter la récidive – prendre des mesures préventives – comparaître devant le tribunal – manquer à ses obligations.*

a. Il faut agir avant que les jeunes commettent des délits ou des crimes. ....

b. Un jeune délinquant doit être jugé. ....

c. Il faut faire en sorte qu'un délinquant qui a commis des délits ne recommence pas. ....

d. Certains parents n'assument pas leurs devoirs de parents. ....

4 • Mettez les synonymes en relation.

a. une mesure

b. une sanction

c. un établissement pénitentiaire

d. l'insertion sociale

1. une prison

2. une disposition

3. une peine

4. l'intégration dans la vie publique

• S'exprimer •

5 • La loi Perben vient d'être votée par l'Assemblée nationale et le Sénat.

a) Le ministre de la Justice donne une conférence de presse.

Jouez la scène avec plusieurs journalistes.

b) En groupe, écrivez trois articles différents sur la loi.

c) Une chaîne de télévision organise un micro-trottoir destiné à demander aux gens leur opinion sur le projet de loi.

Imaginez les interviews.

d) Écrivez un article de synthèse.

Aide

Pour l'exercice 5a.

1. Poser des questions informatives : *Que prévoyez-vous pour les délinquants de moins de treize ans ?* ou sur l'esprit de la loi : *Pensez-vous que l'amende infligée aux parents soit juste et efficace ?*

2. Les journalistes peuvent être neutres, favorables ou hostiles à la loi.

Pour l'exercice 5b.

Utilisez des mots et expressions approbatifs : *Enfin !, être favorable à, voir naître l'espoir d'une amélioration ; rassurer la population des banlieues, etc.* ou dépréciatifs : *La répression passe avant la prévention ; mesures injustes, aggravantes, qui ne résolvent rien, démagogiques, etc.*

Pour l'exercice 5c.

Utilisez la langue parlée : *Moi, je suis très satisfait. Ça leur apprendra à vivre comme tout le monde !*

Pour l'exercice 5d.

Variez les moyens de restituer les informations : citer les témoignages, les résumer, les reformuler, etc.

Faisons le point

1 • **Dans quelle juridiction les affaires suivantes se traitent-elles ?**

a. Un jeune homme de seize ans a volé une voiture. ....

b. Un accusé comparaissant devant la cour d'assises estime avoir fait l'objet d'une discrimination raciale.

....

c. M. Taubin a eu un accident parce que la signalisation d'un carrefour, arrachée par le vent, n'avait pas

été remplacée. ....

d. Le patron de Mme Marlet exige d'elle qu'elle travaille le dimanche alors que cela n'est pas prévu dans

l'accord collectif. ....

e. M. Rangeot a brûlé un feu rouge. ....

2 • **Dites si les affirmations suivantes sont vraies ou fausses et justifiez oralement votre réponse.** V   F

a. Les jurés sont désignés par le maire de la commune où a lieu le procès. ☐ ☐

b. Les recours contre un jugement rendu par un tribunal administratif sont directement

examinés par le Conseil d'État. ☐ ☐

c. Une affaire de pédophilie se juge devant le tribunal correctionnel. ☐ ☐

d. Il y a une cour de cassation par région. ☐ ☐

e. Il y a 9 jurés et 3 juges dans un jury d'assises. ☐ ☐

f. L'ensemble des membres d'un conseil des prud'hommes sont élus. ☐ ☐

3 • **Trouvez les mots correspondant aux définitions suivantes :**

a. Un désaccord, par exemple un divorce. ....

b. Un acte ou un comportement interdit par la loi, par exemple un cambriolage. ....

c. La contestation d'une décision de justice : quelqu'un est condamné et s'estime innocent. ....

d. Une peine infligée par la justice à une personne reconnue coupable, par exemple un retrait de permis

de conduire, une amende, le versement de dommages et intérêts. ....

e. L'annulation d'une condamnation, par exemple le retrait d'une contravention. ....

4 • **Trouvez les expressions équivalentes dans les documents.**

a. passer en jugement ....

b. attribuer une somme d'argent aux plaignants ....

c. reconsidérer le procès ....

d. être condamné à la prison à vie ....

e. prononcer la même condamnation ....

5 • Vous participez à une université d'été pour étudiants en droit.

a) **Afin de mieux connaître le système judiciaire d'autres pays, élaborez un questionnaire de vingt questions.**

b) **Certains étudiants répondent comme s'ils étaient français, d'autres répondent par rapport à la justice de votre pays.**

c) **Un étudiant fait la synthèse des réponses au questionnaire rempli sur la justice française, un autre sur la justice de votre pays.**

Aide

Pour l'exercice 5a.

Variez les questions pour obtenir différents types de réponses :

– réponses oui ou non : *Existe-t-il dans votre pays des juridictions où l'on fait appel à des citoyens pour constituer le jury ?*

– réponses présentant des informations : *Quelles sont, dans votre pays, les juridictions qui traitent des conflits entre employeurs et employés ?*

Pour l'exercice 5b.

1. Annoncez votre plan.

2. Vous n'êtes pas tenu de respecter l'ordre des questions.

3. Vous devez relier les différentes informations entre elles : soit par un mot ou une expression marquant la continuité : *donc, en conséquence, c'est pourquoi, ensuite, enfin, etc.*, soit par une expression permettant de passer à un autre aspect : *Voyons maintenant…, mais il existe d'autres types de juridictions, ainsi…, dans le domaine de…, passons à présent à un autre domaine, etc.*

4. Prévoyez une conclusion.

Faites votre propre Bilan

1 • Classez et notez le vocabulaire que vous avez appris.

Les principes	Les instances
• *l'indépendance de la justice*	• *le tribunal administratif*

Les actes passibles du tribunal	Les sanctions
• *un délit*	• *une peine de prison*

2 • Notez les mots et expressions permettant d'argumenter et de communiquer que vous avez appris.

Les actes de paroles	Les mots et expressions de liaison
• *formuler des opinions*	• *voyons maintenant*

3 • Notez les expressions en français courant et leur équivalent dans la phraséologie administrative.

• *passer / comparaître devant le tribunal*

5 Acteurs et procédures

1. Justice « douce » ou procédure judiciaire ?

1 La justice « douce »

En amont ou en accompagnement du système judiciaire : la conciliation et la médiation. Ce sont des mécanismes de résolution des conflits qui constituent une alternative aux actions en justice.

• **La conciliation** est un mode de règlement à l'amiable de certains litiges civils, exercé soit directement par **le juge**, soit par **un conciliateur de justice** (personne bénévole). La conciliation peut intervenir en dehors de tout procès ou au cours d'une procédure judiciaire déjà engagée. Le conciliateur ne peut pas proposer de solutions, mais il aide les personnes à rechercher un compromis tout en respectant les intérêts de chacun. La conciliation peut être obligatoire (procédures devant le juge des affaires familiales ou le conseil des prud'hommes).

• **La médiation** peut être proposée dans des situations conflictuelles par un juge saisi d'un litige, après avoir obtenu l'accord des parties. On distingue la **médiation judiciaire** (notamment en matière de conflits familiaux) et la **médiation pénale** : sur proposition du parquet, elle réunit l'auteur et la victime de certaines infractions pénales en présence d'un tiers **médiateur** habilité par la justice, afin de trouver une solution librement négociée et de définir les modalités d'une réparation.

• **Le médiateur de la République** est chargé de rechercher des solutions amiables aux litiges entre les citoyens et les administrations, les établissements publics ou entreprises de service public.
Les accords auxquels les parties en conflit sont parvenus sont ensuite homologués par le juge et l'affaire classée sans suite. S'il n'y a pas d'accord, la procédure est poursuivie.

2 Un exemple de procédure judiciaire : la procédure pénale

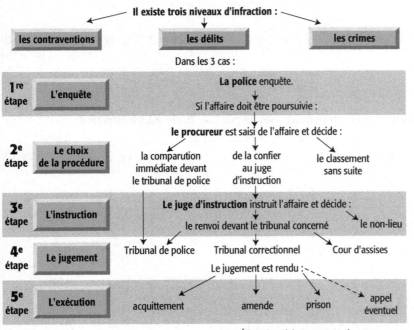

Éducation civique 4ᵉ, © Hatier, 1998, p. 66.

3 Dans la salle d'audience

(…) L'avocat général a expliqué son choix par le « paradoxe » dans lequel il se trouvait : « Devoir demander la peine maximale de l'arsenal juridique français, en ayant le sentiment qu'elle est dérisoire. J'ai voulu d'abord penser aux victimes et les rassurer », a-t-il souligné. (…)

L'accusé a toujours clamé son innocence et c'est donc cette ligne de défense qu'a suivie son avocate. Celle-ci, dans un premier temps, a tenté de démontrer à quel point l'avocat des parties civiles avait interprété de façon négative des incidents mineurs de l'enfance de l'accusé, pour en tirer l'image d'un futur tueur.« D'un enfant simplement timide, on fait ainsi un enfant perturbé. D'un jeune homme sage et réservé, un être asocial. » Elle a ensuite rappelé la seule condamnation portée au casier judiciaire de son client, et amnistiée lors de sa majorité : une contravention pour défaut de titre de transport dans un train, lorsqu'il avait 16 ans. [...]
L'ardeur et le talent qu'elle a mis à défendre le jeune homme n'ont pas suffi à convaincre le jury et la cour a suivi les réquisitions de l'avocat général.

D'après *Le Monde*,
22 février 2002 et DR.

! INFOS

• Dans le roman de François Mauriac intitulé *Thérèse Desqueyroux*, l'héroïne bénéficie d'un **non-lieu** : faute de preuves qu'elle est à l'origine de l'empoisonnement de son mari, elle est acquittée au bénéfice du doute.
• La **garde à vue** (dans les locaux du commissariat ou de la gendarmerie) ne peut pas excéder 24 heures, sauf autorisation du procureur de la République (prolongation de 24 heures). Dans certains cas (trafic de stupéfiants, terrorisme…), elle peut être prolongée jusqu'à 96 heures.

À vous de Jouer

• Comprendre les documents •

1 • Dites de quelle procédure à l'amiable il s'agit et qui assure le contact entre les deux parties.

a. La mairie de Payrac a refusé d'accorder un permis de construire à M. Mirandon. ....

b. M. et Mme Jardin ont l'intention de divorcer et les choses se passent très mal entre eux. ....

c. Les Durandon sont en conflit avec leurs locataires à propos de loyers impayés. ....

d. Mme Bredin reproche à son patron de ne pas lui payer les heures supplémentaires qu'il lui impose. ....

e. Gilles et Marianne Denis recherchent un compromis sur le partage du patrimoine familial. ....

2 • Étudiez les étapes de la procédure pénale et notez les cas où la procédure « se termine bien » pour l'accusé.

1. .... 2. .... 3. ....

3 • À quel niveau de la procédure se trouve-t-on dans les cas suivants ? Justifiez oralement votre choix. (Plusieurs réponses sont parfois possibles.)

a. Les témoins du drame ont été convoqués au commissariat de police. ....

b. Le président a donné lecture des délibérations du jury. ....

c. Le suspect n° 1 a été entendu pendant toute la matinée en présence de Maître Gavy. ....

d. Jacques Delteil a quitté libre le palais de justice. ....

• Utiliser le vocabulaire •

4 • Trouvez les synonymes des mots suivants dans le document 1. (Plusieurs réponses sont parfois possibles.)

a. un accord : .... b. autorisé : .... c. un désaccord : ....

d. la solution : .... e. consensuel : .... f. arriver à : ....

5 • Complétez les phrases en choisissant le mot convenable dans les documents.

a. Georges Simenon : Maigret mène l'...................................... . b. Conclusion de l'affaire : .... sans suite.

c. Excès de vitesse : .... au Code de la route. d. ...., peine de prison, amende ou appel ?

e. Le juge d'instruction a décidé d'un ....-...................................... .

6 • Complétez avec des mots choisis dans l'article de presse.

L'avocate de la .... a rappelé, pour .... le jeune
homme, que la seule .... dont il avait fait l'objet dans le passé était
une .... aujourd'hui .... Le procureur général a
demandé la .... pour .... les victimes et la ....
a suivi ses ....

• S'exprimer •

7 • Vous avez entrepris (ou le juge vous a proposé) une procédure de consultation ou de médiation. Jouez à trois une rencontre entre les deux parties et le conciliateur ou le médiateur correspondant à la situation.

8 • Vous êtes étudiants en droit. Votre professeur vous demande d'imaginer par écrit l'itinéraire des personnes suivantes :

a) Joël est condamné pour un vol de voiture, il a reconnu les faits mais, jugeant que la peine est trop lourde, il va faire appel.

b) Hervé est accusé de violences sexuelles suivies de meurtre. Il a toujours nié et il plaide non coupable. L'accusation n'arrive pas à apporter de preuves convaincantes de sa culpabilité.

c) Mme Reboud est accusée d'avoir fait subir de mauvais traitements à un pensionnaire de la maison de retraite dans laquelle elle travaille, mais il s'avère que c'est de la diffamation.

Aide

Pour l'exercice 7

1. Les deux parties en présence exposent leurs arguments : *avoir droit à…, avoir le droit de…, … me revient, c'est à moi de…, etc.*

2. Elles peuvent protester et contester : *ce n'est pas vrai, ce n'est pas juste, vous n'allez pas me faire croire que…, vous êtes malhonnête, injuste, mal intentionné, égoïste, etc., vous ne vous rendez pas compte, vous refusez de voir la réalité, etc.*

3. Elles peuvent menacer : *si vous ne…, alors, je… ; prenez garde, il y a une justice en France !, faites attention, n'allez pas trop loin, etc.*

4. Le médiateur ou le conciliateur tentent de calmer le jeu, de nuancer les propos : *restez calme, prenez en compte l'avis de l'autre, il faut faire des compromis, il n'y a pas des bons d'un côté, des méchants de l'autre, ne soyez pas aussi catégorique ; les choses ne sont pas aussi simples ; je vous propose de…, je vous suggère de…, et si vous faisiez un compromis…, etc.*

5. Il faut arriver à un accord, ou prévoir une autre séance de conciliation, ou décider de s'en référer à la justice.

2. Un procès en cour d'assises

1 Regard sur la cour d'assises

① **Le président :** magistrat du siège, il préside les audiences du procès et le jury.
② ③ **Les assesseurs :** eux aussi magistrats du siège, ils assistent le président et sont membres du jury.
④ **Les jurés :** citoyens tirés au sort pour être membres du jury.
⑤ **Le procureur ou avocat général :** magistrat du parquet, il veille à l'application de la loi, requiert l'acquittement ou une peine contre l'accusé. Il représente le ministère public.
⑥ **La partie civile :** la partie plaignante, la ou les personnes qui sont ou représentent les victimes.
⑦ **L'avocat de la partie civile :** il défend la partie civile.
⑧ **Le greffier :** il rédige le procès-verbal des débats.
⑨ **L'huissier :** il fait entrer les témoins et présente les pièces à conviction.
⑩ **L'accusé :** celui qui doit être jugé.
⑪ **Les gardes :** ils encadrent l'accusé.
⑫ **L'avocat de la défense :** il défend l'accusé.
⑬ **Le témoin (à charge ou à décharge) :** il expose les faits dont il a connaissance sous serment.
⑭ **Le public :** il assiste aux audiences qui ne sont pas à huis clos.

> **LES MAGISTRATS DU SIÈGE** *rendent la justice : ils tranchent les litiges entre particuliers et sanctionnent les auteurs d'infractions, de délits, de crimes.*
> **LES MAGISTRATS DU PARQUET** (*ou ministère public : procureurs de la République, avocats généraux*) *ne jugent pas. Ils représentent la société et agissent en son nom.*

2 Scénario d'un procès

1. Ouverture de l'audience.

2. Présentation de l'identité de l'accusé.

3. Appel et serment des jurés.

4. Appel des témoins et des experts.

5. Lecture par le greffier de l'acte d'accusation et des résultats des enquêtes de police et d'instruction.

6. Interrogatoire de l'accusé.

7. Serment et audition des témoins et des experts.

8. Plaidoirie de l'avocat de la partie civile et réquisitoire du parquet.

9. Plaidoirie de l'avocat de la défense.

10. Lecture de la liste des questions.

11. Délibéré des jurés et des trois magistrats dans la salle des délibérations.

12. Vote à bulletin secret.

13. Prononcé de la décision (le président annonce le verdict).

D'après *Le Cahier du citoyen 4ᵉ*, Hachette Livre, 1998, p. 44 et 45.

! INFOS

• Les avocats exercent une **profession libérale** tandis que les juges sont des **fonctionnaires**.

• Dans d'autres juridictions que la cour d'assises, les jurés sont des **professionnels** (par exemple tribunal de grande instance ou cour d'appel).

• Le **procureur de la République** a, au tribunal de grande instance, le même rôle que l'avocat général (ou procureur général) de la cour d'assises.

• Le **réquisitoire** est assuré par un magistrat du parquet.

• La **plaidoirie de la défense** est assurée par l'avocat de la défense.

• Les témoins et les jurés **prêtent serment**.

À vous de Jouer

• Comprendre les documents •

1 • **Qui parle ?** (Plusieurs réponses sont parfois possibles.)

a. « Un homme est sorti en courant de la maison. Il ressemblait à l'accusé. » ....

b. « Je requiers cinq ans de prison pour M. Hubert Rodin. » ....

c. « Où étiez-vous le 25 juillet à 5 heures ? » ....

d. « J'avais rendez-vous avec M. Manik. » ....

e. « Jurez-vous de dire la vérité, toute la vérité, rien que la vérité ? Levez la main droite et dites : je le jure. » ....
....

2 • **Complétez le tableau.**

	Fonction	Statut
a. L'assesseur	assiste le président	
b. Le procureur/avocat général		
c. L'avocat de la défense		profession libérale
d. Le juré		
e. Le greffier		

3 • **Écoutez deux fois le document oral et observez les paires de mots suivantes. Soulignez pour chaque paire le mot qui correspond à l'histoire de Jeanne Vallon et justifiez oralement votre choix.**

a. homicide volontaire / homicide involontaire

b. accusée / victime

c. interrogation / interrogatoire

d. avocat général / avocat de la défense

e. peine maximum / peine minimum

f. condamnation / acquittement

g. prison ferme / prison avec sursis

• Utiliser le vocabulaire •

4 • **Complétez avec le verbe convenable :** *témoigner – prononcer – exposer – plaider.*

a. Le président .... la condamnation vers 18 heures.

b. M. Lestrade .... en faveur de son voisin qu'il pense innocent.

c. Le greffier .... les résultats de l'instruction.

d. Maître Duchossey .... pour une peine légère.

5 • **Trouvez le nom correspondant et donnez oralement un exemple d'utilisation.** (Plusieurs solutions sont parfois possibles.)

a. sanctionner : ....

b. expertiser : ....

c. délibérer : ....

d. interroger : ....

e. accuser : ....

f. condamner : ....

• S'exprimer •

6 • **Vous êtes journaliste et vous faites, après le procès, une interview de Jeanne Vallon. Vous la « vendez » à une radio locale et vous utilisez les informations pour écrire un article dans un quotidien régional.**

7 • Vous êtes étudiant en droit, en voyage en France. Or, la personne chez qui vous louez une chambre vient d'être juré dans un procès en cour d'assises. Vous lui demandez de raconter comment se passe le procès (sans chercher à connaître les faits, bien sûr). Intéressée, elle vous demande comment se passe le procès d'un crime dans votre pays.

Jouez le dialogue à deux.

Aide

Pour l'exercice 6.

1. Pour réaliser l'interview :
– Rappelez les faits.
– Interrogez Mme Vallon sur la façon dont son procès s'est déroulé et la manière dont elle l'a vécu.

2. Pour écrire l'article :
– Introduction : rappelez les faits.
– Corps de l'article : faites alterner les propos rapportés et les paroles citées.
– Conclusion : élargissez le sujet : *Quelle sera désormais la vie de Jeanne Vallon ?*

3. Décisions de justice

1 Extrait de l'arrêt n° 484 du 16 novembre 2001 de la Cour de cassation

Demandeur à la cassation : Mme A. et autre
Défendeur à la cassation : Mme J. épouse C.

LA COUR

Sur le moyen unique pris en ses deux branches :

Vu l'article 809, alinéa 2, du nouveau Code de procédure civile :

Attendu, selon l'arrêt attaqué, rendu en matière de référé, que Mme C. s'est blessée en tombant d'une échelle, alors qu'elle participait au nettoyage de la maison d'habitation dans laquelle Mme A., sa nièce, devait prochainement emménager ;

Attendu que pour accueillir la demande de provision formée par Mme C., l'arrêt énonce que, quel que soit le fondement contractuel ou délictueux des demandes de Mme C. sur lequel la Cour n'a pas à se prononcer, il apparaît que Mme A., bénéficiaire de l'aide, est tenue à réparation, en tout ou en partie, et qu'ainsi, en toute hypothèse, son obligation n'est pas sérieusement contestable ;

Attendu qu'en statuant par ces motifs, qui ne mettent pas la Cour de cassation en mesure d'exercer son contrôle sur l'existence d'une obligation, la cour d'appel n'a pas donné de base légale à sa décision ;

PAR CES MOTIFS :

CASSE ET ANNULE, dans toutes ses dispositions, l'arrêt rendu le 29 juin 1999, entre les parties, par la cour d'appel de Poitiers ; remet, en conséquence, la cause et les parties dans l'état où elles se trouvaient avant ledit arrêt et, pour être fait droit, les renvoie devant la cour d'appel de Limoges.

http://www.courdecassation.fr/agenda/default.htm

ATTENDU QUE... LA COUR CASSE...

2 Extrait de la décision du Conseil d'État n° 224496 du 8 février 2002

Vu la requête, enregistrée le 25 août 2000 au secrétariat du contentieux du Conseil d'État, présentée par Monsieur M. D. demandant au Conseil d'État :

1° d'annuler le jugement du 21 juin 2000 par lequel le magistrat délégué par le président du tribunal administratif de Paris a rejeté sa demande tendant à l'annulation de l'arrêté du 27 août 1999 du préfet des Hauts-de-Seine ordonnant sa reconduite à la frontière ;

2° d'annuler pour excès de pouvoir cet arrêté ;

3° d'enjoindre le préfet des Hauts-de-Seine de lui délivrer un titre de séjour ;

vu les autres pièces du dossier,
vu l'ordonnance n° 45-2858 du 2 novembre 1945 modifiée ;
vu le Code de justice administrative ;

Après avoir entendu en séance publique :
– le rapport de Mme F. , conseiller d'État ;
– les conclusions de M. Ch., commissaire du gouvernement ;

[...]

DÉCIDE :

Article 1er : Le jugement du 21 juin 2000 du magistrat délégué par le tribunal administratif de Paris, ensemble l'arrêté du 27 août 1999 du préfet des Hauts-de-Seine ordonnant la reconduite à la frontière de M. D. sont annulés.

Article 2 : Le préfet des Hauts-de-Seine statuera sur la régularisation de la situation de M. D., dans le délai d'un mois suivant la présente décision.

Article 3 : Le surplus des conclusions de M. D. est rejeté.

Article 4 : La présente décision sera notifiée à M. D., au préfet des Hauts-de-Seine et au ministre de l'Intérieur.

http://www.conseil-etat.fr/ce/jurispd/index_ac_ld0212.shtlm

! INFOS

- Un **contentieux** est un litige qui est mis en discussion devant la justice.
- Le juge (d'instance, par exemple) peut enjoindre quelqu'un de faire quelque chose (effectuer une livraison, par exemple). C'est **l'injonction de faire**.
- Le président du tribunal (de commerce, par exemple) peut enjoindre de payer une créance (une facture, par exemple). C'est **l'injonction de payer**.

À vous de **Jouer**

• Comprendre les documents •

1 • Reproduisez et complétez le tableau.

	Objet du contentieux	Décision
Affaire 1		
Affaire 2		

2 • Répondez aux questions.

a. Pourquoi l'obligation de Mme A. n'est-elle pas « sérieusement contestable » ? ....

b. Pourquoi le pourvoi de Mme C. est-il déposé devant la Cour de cassation ? ....

c. Quelles sont les sources du droit utilisées par le Conseil d'État pour motiver sa décision ? ....

d. Pourquoi la requête de M. D. a-t-elle été déposée devant le Conseil d'État ? ....

• Utiliser le vocabulaire •

3 • Complétez avec les verbes proposés : *renvoyer – notifier – être tenu de/à – annuler – statuer.*

a. Dans les conflits professionnels, c'est au conseil des prud'hommes de ....

b. Le tribunal .... sa décision à M. Bernot par acte d'huissier.

c. Employeurs et employés .... respecter les termes du contrat.

d. Le Conseil d'État .... la décision du préfet.

e. L'affaire .... devant la cour d'appel de Limoges.

4 • Transformez oralement les phrases suivantes avec « **attendu que…** » ou « **considérant que…** ».

a. Ses déclarations différant de la réalité des faits, elle est accusée de faux témoignage.

b. Étant donné que le contrat prévoit des clauses de résiliation, il faut les appliquer.

5 • Complétez les phrases avec les mots de la bulle.

a. La Cour de cassation .... et .... du 29 juin 1999.

b. L'arrêté de .... vient d'être annulé.

c. Le Conseil d'État .... après examen du dossier.

d. Ce n'est qu'après trois heures de délibérations que les jurés ont réussi

   à .... sur la culpabilité de Gérard Lambert.

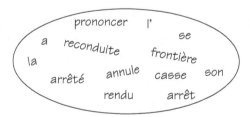

prononcer l' se a reconduite frontière la arrêté annule casse son rendu arrêt

• S'exprimer •

6 • Le juge qui a instruit l'affaire opposant mesdames A. et C. leur a proposé une procédure de médiation et elles l'ont acceptée.

Jouez la scène à trois.

7 • **Dans le cadre d'un stage, vous devez vous entraîner à rédiger des arrêts ou des décisions consécutives à des pourvois ou des requêtes.**

L'animateur du stage constitue des groupes. Chaque groupe rassemble les éléments de l'affaire sur une fiche. Puis les groupes échangent les fiches et chacun écrit l'arrêt ou la décision à la base des données de la fiche.

Aide

Pour l'exercice 6.

1. Suivez le plan suivant :
   a. Exposé des faits par le médiateur
   b. Exposé du point de vue de la requérante (Mme C.)
   c. Exposé du point de vue de sa nièce (Mme A.)
   d. Proposition du médiateur
   e. Débat
   f. Constatation de l'échec par le médiateur qui les renvoie à la justice.

2. Utilisez les mots et expressions permettant d'exprimer un point de vue et une volonté : *penser, estimer, croire, accepter, refuser, exiger, demander, proposer, imposer, etc., être juste, injuste, de mauvaise foi, malhonnête, mal intentionnée, ingrate, menteuse, etc.*

Pour l'exercice 7.

Mettez-vous d'accord sur les éléments à noter sur la fiche : nature de l'affaire, choix du tribunal, sanction, contestation de la décision, etc.

José Bové condamné en appel

José Bové condamné en appel à six mois de prison ferme pour la destruction de plants de riz transgénique

MONTPELLIER
de notre correspondant

PROCÈS

D'une audience à l'autre, la perspective pour José Bové d'effectuer un nouveau séjour en détention se précise chaque fois plus. Jeudi 20 décembre, la cour d'appel de Montpellier l'a condamné à six mois de prison ferme et 50 000 francs d'amende. Ses deux coprévenus, René Riesel et Dominique Soulier, ont été condamnés respectivement à six mois ferme et six mois avec sursis. En juin 1999, les trois hommes avaient, en compagnie d'une centaine de personnes, investi les locaux du Centre de coopération internationale en recherche agronomique pour le développement (Cirad) de Montpellier et détruit des plants de riz transgénique, ainsi que du matériel informatique.

Dans son arrêt, la cour d'appel de justice justifie sa sévérité « *par la gravité des faits et l'affirmation des prévenus qu'ils sont prêts à recommencer leur action délinquante* ». Les arguments de la défense, portant sur le principe de précaution ou l'état de nécessité, n'ont pas été pris en compte. En première instance, le leader de la Confédération paysanne avait écopé de huit mois de prison avec sursis. L'audience levée, les avocats de José Bové et René Riesel ont déposé un pourvoi en cassation, afin de suspendre l'exécution des peines.

En théorie, José Bové risque aujourd'hui 17 mois d'emprisonnement. L'arrêt montpelliérain entraîne en effet la révocation du sursis qui accompagnait sa condamnation en 1998, par le tribunal correctionnel d'Agen, à huit mois d'emprisonnement, pour la destruction de semences transgéniques à Nérac (Lot-et-Garonne). À cela s'ajoute également la peine de trois mois de prison ferme prononcée le 22 mars par la cour d'appel de Montpellier pour le démontage du restaurant McDonald's de Millau (Aveyron). Cette décision fait elle aussi l'objet d'un pourvoi.

À l'approche de l'élection présidentielle, le sort de José Bové dépend maintenant de la célérité avec laquelle la Cour de cassation examinera ces recours. Une confirmation des peines prononcées avant le scrutin pourrait valoir au responsable syndical de retourner à la maison d'arrêt de Villeneuve-lès-Maguelonne (Hérault), où il avait été détenu durant trois semaines en 1999 dans l'affaire du McDo. « *Sinon, on peut éventuellement compter sur la traditionnelle amnistie présidentielle* », commente son avocat, Me François Roux.

« UNE NOUVELLE ERREUR HISTORIQUE »

José Bové a réagi comme à son habitude à la lecture de l'arrêt en répétant qu'il n'avait pas peur de la prison et que les magistrats, « *aux ordres du pouvoir économique* », commettaient « *une nouvelle erreur historique* ». Entouré de trois cents militants réunis devant le palais de justice, il a redit son intention de poursuivre le combat contre les organismes génétiquement modifiés (OGM) « *tant qu'ils ne seront pas interdits dans nos champs et dans nos assiettes* ». Malgré les risques qu'il encourt, José Bové a le don de transformer chaque procès en une tribune politique et médiatique. Jeudi, il a profité d'une erreur des services d'ordre, qui avaient sous-estimé le nombre de personnes qui l'accompagneraient. Les injonctions des trois seuls policiers postés à l'entrée du palais de justice n'ont pas suffi à dissuader une cinquantaine de militants, qui ont investi en chantant la salle d'audience et ne l'ont quittée qu'une heure et demie plus tard, après leur évacuation *manu militari*.

Richard Benguigui

Le Monde, 21 décembre 2001.

! INFOS

- La Confédération paysanne : un **syndicat** d'agriculteurs opposé à l'impérialisme américain, à la mondialisation et aux organismes génétiquement modifiés.
- En août 1999, José Bové dirige le « démontage » du McDonald's en construction à Millau, dans le midi de la France, pour protester contre la taxation à 100 % du fromage de Roquefort, qui était une réponse des États-Unis au refus de l'Union européenne d'importer du bœuf américain aux hormones.
- Les **démêlés** de José Bové avec la justice sont toujours largement **médiatisés**.

À vous de Jouer

• Comprendre les documents •

1 • Écoutez deux fois le document oral et dites si les affirmations suivantes sont vraies ou fausses. Justifiez oralement votre réponse.

	V	F
a. Patrice Ruchin accuse la presse d'influencer l'exercice de la justice.	☐	☐
b. Gilles Marteaux défend l'ensemble de la presse.	☐	☐
c. Selon Gilles Marteaux, la presse se contente de dire les faits.	☐	☐
d. Selon Patrice Ruchin, la presse est responsable de l'image que les lecteurs se font du prévenu.	☐	☐
e. Les deux hommes sont d'accord sur un point.	☐	☐

2 • Notez chronologiquement les différents procès de José Bové et précisez lesquels ont fait l'objet d'un pourvoi.

a. ....   b. ....

c. ....   d. ....

3 • Répondez oralement aux questions.

a. Pourquoi la perspective de la prison se précise-t-elle de plus en plus pour José Bové ?

b. Quels étaient les arguments de l'accusation au procès en cour d'appel de Montpellier en décembre 2001 ?

c. Et ceux de la défense ?

d. Quel est l'espoir de José Bové d'éviter la prison ?

e. Quelle est l'attitude de José Bové vis-à-vis de la justice ?

• Utiliser le vocabulaire •

4 • Retrouvez dans le texte les équivalents des expressions suivantes :

a. passer encore du temps en prison : ....

b. annuler les peines de prison : ....

c. le maintien des verdicts rendus : ....

d. l'expulsion par la force : ....

5 • Complétez les expressions suivantes et illustrez-les oralement en formant une phrase.

a. écoper de : ....

b. suspendre : ....

c. entraîner : ....

d. encourir : ....

• S'exprimer •

6 • Le lendemain de la parution de cet article, José Bové donne une interview télévisée. Le journaliste qui l'interviewe se réfère au contenu de cet article.

Imaginez l'interview.

7 • Des auditeurs de cette émission écrivent pour dire leur avis sur les propos de Gilles Marteaux et de Patrice Ruchin.

a) Réécoutez l'enregistrement et notez les principales idées.

b) Écrivez une lettre (vous pouvez être partial, scandalisé, nuancé, passionné, etc.).

Aide

Pour l'exercice 6.

1. Préparez le canevas de l'interview en groupes.
– Déterminez les questions : *José Bové, il semble aujourd'hui que vous ne pourrez plus éviter la prison… ?*
– Déterminez les réponses : *Vous savez, moi, je n'ai pas peur de la prison…*
2. Faites alterner l'enchaînement des thèmes (exemples d'introducteurs : *Tout d'abord, ensuite, mais…*) et les ruptures : *Passons à autre chose !*
3. Présentez José Bové et n'oubliez pas de conclure : *José Bové, je vous remercie ; Merci à vous !*

Pour l'exercice 7.

1. Respectez les conventions de la lettre officielle.
2. Utilisez des articulateurs du discours : *d'abord, de plus, par contre, d'ailleurs, pourtant, etc.*
3. Exprimez votre opinion avec le verbe être + adjectif (*choqué, étonné, opposé à, d'accord avec, etc.*), d'autres verbes (*protester, contester, comprendre, expliquer, approuver, etc.*), ou des adverbes (*absolument, relativement, totalement, franchement, (mal)heureusement, etc.*).

Faisons le point

1 • Notez les éléments qui composent les étapes d'une affaire.

a. L'enquête : ....

....

b. L'instruction : ....

....

c. Le procès : ....

....

d. Les suites possibles du procès : ....

....

2 • Comment se déroule un procès et qui intervient ? Avec quel rôle ? Complétez le tableau.

	Étapes	Intervenants	Rôle
a.			lecture de l'acte d'accusation
b.	auditions		
c.		avocat général	
d.		jury	
e.			condamnation, acquittement…

3 • Complétez les paires suivantes.

a. ..../un acquittement b. ..../la suspension c. requérir/une ....

d. ..../une instruction e. contrevenir/une .... f. ..../la conciliation

4 • Complétez avec des verbes ou des expressions verbales choisis dans l'unité.

a. L'avocate .... de défendre l'homme.

b. Les magistrats du siège .... au nom de la société.

c. L'arrêté du 27 août 1999 .... la reconduite à la frontière de M. D.

d. L'avocat de José Bové .... un pourvoi en cassation.

5 • Et si on imaginait un procès ?

a) Préparez une fiche sur un crime qui a été commis.

b) Le crime fait la une des journaux.

Écrivez un article relatant ce que l'on sait de l'affaire, le lendemain ou une semaine plus tard, à vous de décider...

c) Nous voilà quelques mois plus tard et le procès a lieu.

Simulez certaines scènes.

d) Vous écrivez des articles de presse de points de vue différents : *verdict justifié, injustifié, doute, indépendance des juges ; réflexion sur la réforme de la justice, etc.*

Aide

Pour l'exercice 5a.

Pensez à définir les circonstances du crime, l'arrestation du suspect, à préciser s'il a agi seul, ce que disent les témoins, son entourage, etc.

Pour l'exercice 5c.

1. Chacun doit avoir son rôle dans un scénario cohérent. Établissez des fiches : *interrogatoire de l'accusé, des témoins, réquisitoire, plaidoiries.*

2. On doit aussi connaître à l'avance l'issue du procès pour en fixer le déroulement.

Faites votre propre **Bilan**

1 • **Classez et notez le vocabulaire que vous avez appris.**

Les procédures	Les acteurs
• *la médiation*	• *un juré*

Les phases d'une affaire	Le procès
• *l'instruction*	• *la plaidoirie*

2 • **Notez les mots et expressions permettant d'argumenter et de communiquer que vous avez appris.**

Actes de paroles	Articulateurs du discours
• *accuser* • *se défendre*	• *vu…* • *attendu que…*

3 • **Notez les expressions en français courant et leur équivalent dans la phraséologie administrative.**

• *demander/requérir*
• *informer/notifier*

6 Les personnes juridiques : droits, obligations, biens, responsabilité

1. Droits et obligations des personnes juridiques

1 Définitions

La personne physique
Tous les êtres humains

La personne morale
Groupement de personnes et de biens ayant la personnalité juridique :
– personnes morales de droit public : l'État, les collectivités territoriales, les établissements publics (hôpitaux, écoles) ;
– personnes morales de droit privé : associations, sociétés, syndicats professionnels, ordres professionnels (exemple : ordre des médecins).

> **! INFOS**
>
> • Les **droits extra-patrimoniaux** sont inaliénables, imprescriptibles, insaisissables.
> • La **Commission nationale de l'informatique et des libertés** (CNIL) a pour mission de protéger les droits extra-patrimoniaux des personnes contre l'abus de l'utilisation de fichiers, notamment informatiques (principe de confidentialité).
> • Les brevets et les marques sont déposés à l'**Institut national de la propriété industrielle** (INPI).

2 Droits des personnes juridiques

Droits extra-patrimoniaux

• **Droits de la personnalité :** vie, nom, respect de la vie privée, droit de l'image
• **Droits de la famille**
• **Droits politiques :** liberté de pensée, d'expression, d'association, etc.
• **Droits économiques et sociaux :** droit de travailler, à la protection sociale, etc.

Droits patrimoniaux

• **Droits personnels :** possibilité pour une personne (le créancier) d'exiger quelque chose d'une autre personne (le débiteur)
• **Droits réels :** droits exercés sur une chose (droit de propriété, etc.)
• **Droits intellectuels :** propriété artistique, littéraire, industrielle, commerciale

3 Obligations des personnes physiques et morales

Selon leur objet
• Obligation de faire (exemple : exécuter les termes d'un contrat)
• Obligation de ne pas faire (exemple : ne pas utiliser l'argent public à des fins individuelles)
• Obligation de donner (exemple : transférer la propriété d'un bien en cas de vente)

Selon leur source
• Obligations légales : celles ayant leur source dans un texte de loi
• Obligations conventionnelles : respecter les termes d'un contrat
• Obligations délictuelles (exemple : réalisation volontaire d'un dommage)
• Obligations quasi délictuelles : réalisation involontaire d'un dommage

Selon leur effet
• Obligations de moyens : utiliser les moyens appropriés (exemple : pour un instituteur, apprendre à lire à ses élèves)
• Obligations de résultats : parvenir à un résultat (exemple : un restaurateur s'engage à fournir les repas commandés)

À vous de Jouer

· Comprendre les documents ·

1 • De quel droit s'agit-il ?

a. M. Forlon bénéficie d'une assurance maladie. ....

b. Éric Cali est propriétaire d'un brevet enregistré à l'INPI. ....

c. On ne peut pas publier ma photo sans mon autorisation. ....

2 • De quelle obligation s'agit-il ?

a. Sotex doit honorer la commande de Prat SA avant le 22 mai. ....

b. Le médecin doit prescrire des médicaments à son malade. ....

c. Je dois faire une déclaration de revenus. ....

3 • Quel droit ou obligation n'est pas respecté dans les situations suivantes ?

a. M. Noual ne veut pas quitter à la date prévue la maison qu'il a vendue . ...

b. Mon téléphone est sur écoute téléphonique. ....

c. Père divorcé, je ne vois mes enfants que deux fois par an. ....

· Utiliser le vocabulaire ·

4 • Complétez avec la forme convenable : *avoir le droit de – avoir droit à – avoir des droits sur – être un droit.*

a. Les congés payés ....

b. Madame Dutrin .... une indemnisation pour son accident.

c. Les enfants .... les biens de leurs parents.

d. Tout le monde .... créer une association.

5 • Complétez pour préciser de quelle personnalité juridique il s'agit.

a. .... de philatélistes   b. .... de gardiennage

c. .... des architectes   d. .... des employés de banque

e. .... Poitou-Charentes   f. .... du Budget

6 • Quel est le statut juridique des personnes suivantes ?

a. le département : ....   b. le lycée Jean-Lurçat : ....

c. M. Jules Massin : ....   d. Textilum SA : ....

· S'exprimer ·

7 • La chronique juridique de la Radio du Palais.

a) Vous animez une rubrique juridique sur une radio. Les auditeurs appellent pour poser des questions à votre invité du jour. **Imaginez les dialogues.**

b) L'auditeur rapporte les informations obtenues à un de ses proches. **Imaginez la conversation.**

8 • Un collègue juriste français vous demande de lui décrire brièvement par écrit ce que représentent les notions de personne juridique/physique/morale dans votre droit national.

a) **Pour être plus sûr de la clarté de ce que vous écrivez, vous demandez à un collègue de vous aider à déterminer le contenu. Jouez la scène à deux.**

b) **Rédigez la fiche.**

c) Quelques semaines plus tard, votre collègue français vous écrit pour vous demander des précisions. **Écrivez sa lettre.**

d) Vous lui répondez. **Écrivez votre lettre.**

Pour l'exercice 7a.

1. Vous saluez vos auditeurs et vous présentez votre invité. Vous échangez quelques mots banals avec lui. Exemple : *Chers auditeurs, bonjour ! J'ai le plaisir d'accueillir ce matin dans « Juristes pour tous », M. Charles Randon, professeur de droit privé à l'université de… M. Randon, vous écoutez souvent la Radio du Palais ?*

2. Les auditeurs téléphonent pour poser au moins deux types de questions :

– présenter des cas concrets : *Je suis étranger et je viens d'obtenir un permis de séjour. La personne qui m'a donné le permis de séjour à la préfecture m'a dit que j'avais des droits mais aussi des obligations mais je n'ai pas très bien compris. Qu'est-ce que cela veut dire exactement ?*

– s'informer sur une disposition juridique : *Mon fils doit faire un exposé sur les sources des obligations des personnes juridiques. Je n'y connais pas grand-chose. Pouvez-vous m'aider ?*

N.B. : l'animateur doit intervenir entre chaque appel : *Merci, Me Randon. Nous avons encore un appel téléphonique… Allô ? Bonjour, Madame, vous téléphonez d'où ?*

3. L'animateur conclut l'émission.

Unité 6 – Les personnes juridiques : droits, obligations, biens, responsabilité

2. Responsabilité pénale et civile

1 Responsabilité, infraction et dommage

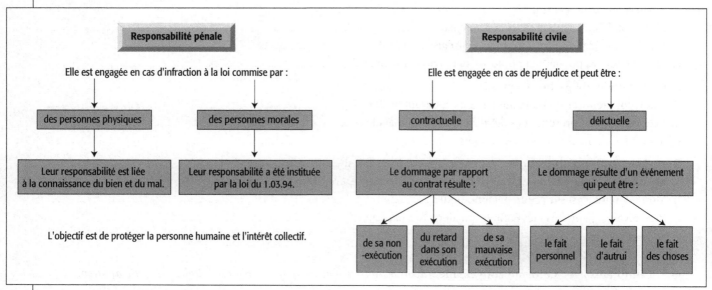

P. Senaux, D. Soret-Catteau, *Top' Exam Droit BTS*, Hachette Livre, 2001, p. 76.

2 La responsabilité dans le Code civil

De la responsabilité du fait des produits défectueux

Art. 1396-1. (L. n° 98-389 du 19.5.98). Le producteur est responsable du dommage causé par un défaut de son produit, qu'il soit ou non lié par un contrat avec sa victime.

Art. 1386-2. (L. n° 98-389 du 19.5.98). Les dispositions du présent article s'appliquent à la réparation du dommage qui résulte d'une atteinte à la personne ou à un bien autre que le produit défectueux lui-même.

Art. 1386-9. (L. n° 98-839 du 19.5.98). Le demandeur doit prouver le dommage, le défaut et le lien de causalité entre le défaut et le dommage.

Art. 1386-10. (L. n° 98-839 du 19.5.98). Le producteur peut être responsable du défaut alors même que le produit a été fabriqué dans le respect des règles de l'art ou de normes existantes ou qu'il a fait l'objet d'une autorisation administrative.

Art. 1386-11. (L. n° 98-839 du 19.5.98). Le producteur est responsable de plein droit à moins qu'il ne prouve :

1° Qu'il n'avait pas mis le produit en circulation ;

2° Que, compte tenu des circonstances, il y a lieu d'estimer que le défaut ayant causé le dommage n'existait pas au moment où le produit a été mis en circulation par lui ou que ce défaut est né postérieurement ;

3° Que le produit n'a pas été destiné à la vente ou à toute autre forme de distribution ;

4° Que l'état des connaissances scientifiques et techniques, au moment où le produit a été mis en circulation, n'a pas permis de déceler l'existence du défaut ;

5° Ou que le défaut est dû à la conformité du produit avec des règles impératives d'ordre législatif ou réglementaire.

Art. 1386-13. (L. n° 98-839 du 19.5.98). La responsabilité du producteur peut être réduite ou supprimée (...), lorsque le dommage est causé conjointement par un défaut du produit et par la faute de la victime ou d'une personne dont la victime est responsable.

! INFOS

- On établit une différence entre la **responsabilité civile délictuelle** et la **responsabilité civile quasi délictuelle** : la première caractérise une faute volontaire, la seconde une faute involontaire.
- Le **dommage causé** peut être matériel, moral ou corporel.

À vous de Jouer

• Comprendre les documents •

🎧 **1 •** Écoutez le document oral une fois, relisez le document 1 et indiquez quel type de responsabilité est engagée dans les situations suivantes :

a. En traversant la rue, le chat de Mme Bon a provoqué le télescopage de deux cyclistes. ....

b. À la suite d'une réparation mal faite, M. Girard a eu un accident de voiture. ....

c. M. Genton a endommagé la voiture de Mme Gilles parce qu'elle la gare toujours devant sa maison à lui. ....

d. La firme Dicotex a fait une fausse déclaration de revenus. ....

🎧 **2 •** Écoutez une deuxième fois le document et notez les exemples qui illustrent les notions suivantes :

a. la responsabilité directe : ....   b. la responsabilité indirecte : ....

c. la responsabilité du fait des choses : ....   d. la responsabilité délictuelle (faute) : ....

e. la responsabilité délictuelle (risque) : ....

3 • Relier les deux colonnes.

a. La victime doit prouver   1. si le défaut n'existait pas à la sortie de l'usine.

b. Le respect des normes ne dégage pas   2. le lien de causalité entre le défaut et le dommage.

c. Le producteur n'est pas responsable   3. quand il y a aussi faute de la victime.

d. Il n'est pas seul responsable   4. le producteur de sa responsabilité.

• Utiliser le vocabulaire •

4 • Complétez avec les mots suivants : *la conformité – la mise en circulation – la réparation – les dispositions.*

a. .... de l'article 8 sont favorables à la victime.

b. .... aux normes de fabrication est une obligation absolue.

c. .... du dommage revient à la personne responsable.

d. .... du produit est soumise à autorisation administrative.

5 • Complétez les expressions suivantes à l'aide de termes du document 2.

a. être .... par un contrat   b. une .... à une personne ou à un bien

c. des dispositions d'ordre ....   d. être responsable de ....

• S'exprimer •

6 • Le professeur veut s'assurer que ses élèves ont bien compris les différents paramètres de la responsabilité.

a) Il leur demande de préparer un questionnaire qui prenne en compte tous les aspects de la responsabilité. *Exemple : La responsabilité de l'auteur du délit peut-elle être réduite ou supprimée ?*

b) Il leur demande ensuite d'étudier des cas précis :
– chaque groupe invente une situation ;
– un autre groupe l'analyse à l'aide du questionnaire et fait un compte-rendu écrit des résultats de l'analyse.

7 • E-conseil juridique est une association de conseil juridique en ligne. Des particuliers posent leurs questions par courrier électronique et un juriste leur répond par le même canal.
Une partie de la classe joue les juristes, l'autre les particuliers.

Exemple :
Question :

Bonjour !
J'ai acheté il y a trois semaines une machine à laver qui vient de tomber en panne. Le magasin où je l'ai achetée refuse de faire jouer la garantie. Suis-je dans mon droit en exigeant qu'il le fasse ?
Je vous remercie d'avance.
Sincères salutations,
Gabriel Corpat

Réponse :

Nous avons bien reçu votre message et nous vous remercions de la confiance que vous nous témoignez.
Cela dépend de ce qui s'est passé. Il faut pouvoir établir que la panne résulte d'un défaut de fabrication. Dans ce cas, vous êtes tout à fait dans votre droit. Par contre, si le magasin vendeur peut prouver que la panne est due à une mauvaise utilisation de votre part (qui peut résulter, par exemple, d'une lecture trop rapide du mode d'emploi), c'est le vendeur qui est dans son droit.
Nous vous suggérons de faire examiner l'appareil par un autre spécialiste qui pourra sans doute déterminer la cause de la panne.
En vous souhaitant bonne chance dans vos démarches, nous vous prions de croire à nos sentiments les plus sincères.
Marie-Thérèse Laclaux

3. La propriété

1 Le droit de propriété

Il présente trois caractéristiques :
– il est **absolu** (le propriétaire possède l'usus, le fructus et l'abusus de son bien) mais susceptible d'abus (il existe des restrictions établies par la loi) ;
– il est **individuel** (un bien n'a qu'un seul propriétaire) ;
– il est **perpétuel** (il dure tant que la chose existe et ne s'éteint pas par non-usage).

Le caractère absolu du droit de propriété peut subir des restrictions :
– dans l'**intérêt des voisins** : obligations légales de voisinage ;
– dans l'**intérêt général** : urbanisme, aménagement des sols, expropriations.

Le caractère individuel du droit de propriété peut subir des aménagements :
– la **mitoyenneté** : plusieurs personnes sont copropriétaires des clôtures (murs…) d'un bien et sont chargées de l'entretien de ce bien en commun ;
– l'**indivision** : un bien peut faire l'objet d'un partage (entre héritiers par exemple) ;
– la **copropriété** : chaque personne possède une quote-part des parties communes de l'immeuble et la propriété exclusive d'un lot ;
– la **jouissance partagée** ou « **multipropriété** » : chaque « propriétaire » est actionnaire de la société immobilière possédant le bien et jouit d'un droit de séjour pendant une période déterminée.

2 Cas pratique : dispense de charge dans une copropriété

Je viens d'acheter un appartement dans un immeuble dont tout le rez-de-chaussée est occupé par un local commercial. Or, en lisant le règlement de copropriété, j'ai découvert que ce commerce était dispensé de certaines charges communes (gardiennage). Est-ce normal ?

Absolument pas. L'arrêt du tribunal de Versailles du 31 janvier 1983 est souvent cité par des propriétaires de locaux commerciaux qui souhaitent se soustraire à ces charges. Mais, pour justifier cette dispense de participation aux charges de gardiennage, cet arrêt précisait qu'il s'agissait de locaux considérés comme indépendants de l'immeuble. Ce qui n'est pas le cas dans votre immeuble, puisque vous nous précisez que ce commerce occupe tout le rez-de-chaussée. De plus, des arrêts plus récents sont venus contredire celui du tribunal de Versailles puisqu'ils ont estimé que, quelle que soit la situation du local commercial dans l'immeuble, cette dispense n'était pas légitime et que tous les lots devaient participer aux charges de gardiennage, en proportion de leurs tantièmes.

3 Glossaire

USUS : *droit d'utiliser.*

FRUCTUS : *droit de percevoir les fruits.*

ABUSUS : *droit de disposer.*

TANTIÈMES : *parties d'un tout qui reviennent à quelqu'un.*

BIEN MEUBLE ou **MOBILIER :** *tout ce qui peut se déplacer ou être déplacé.*

BIEN IMMEUBLE ou **IMMOBILIER :** *ce qui ne peut pas se déplacer ou être déplacé.*

! INFOS

• **Paroles de notaire :** « Ne vous en faites pas, monsieur Toulzac, vos enfants deviennent propriétaires de la maison mais vous en gardez l'usufruit : non seulement ils ne peuvent pas vous mettre dehors tant que vous entretenez le bien correctement mais ils ne peuvent même pas couper un arbre du jardin sans votre autorisation. Vous pouvez être tranquille ! »
• **Une vente viagère :** un contrat de vente qui laisse au vendeur l'usufruit de l'immeuble. L'acquéreur devient propriétaire au décès du vendeur. En échange, il lui verse une rente.

À vous de **Jouer**

• Comprendre les documents •

1 • Trouvez le terme caractérisant les situations ou les biens suivants : *usus – fructus – abusus – indivision – bien immobilier – bien mobilier.*

a. un bien appartient à plusieurs héritiers : ....

b. droit de vendre ou de donner un bien : ....

c. une maison, un champ, des arbres : ....

d. droit de se servir d'un bien : ....

e. droit de percevoir le loyer d'une maison : ....

f. des fauteuils de style Louis XV : ....

2 • Écoutez une première fois le document oral puis lisez les définitions ci-dessous. Écoutez ensuite le document une deuxième fois et notez le terme technique adéquat.

a. On demande à la population concernée de donner son avis sur l'utilité de l'opération envisagée : ....

b. Une autre enquête consiste à déterminer quels sont les terrains qui devront être expropriés : ....

c. Le changement de propriétaire : ....

d. Par conciliation, sans intervention judiciaire : ....

e. Par décision de justice : ....

f. La décision concernant le prix à payer par l'expropriant : ....

3 • Vrai ou faux (document 2) ?

	V	F
a. Le propriétaire du local commercial ne paie pas les mêmes charges que les autres copropriétaires.	☐	☐
b. Le journal ne répond pas de façon précise à la question.	☐	☐
c. Ne pas payer les charges de gardiennage peut s'expliquer par le fait que le local commercial a une entrée indépendante de celle de l'immeuble.	☐	☐
d. L'arrêt du 31 janvier 1983 fait toujours autorité en matière de jurisprudence.	☐	☐

• Utiliser le vocabulaire •

4 • Retrouvez dans les documents et les Infos les mots et expressions convenables.

a. M. Galabert a acheté un appartement en « .... » aux Îles Canaries. Il en dispose au mois de septembre.

b. Plusieurs .... du contrat n'ont pas été respectées.

c. Mme Valbon, retraitée et sans enfants, a conclu un contrat de .... avec un jeune couple.

d. Tout propriétaire ou locataire est tenu de respecter les .... envers ses voisins.

5 • Notez les noms correspondant aux verbes suivants.

a. posséder : ....

b. exproprier : ....

c. percevoir : ....

d. dispenser : ....

e. répartir : ....

f. jouir : ....

g. respecter : ....

h. restreindre : ....

i. s'éteindre : ....

• S'exprimer •

6 • Imaginez des interviews à partir des situations suivantes (ou d'autres que vous inventerez).

a) Interview de M. Duraton qui risque l'expropriation si le troisième aéroport de Paris est effectivement construit.

b) Interview de la personne qui a écrit au journal (doc. 2) après qu'elle a reçu la réponse.

c) Interview d'un « multipropriétaire » qui regrette d'avoir choisi cette formule.

7 • Des étudiants français en visite dans votre pays veulent réaliser une page pour le journal des étudiants sur les différents aspects de la propriété dans votre droit national. Ils vous posent des questions.

a) Rédigez les questions et les réponses.

b) Rédigez un article de synthèse.

Aide

Pour l'exercice 6

1. Les personnes interviewées doivent raconter leur histoire, exprimer leurs sentiments et développer les arguments justifiant leur point de vue.

2. Veillez à utiliser des arguments humains et des arguments juridiques (avec le vocabulaire juridique correspondant). Exemple pour M. Duraton : *quitter sa maison / avoir une indemnisation suffisante.*

3. Utilisez le vocabulaire affectif approprié à la situation :
– expression de la satisfaction : *je suis rassuré, satisfait, tranquille, sûr de moi, etc.*
– expression de l'indignation : *je suis scandalisé, humilié, désespéré, c'est une honte ! Je ne tolérerai pas cela, je ne me laisserai pas faire, etc.*
– expression de la difficulté et de la déception : *c'est difficile, gênant, irritant, dommage ; je regrette, j'aurais dû..., j'aurais mieux fait de..., etc.*

4. Deux cas particuliers

1 Le fonds de commerce

Il comprend des éléments corporels et des éléments incorporels qui, réunis, ont pour but de fidéliser une clientèle commerciale et d'attirer de nouveaux clients.

Éléments
- **corporels**
  - Le matériel
  - L'outillage
  - Les équipements
  - Le stock de marchandises

- **incorporels**
  - La clientèle
  - L'achalandage
  - Le nom commercial
  - L'enseigne
  - Les droits de propriété intellectuelle
  - Les licences
  - Le droit au bail

Le stock de marchandises peut comprendre des produits prêts à la vente et/ou des produits qui, avant d'être mis en vente, doivent être transformés et/ou conditionnés.

La clientèle (acheteurs habituels) et l'achalandage (acheteurs occasionnels) constituent les usagers du fonds de commerce.

L'enseigne est le signe extérieur qui donne au fonds de commerce son caractère propre (par exemple, logo).

On désigne par nom commercial l'appellation sous laquelle le commerçant exerce son activité. Celui-ci est protégé par l'action en concurrence déloyale (imitations ou usurpation*).

Lorsqu'un commerçant exploite son fonds de commerce dans un local loué, le bail commercial (contrat de location d'une durée de 9 ans) comprend un droit au renouvellement appelé « propriété commerciale », sauf cas particuliers (non-respect du bail, reprise pour lui-même, démolition de l'immeuble). Si le commerçant vend le fonds de commerce, il peut céder le bail à l'acquéreur avec ou sans l'agrément du bailleur.

* usurpation : appropriation par la force ou sans en avoir le droit.

D'après M. Robert, R. Cavalerie, J. Hassendorfer, *Dictionnaire de droit, La Dicothèque Foucher*, Éditions Foucher, 2000.

2 La propriété intellectuelle

Depuis 1992, le code de la propriété intellectuelle regroupe :
– la propriété littéraire et artistique : droits d'auteur et protection des logiciels ;
– la propriété industrielle : brevets, marques, dessins, modèles.

Les brevets : l'invention est rendue publique mais le déposant bénéficie de l'exclusivité d'exploitation pendant 20 ans.

Les marques : le titulaire de la marque en acquiert le monopole pour une période de 10 ans renouvelable à l'infini.

Les dessins et modèles : ils sont protégés pendant 5 ans renouvelables quatre fois pour 5 ans, soit 25 ans au total.

 INFOS

La protection des droits :
– sur le plan **national** : Institut national de la protection industrielle (INPI)
– sur le plan **européen** (UE) : Office européen des brevets (OEB) et Office de l'harmonisation dans le marché intérieur (OHMI)
– sur le plan **international** : Organisation mondiale de la propriété industrielle (OMPI)

3 Droits conférés par la marque communautaire

1. La marque communautaire confère à son titulaire un droit exclusif. Le titulaire est habilité à interdire à tout tiers, en l'absence de son consentement, de faire usage dans la vie des affaires :

a) d'un signe identique à la marque communautaire pour des produits ou des services identiques à ceux pour lesquels celle-ci est enregistrée ;

b) d'un signe pour lequel, en raison de son identité ou de sa similitude avec la marque communautaire et en raison de l'identité ou de la similitude avec les produits ou les services couverts par la marque communautaire et le signe, il existe un risque de confusion dans l'esprit du public ; le risque de confusion comprend le risque d'association entre le signe et la marque ;

c) d'un signe similaire ou identique à la marque communautaire pour des produits ou des services qui ne sont pas similaires à ceux pour lesquels la marque communautaire est enregistrée, lorsque celle-ci jouit d'une renommée dans la Communauté et que l'usage du signe sans juste motif tire indûment profit du caractère distinctif ou de la renommée de la marque communautaire ou leur porte préjudice. [...]

Règlement (CE) n° 40/94 du Conseil du 20 décembre 1993 sur la marque communautaire.

À vous de Jouer

• Comprendre les documents •

1 • Observez les documents suivants et notez lequel des éléments d'un fonds de commerce ils représentent. Précisez également s'il s'agit de biens corporels ou incorporels.

LA GROTTE DE VÉNUS
INSTITUT DE BEAUTÉ

GROTTE DE VÉNUS
SARL

RCS N° ......

L'indemnité d'éviction constitue une dette personnelle à la charge du bailleur ayant refusé le renouvellement du bail au locataire commerçant dont il n'est pas déchargé par la vente de l'immeuble.

STOCK

| a. | b. | c. | d. | e. |

2 • De quel domaine de la propriété intellectuelle relèvent les « objets » suivants ?

a. la machine à vapeur : ....
b. Léa Roux : *Regrets*, roman : ....
c. Megamaxisport : ....
d. Infocompta : ....
e. les robes de Kiki Macha : ....
f. le réveil-cafetière : ....

3 • Lisez les informations suivantes. Indiquez celle qui ne figure pas dans le document 3 et celle qui est fausse.

a. Le monopole est accordé pour une durée de dix ans renouvelable indéfiniment. ....

b. Le monopole de la marque communautaire interdit non seulement l'utilisation du même signe mais aussi de signes proches ou pouvant rappeler celui qui a été déposé, lorsque celui-ci désigne des biens ou activités identiques. ....

c. Il en va de même lorsque le signe est très connu dans l'Union européenne et que cette similitude peut aider à vendre un produit ou un service, même si ceux-ci sont de nature différente. ....

d. La disposition ci-dessus n'est valable que si l'usage d'un signe voisin de celui de la marque déposée lui porte préjudice. ....

....

• Utiliser le vocabulaire •

4 • Complétez avec le verbe convenable : *conférer – être habilité à – tirer profit de – déposer*

a. Autoplus .... un nouveau brevet de moteur automobile auprès de l'INPI.

b. Dans l'UE, seul l'OHMI .... attribuer le label de marque communautaire.

c. Le dépôt d'un brevet auprès de l'INPI .... un droit exclusif d'exploitation.

d. À chaque titulaire de .... cet avantage.

5 • Complétez le tableau avec les mots dérivés.

Verbe	Nom	Adjectif
exploiter		
		acquis
	le consentement	
		confondu

6 • Trouvez dans le document 3 les adjectifs correspondant aux définitions suivantes :

a. Est exactement le même : ....

b. Marque une différence : ....

c. Est presque pareil : ....

d. Concerne une seule personne : ....

• S'exprimer •

7 • Vous considérez qu'une marque communautaire nouvellement déposée vous porte préjudice.

a) Écrivez au service juridique de la chambre de commerce et d'industrie de votre département pour lui exposer votre problème.

b) Rédigez les réponses possibles.

Aide

1. Pensez à utiliser les différents cas de figure proposés dans les documents.

2. Pensez à utiliser :
– les expressions propres au domaine d'activité : *un droit exclusif, un risque d'association, un caractère distinctif, etc.*
– les mots et expressions utilisés dans les documents officiels : *être conforme à, conférer à, être habilité à…, faire usage de…, etc.*

Unité 6 – Les personnes juridiques : droits, obligations, biens, responsabilité

Faisons le point

1 • Retrouvez dans l'unité :

a. Les deux catégories de droits des personnes physiques : ....

b. Les trois catégories d'obligations conférées par la personnalité juridique : ....

c. Les deux types de responsabilité civile : ....

d. Les deux catégories d'éléments constitutifs de la propriété d'un fonds de commerce : ....

e. Les quatre cas d'aménagement du caractère individuel de la propriété : ....

2 • Complétez les suites suivantes et expliquez oralement les expressions notées.

a. Exemple : *la responsabilité délictuelle / la responsabilité quasi délictuelle*

b. une personne physique / ....

c. le fait personnel / .... / ....

d. la propriété industrielle / ....

e. .... / le fructus / ....

3 • Associez les phrases deux à deux dans le bon ordre.

a. Quand un consommateur veut faire une réclamation à propos d'un produit défectueux, il doit apporter la preuve du dommage causé.

b. L'existence d'une marque communautaire va dans le sens du renforcement des procédures communes.

c. Tous les lots d'une copropriété doivent-ils être traités de la même façon ?

d. La propriété intellectuelle est protégée sur le plan national, européen et international.

e. Mais il y a des situations dans lesquelles le producteur peut se dégager de la totalité ou d'une partie de la responsabilité.

f. La jurisprudence la plus récente répond affirmativement à la question.

a. et .... / .... et .... / .... et ....

4 • Votre professeur de droit organise un jeu afin de vous faire mémoriser et mettre en pratique les connaissances que vous avez acquises.

Règle du jeu

a) Un élève expose une situation concrète. Exemple : *Dans le pays de mon ami, la liberté d'association n'existe pas…*

b) Un autre élève doit répondre en donnant le plus d'explications possible. Exemple : *C'est une violation des droits politiques. Les droits politiques font partie des droits extra-patrimoniaux comme… Mais il y a aussi les droits… Outre les droits, les personnes physiques et morales ont également des…*

5 • Vous voulez faire des études de droit en France et, au préalable, vous devez passer un test permettant d'évaluer à la fois vos connaissances juridiques, votre connaissance de la langue française, votre capacité d'organiser des données.

On vous donne le choix entre quatre thèmes :

1. Les personnes juridiques dans votre droit national.

2. Responsabilité civile et pénale dans votre droit national.

3. La notion de propriété dans votre droit national.

4. Structure juridique du fonds de commerce dans votre pays.

Rédigez un texte.

Aide

Pour l'exercice 4.

1. Chaque élève doit parler deux minutes sans préparation en procédant par association logique des idées (passer d'un droit à un autre, du droit aux obligations, des droits et obligations aux entités juridiques qui les possèdent, etc.).

2. Le professeur doit chronométrer et prévenir l'élève qu'il ne lui reste plus que dix secondes afin qu'il ait le temps de construire une conclusion.

Pour l'exercice 5.

1. Votre devoir doit faire une page environ.
– Il doit être structuré (introduction, parties 1, 2, 3, etc., logiquement reliées).
– Il doit comporter une conclusion.

2. Utilisez des expressions telles que *tout d'abord, ensuite, par ailleurs, par contre, en revanche, cependant, mais, enfin, etc.* pour lier les données entre elles.

3. Utilisez des verbes introducteurs : *je voudrais aborder le thème de…, il faut ajouter que…, mais on ne doit pas oublier que…, je voudrais terminer par…, ajoutons encore un exemple, etc.*

Faites votre propre Bilan

1 • Classez et notez le vocabulaire que vous avez appris.

Les droits et obligations	Les responsabilités civile et pénale
droits réels *obligations quasi délictuelles*	*un dommage corporel* *le fait des choses*

La propriété	La propriété intellectuelle
les éléments corporels *l'indivision*	*le brevet* *l'exclusivité*

2 • Notez les mots et expressions permettant d'argumenter et de communiquer que vous avez appris.

Actes de paroles	Articulateurs du discours
• *introduire des informations*	• *tout d'abord* • *par contre*

3 • Notez les expressions en français courant et leur équivalent dans la phraséologie administrative.

• *utiliser / faire usage de…*
• *l'accord / le consentement*

7 Vie et mort des entreprises et des sociétés

1. Quelques structures d'activités

1 Entreprendre seul ou à plusieurs

L'entreprise nouvelle
Une personne physique peut exercer une activité commerciale ou industrielle en affectant une partie de son patrimoine personnel à son activité professionnelle.

Les personnes morales de droit privé
Ce sont des groupements de personnes dotés de la personnalité juridique.

Groupements de biens
(exemple : fondation)

Groupements de personnes
(exemple : société)

2 Les structures juridiques des entreprises commerciales

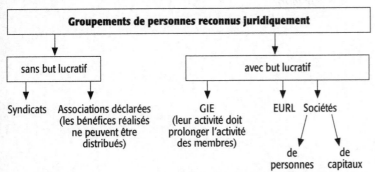

P. Senaux, D. Soret-Catteau, *Top' Exam Droit BTS*,
Hachette Livre, 2001, p. 86.

! INFOS

◆
• Les associations à but non lucratif sont aussi appelées **associations loi 1901**, année de promulgation de la loi définissant leur personnalité juridique.
• Les **groupements d'intérêt économique** (GIE) sont des groupements de personnes physiques ou morales ayant pour objet de faciliter les activités économiques de leurs membres.
• « Sont **commerçants** ceux qui exercent des actes de commerce et en font leur profession habituelle » à leur propre compte (article L.121-1 du Code du commerce). Un vendeur est un salarié.
• Commerçants, entreprises et sociétés doivent être enregistrés au **Registre du commerce et des sociétés** (RCS). Les artisans sont inscrits à la **Chambre des métiers**.
• Les **chambres de commerce et d'industrie** (CCI) et l'APCE (Association pour la création d'entreprises) sont des organismes-conseils.

3 Quelques formes de sociétés commerciales

La société à responsabilité limitée (SARL)

C'est un groupement de personnes (les associés) où chacun apporte une part de capital et est responsable dans la limite de son apport. Le capital est divisé en parts sociales qui ne sont transmissibles qu'avec le consentement des associés. La société est administrée par un gérant nommé par les associés.

La société anonyme (SA)

C'est un groupement de capitaux (société par actions) qui doit comprendre plus de 7 actionnaires. Les apports peuvent être effectués en numéraires (en argent) ou en nature. Les parts sont librement cessibles. La société est administrée par le président du conseil d'administration. L'assemblée générale annuelle contrôle la gestion et les comptes, et décide de l'affectation des bénéfices.

La société par actions simplifiée (SAS)

C'est une société par actions qui associe des personnes physiques ou morales.
Son capital minimal est de 37 000 euros. Son fonctionnement est plus souple que celui des SA. Elle est administrée par un président.

Un cas particulier : l'entreprise unipersonnelle à responsabilité limitée (EURL)

Un entrepreneur (un créateur d'entreprise) peut rédiger un contrat de société qui donne à son entreprise un statut de personne morale sans être une société. L'entreprise est identifiée par sa dénomination sociale, son siège social, son objet social.

À vous de Jouer

• Comprendre les documents •

1 • Écoutez les témoignages et dites pour chacun d'eux de quelle structure juridique il s'agit.

a. .... c. .... e. ....
b. .... d. .... f. ....

2 • Répondez oralement aux questions et justifiez vos réponses.

a. Dans la société Generik, il y a chaque année une réunion obligatoire. Laquelle et pourquoi ?

b. Alain Rollan et Gilles Bertrand sont-ils rémunérés pour les activités dont ils parlent ?

c. Quel est l'intérêt de la structure juridique choisie par Guy Marin et Sophie Blanchard ?

d. Dans la structure créée par Éric Laville et ses partenaires, qui exerce la responsabilité et qui « fait tourner » la société ?

3 • Vrai ou faux ?

	V	F
a. Toutes les structures d'activités commerciales à but lucratif doivent être enregistrées au RCS.	☐	☐
b. Dans le cas d'une entreprise individuelle, le patrimoine de l'entreprise est confondu avec le patrimoine personnel de son fondateur.	☐	☐
c. Être membre d'une société anonyme exclut tout autre apport que financier.	☐	☐
d. Tous les membres d'une SAS doivent obligatoirement avoir une personnalité juridique identique.	☐	☐

• Utiliser le vocabulaire •

4 • Trouvez dans les documents le mot ou l'expression équivalant aux parties soulignées.

a. Ce type de groupement de personnes <u>possède</u> (..................................) la personnalité juridique.

b. En quelle année la loi sur les associations a-t-elle été <u>publiée</u> (..................................) ?

c. Les apports sont <u>du matériel</u> (..................................) ou <u>de l'argent</u> (..................................).

d. Certaines sociétés rassemblent des individus, d'autres <u>de l'argent</u> (..................................).

5 • Complétez en utilisant les expressions convenables : *conformément à – dans la limite de – à son compte – à but lucratif.*

a. Après dix ans de salariat, Georges a décidé de se mettre ....

b. Patrice s'occupe de l'association *Les amis du XVe* .... son temps libre.

c. Les statuts de la société doivent être élaborés .... Code du commerce.

d. Par définition, toute société est un groupement ....

6 • Trouvez des exemples de sociétés que vous connaissez :

a. dénomination sociale :
....

b. siège social : ....

c. objet social : ....

• S'exprimer •

7 • Vous voulez créer votre propre entreprise / société.

a) Téléphonez à un service de conseil juridique avant de vous lancer pour prendre des renseignements sur les différentes possibilités.

b) Deux ans plus tard, votre affaire marche bien. Un journal spécialisé fait un reportage sur votre parcours. Son but est de montrer que vous avez fait le bon choix mais que vous avez également rencontré des difficultés.
Imaginez l'interview.

c) Écrivez l'article du journaliste.

Aide

Pour l'exercice 7a.

1. Respectez les rituels de la conversation téléphonique : *Allô, allô, vous êtes toujours en ligne ? Veuillez patienter quelques instants, je vous passe un conseiller juridique, etc.*

2. Utilisez les mots et expressions : *être tenu de, avoir l'obligation de..., ne pas avoir le droit de..., il est (rigoureusement) interdit de..., à condition de / que..., à la condition expresse de..., dans l'hypothèse où..., en cas de..., etc.*

Pour l'exercice 7b.

1. Respectez les rituels de l'interview (questions qui s'enchaînent et questions qui changent de sujet ; questions provocatrices, équilibre entre aspects techniques et sentiments personnels, etc.).

2. Le journaliste vous posera des questions sur :
– la façon dont vous avez choisi la structure juridique (conseils, raisons de votre choix, hésitations, etc.) ;
– le bilan que vous effectuez : avantages, inconvénients, difficultés, solutions, etc.

3. Utilisez les expressions suivantes : *l'avantage, le résultat, c'est que... il y a un (gros) inconvénient, la difficulté, le point fort/faible, être prudent, audacieux, réfléchi, oser, hésiter, changer de cap, faire des choix, se remettre en question, être assisté par, saisir les occasions, etc.*

2. L'entreprise individuelle

C'est la forme juridique la plus répandue : 60 % des entreprises existantes.

1 La création d'une entreprise individuelle

Les avantages

Par rapport à une société, l'entreprise individuelle présente quelques avantages :
• elle permet de démarrer une activité rapidement, sans devoir constituer un capital ;
• elle facilite la gestion (moins de formalisme) ;
• elle autorise le choix d'un régime d'imposition simplifié et privilégié (exonérations et abattements fiscaux) ;
• elle donne à l'entrepreneur une grande liberté d'action.

Les inconvénients

En cas de faillite, les biens personnels sont cédés pour permettre le remboursement des dettes de l'entreprise.

Quelles sont les circonstances favorables à la création d'une entreprise individuelle ?

Elle est conseillée quand les risques financiers de l'activité sont peu importants.

Conditions de création

Si vous désirez créer une entreprise individuelle, vous devez vérifier :
• que vous exercez une activité par nature commerciale ;
• que vous avez 18 ans révolus et que vous n'êtes pas soumis à un régime d'incapacité (tutelle par exemple) ;
• que vous n'êtes pas frappé d'une interdiction d'exercer le commerce (par exemple, faillite sans réhabilitation) ;
• que vous n'exercez pas, en plus, une activité incompatible avec le statut de commerçant (par exemple, fonctionnaire).

D'après inforeg (CCIP)-www.ccip.fr/inforeg.

● *Engagement financier*
La notion de capital n'est pas prise en compte. Le patrimoine de l'entreprise est confondu avec celui du chef d'entreprise.

● *Fonctionnement*
L'entrepreneur dispose des pleins pouvoirs pour la gestion de son entreprise. Il n'a pas à rendre compte de sa gestion, ni à publier ses comptes annuels.

● *Régime social*
Régime des non-salariés (cotisations minimales). Possibilité de souscrire à un régime complémentaire d'assurance vieillesse, d'invalidité…

● *Responsabilité*
L'entrepreneur est entièrement responsable des dettes sociales sur son entreprise.

● *Régime fiscal*
Aucune imposition au niveau de l'entreprise. L'entrepreneur est imposé à l'impôt sur le revenu (IR).

● *Transmission*
Cession de fonds (commerçants, artisans) ou de clientèle (professions libérales).

2 Itinéraire personnel

Julien Delattre (28 ans, célibataire) est autodidacte en électricité. Il a travaillé dans plusieurs entreprises puis a été licencié en février 1999. Pendant quelques mois, il a travaillé au noir chez des particuliers et s'est aperçu qu'il y avait une réelle demande pour des petits boulots que les gens ne savent pas ou ne veulent pas faire eux-mêmes : petites réparations, montage de meubles, changement de serrures, etc. Il a alors décidé de créer sa propre entreprise et a pu bénéficier d'aides diverses (l'aide au chômeur-créateur, qui existait encore, des exonérations ou des abattements de charges). Son bilan : il arrive à vivre correctement, sans plus. La diversité de ses activités ne lui permet pas vraiment de faire de la prospection et sa clientèle se développe surtout par le « bouche-à-oreille ».

À vous de Jouer

• Comprendre les documents •

1 • **Examinez les cas suivants et dites si la personne a intérêt ou non à choisir la forme juridique d'entreprise individuelle en précisant oralement vos arguments.**

a. Georges Ramon est salarié depuis vingt ans. Il voudrait ouvrir un atelier de réparation de bicyclettes. Il n'a pas beaucoup d'argent mais il est à peu près sûr de pouvoir se constituer une clientèle.

b. Michel veut ouvrir un atelier de réparation de machines agricoles. Il a l'outillage nécessaire mais pas d'argent. Jean-Paul a hérité d'une somme d'argent non négligeable et s'y connaît en gestion. Il aimerait travailler avec lui. Michel hésite.

c. Marie-Pierre ne veut plus être vendeuse. Elle rêve d'ouvrir une boutique de mode. Sa famille peut l'aider financièrement.

2 • **Les personnes suivantes ont-elles juridiquement le droit de créer une entreprise individuelle ? Pour quelle raison ?**

a. Marie-France est secrétaire à la préfecture...

b. Hervé et sa femme sont à la recherche d'un cadre juridique leur permettant d'organiser l'aide aux familles défavorisées de leur ville. ....

c. Céline voudrait ouvrir une boutique de fleuriste. Elle en a assez d'être femme au foyer. ....

3 • **Toutes les affirmations suivantes sont fausses. Expliquez pourquoi.**

a. Julien Delattre est obligé d'avoir un commissaire aux comptes. ....

b. Il paie seulement l'impôt sur les entreprises. ....

c. Il a une voiture de fonction. ....

d. Il cotise pour une retraite complémentaire à la Mutuelle des employés du commerce. ....

• Utiliser le vocabulaire •

4 • **Retrouvez l'équivalent des phrases suivantes dans les documents.**

a. Ce que possède l'entrepreneur et l'entreprise, c'est la même chose.

....

b. Celui qui crée son entreprise est maître après Dieu sur la façon de la mener.

....

c. On peut envisager de prendre une assurance supplémentaire.

....

d. L'entreprise permet le choix d'une procédure plus simple pour les impôts.

....

5 • **Complétez la grille avec les mots correspondant aux définitions suivantes.**

A Transmission d'un bien   **B** Qui possède une entreprise

C Soumis au paiement d'impôts

D Une somme obligatoire à payer pour couvrir les risques maladie

E Somme d'argent nécessaire pour constituer une société par actions

F L'ensemble des biens   **G** Situation juridique

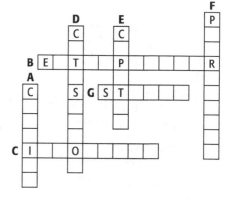

• S'exprimer •

6 • **Racontez le parcours de Julien Delattre en le caractérisant d'un point de vue juridique.**

7 • Un visiteur étranger s'étonne que l'entreprise individuelle soit la forme juridique la plus répandue en France.

Vous lui expliquez pourquoi et vous lui demandez quelle est sa place dans son propre pays.

3. La société à responsabilité limitée (SARL)

C'est une des formes de société les plus répandues : plus de 20 % des entreprises.

1 La création de la SARL

Les avantages :

• elle permet la création d'une société avec peu de capitaux ;
• elle conserve un caractère familial à l'entreprise ;
• elle limite la responsabilité des associés.

L'inconvénient :

• les parts sociales ne sont en principe pas librement cessibles.

Conditions de création

Si vous souhaitez créer une SARL, vous devez préalablement vérifier que vous remplissez les conditions principales suivantes :
• un capital minimal de 7 500 euros qui peut être composé d'apports en numéraires et/ou en nature (en 2002)* ;
• au minimum un autre associé (en plus de vous) et au maximum 49 autres. Au-delà de 50 associés, il faut constituer une SA. Le gérant peut être choisi ou non parmi les associés et peut être salarié ou non. Il est nommé par l'assemblée générale des associés.
Certaines activités ne peuvent pas être exercées sous forme de SARL (assurances, épargne, investissement) et d'autres activités doivent nécessairement être exercées sous cette forme (sociétés immobilières de gestion).

* Un projet de loi en discussion au Parlement en 2003 prévoit que les associés fixent eux-mêmes, dans les statuts, le montant du capital social.

D'après inforeg (CCIP)-www.ccip.fr/inforeg.

2 Avis de constitution d'une SARL

AVIS DE CONSTITUTION D'UNE SARL
....*(dénomination sociale)*

....

Société à responsabilité limitée
Au capital de ....
Siège social ....

Aux termes d'un acte sous seing privé (ou d'un acte notarié) en date du ....
il a été constitué sous la dénomination sociale ....
une société à responsabilité limitée présentant les caractéristiques suivantes :

Siège social
Durée *(99 ans maximum)* : ...... ans à compter de l'immatriculation au Registre du commerce et de sociétés.

Objet social *(activités)*
....
....

Le capital social s'élève à la somme de .... (euros),
il est divisé en .... parts sociales de .... (euros)
chacune, entièrement souscrites et libérées à hauteur de .... (euros)........................ demeurant à

Gérance : M./Mme/Mlle ....
.... est désignée en qualité de gérant.

La société sera immatriculée au Registre du commerce et des sociétés de *(ville)* ....

Pour avis et mention, M./Mme/Mlle ....
Gérant(e).

D'après inforeg (CCIP)-www.ccip.fr/inforeg.

À vous de Jouer

• Comprendre les documents •

1 • Vrai ou faux ? Vous pouvez également vous aider du document 3 de la page 64.

	V	F
a. Pour créer une SARL, il faut beaucoup d'argent.	☐	☐
b. Les associés sont responsables pour le nombre de parts sociales qu'ils possèdent dans la société.	☐	☐
c. Pour créer une SARL, vous devez être entre 2 et 49.	☐	☐
d. Attention ! Une SARL est un peu lourde à gérer !	☐	☐
e. L'objet social ne peut pas être n'importe quelle activité.	☐	☐
f. Le gérant est élu par les associés.	☐	☐

2 • Énumérez les différents points qui doivent apparaître dans les statuts.

a. ....   b. ....   c. ....

d. ....   e. ....   f. ....

g. ....   h. ....   i. ....

• Utiliser le vocabulaire •

3 • Complétez avec l'expression convenable : *à hauteur de – en qualité de – à compter du – à la somme de – aux termes de.*

a. M. Rivarin a signé le contrat .... directeur financier.

b. Gilles Bachar participe à la création de la SARL .... 9 500 euros.

c. Les frais d'immatriculation s'élèvent .... 450 euros.

d. .... contrat, les frais de déplacement sont pris en charge.

e. Cette disposition sera en vigueur .... 1er janvier 2006.

4 • De quoi s'agit-il ?

a. La valeur des apports en numéraires et en nature à une société : ....

b. La mesure de l'apport des associés : ....

c. L'inscription au RCS en vue d'identifier : ....

d. Le domicile d'une société : ....

e. Les activités de la société : ....

5 • Trouvez l'expression juste.

a. Un acte rédigé et signé devant notaire :

....

b. C'est la signature des parties qui fait la valeur de ce type d'acte. Peu importe qui l'a rédigé et la manière dont il est présenté : ....

• S'exprimer •

6 • Vous créez votre SARL.

a) Complétez le document 2 ci-contre.

b) Retracez oralement les étapes de la constitution de la SARL dont vous êtes un des associés.

7 • Vous vous renseignez auprès d'un juriste français sur les SARL.

a) Simulez la rencontre.

b) Réalisez une fiche de synthèse.

Aide

Pour l'exercice 6b.

1. Démarche

– Exposez votre idée à un associé potentiel qui serait d'accord mais qui apporte quelques modifications à votre proposition initiale.

– Cherchez d'autres associés (conversation, téléphone, courrier postal ou électronique, etc.). Certaines des personnes que vous contactez acceptent, d'autres refusent, d'autres hésitent.

– Faites une réunion avec tous les associés et réglez tous les détails.

– Prenez rendez-vous chez le notaire.

2. Moyens

– Exprimer l'accord : *c'est bon, je veux bien, je suis tout à fait d'accord, ça me va parfaitement, c'est très bien, c'est une bonne / excellente idée, etc.*

– Exprimer des réserves : *je ne suis pas tout à fait d'accord, il faudrait modifier un peu, cela me gêne que…, ça pose un problème, etc.*

– Exprimer le désaccord : *je ne suis absolument pas d'accord, il n'en est pas question, c'est tout à fait impossible, ça ne peut pas marcher comme ça, etc.*

– Suggérer, proposer : *et si on faisait de la façon suivante…, je me demande si ce ne serait pas mieux de…, à mon avis, il vaudrait mieux…, j'ai une proposition :…, etc.*

4. Dissolution, liquidation, reprise

1 La cessation d'activité

Vous devez vous adresser au centre de formalités des entreprises (CFE) pour faire enregistrer votre cessation d'activité. Le CFE transmettra l'information auprès des administrations et des organismes concernés. Il vous remettra le formulaire de déclaration qui devra être déposé dans les 30 jours après la cessation d'activité.

D'après www.impots.gouv.fr.

2 Le « dépôt de bilan »

Lorsqu'une personne physique ou morale est dans l'incapacité de payer ses dettes, elle doit déclarer cet état de « cessation des paiements » au tribunal de commerce dans le ressort duquel est situé son domicile ou son siège social. Cette procédure obéit à des règles définies par la loi n° 85-98 du 25 janvier 1985.

Les personnes physiques ou morales sont tenues d'effectuer le dépôt de bilan lorsqu'elles sont « dans l'impossibilité de faire face à leur passif exigible avec leur actif disponible » (article L. 621 du Code du commerce).

Le formulaire de cessation des paiements dûment rempli doit être accompagné de documents fournis par le débiteur : comptes annuels du dernier exercice, extrait d'immatriculation au RCS (Registre du commerce et des sociétés), situation de trésorerie datant de moins de 3 mois, état chiffré des créances et des dettes, inventaire des biens du débiteur, etc.

Lors de l'audience, le tribunal rend :
– soit un jugement d'ouverture de redressement judiciaire s'il estime que l'entreprise peut valablement être redressée ;
– soit un jugement de liquidation judiciaire s'il estime que la situation de l'entreprise est irrémédiablement compromise.

D'après inforeg (CCIP)-www.ccip.fr/inforeg.

3 L'offre de reprise de la société mise en redressement judiciaire

Le candidat repreneur d'une entreprise en redressement judiciaire doit faire une offre de reprise qui comprend trois objectifs :
– le maintien de tout ou partie de l'activité ;
– le maintien de tout ou partie des emplois ;
– l'apurement du passif.

L'offre doit contenir entre autres les éléments suivants :
– prévisions d'activité et de financement ;
– prix de cession et modalités de règlement ;
– date ;
– niveau et perspectives d'emplois justifiés par l'activité ;
– garantie bancaire en vue d'assurer l'exécution de l'offre, etc.

Sur cette base, c'est le tribunal qui arrête le plan de cession.

D'après inforeg (CCIP)-www.ccip.fr/inforeg.

> ! INFOS
>
> • **Créanciers et débiteurs :** les premiers sont en droit d'exiger l'exécution d'une prestation (réalisation de l'objet d'un contrat, somme d'argent à verser), les seconds ont le devoir d'exécuter la prestation visée.
>
> • L'**actif**, c'est ce que l'entreprise possède ; le **passif**, c'est ce que l'entreprise doit.
>
> • Dans le cadre de la **reprise** de Sofetel, un des repreneurs éventuels a fait une proposition de cession s'élevant à 6 millions d'euros.

À vous de Jouer

1 • Écoutez le document une première fois et reliez les éléments des deux colonnes.

a. Les difficultés financières s'expliquaient   1: sa capacité à assainir ses finances

b. Marinex a eu un délai pour démontrer   2. sera mutée dans une autre usine.

c. Les personnels les plus âgés   3. par une forte baisse des ventes.

d. Une partie du personnel   4. obtiendront la retraite anticipée.

2 • Écoutez le document une deuxième fois et repérez l'équivalent des expressions soulignées.

a. ....   2. ....

1. ....   3. ....

3 • Caractérisez les situations.

a. La société Sofides n'est plus en mesure de faire face à ses obligations financières. ....

b. Le tribunal de commerce considère qu'elle peut cependant être sauvée. ....

c. Le juge considère que la situation de la société Monthéran est sans espoir. ....

d. M. Barbon propose un plan de sauvetage de l'entreprise. ....

4 • Marquez d'une croix les pièces à fournir pour chaque situation.

Pièces à fournir	Cessation d'activité	Dépôt de bilan	Offre de reprise
Formulaire de déclaration de cessation d'activités			
Comptes de l'année précédente			
Garantie bancaire			
Notification au CFE			
Plan prévisionnel (activités et financement)			
Modalités de règlement			
Formulaire de cessation de paiements			
État de trésorerie récent			
Inventaire des biens du débiteur			
Pièce justificative de l'immatriculation au RCS			

• Utiliser le vocabulaire •

5 • Dites le contraire.

a. le débiteur : ....   b. le passif : ....   c. une demande : ....

d. une créance : ....   e. la liquidation : ....   f. la cessation : ....

6 • Complétez avec le verbe convenable : *faire face à – faire apparaître – obéir à – fournir.*

a. La procédure de cessation d'activité .... des règles simples.

b. La société Renata doit .... des dettes considérables.

c. L'audit de l'entreprise Delcos .... une comptabilité peu rigoureuse.

d. Le gérant doit .... des pièces justificatives.

• S'exprimer •

7 • Ils ont connu ça !

Sous cette rubrique d'une revue spécialisée, vous voulez présenter des expériences vécues avec en face une description de la démarche en termes juridiques.

a) Écrivez les témoignages en langage courant.

b) Interviewez un juriste qui explique oralement la procédure à suivre.

c) Préparez une fiche présentant la démarche à suivre.

d) Afin d'être sûr que votre schéma est clair, vous le montrez à un ami qui n'est pas juriste. Il vous pose des questions.

Aide

Pour l'exercice 7c.

Vous devez envisager les différentes possibilités.

N'oubliez pas de mentionner les pièces à fournir et les objectifs.

Pour la formalisation, inspirez-vous du schéma page 44 : utilisez des flèches, faites des renvois, proposez des notes explicatives, etc.

Faisons le point

1 • Que sont-ils en train de faire ?

a. M. Caudron sort de chez le notaire avec ses futurs associés. ....

b. Jacques Martenon a 60 ans et va fermer son entreprise. ....

c. Jean-Charles Drouot vient de se mettre à son compte. ....

d. Guy Hammond ne peut plus payer ses créanciers. ....

2 • Remplissent-ils les conditions pour mener à bien leur projet ? Justifiez votre réponse.

a. Yves voudrait créer une société avec deux amis qui, comme lui, sortent d'une école d'ingénieurs. Ils ont été salariés pendant six ans, ils ont des économies. ....

b. Gilles voudrait reprendre une société en redressement judiciaire mais sa banque refuse de l'aider.

....

c. Edmond est contrôleur des douanes et il voudrait créer une entreprise. ....

d. Maurice aimerait bien monter une société avec Serge et Roland mais il n'a pas d'argent. En revanche, il a du matériel. ....

3 • De quelle démarche s'agit-il ?

a. L'agent comptable de Sanotra fait le bilan des recettes et des dépenses pour 2002. ....

b. M. Delage transmet son entreprise à son fils. ....

c. Gérard Delipe fait des propositions pour relancer les activités de la société Planit. ....

d. Il faut faire la liste de ce qui appartient à l'entrepreneur en faillite. ....

e. François Mertin demande au RCS d'attribuer un numéro d'immatriculation à sa nouvelle société.

....

4 • Qui s'occupe de quoi ?

a. Élaborer les statuts d'une société : ....

b. Enregistrer les nouvelles entreprises ou sociétés : ....

c. Assurer la liquidation judiciaire d'une entreprise : ....

d. Conseiller les entrepreneurs ou les dirigeants de sociétés : ....

5 • Trouvez les noms correspondants aux verbes suivants :

a. céder .... b. exécuter .... c. cesser ....

d. redressser .... e. liquider .... f. maintenir ....

6 • Complétez les paires.

a. groupement de biens/ .... b. société/ ....

c. associés/ .... d. actionnaires/ ....

7 • M. Théron est un homme d'affaires avisé. À 58 ans, tantôt employé, tantôt gérant, tantôt président, membre d'association ou à son propre compte, il a connu presque toutes les situations.

a) Interviewez-le.

b) Racontez son histoire dans un article de presse.

8 • Jeu.

Pensez à une démarche décrite dans cette leçon. Les autres élèves vous posent des questions pour savoir de laquelle il s'agit. Vous répondez par oui ou par non.

Si un élève pose une question demandant une autre réponse (pourquoi, comment, où, etc.), il est éliminé.

Aide

Pour l'exercice 7a.

1. Posez-lui des questions purement informatives.

Exemple : *Une fois la liquidation judiciaire terminée, qu'avez-vous fait ?*

2. Informez-vous sur ses états d'âme aux différentes étapes de sa vie.

Exemple : *Comment avez-vous vécu ce moment difficile ? Votre famille vous a-t-elle soutenu moralement ?*

Pour l'exercice 7b.

1. Faites une phrase d'introduction :

Exemple : *Monsieur Théron à l'air heureux dans la villa où il s'est retiré. Pourtant sa vie n'a pas toujours été facile...*

2. Utilisez des articulateurs du discours pour relier les différentes étapes. Citez des propos de monsieur Théron, notez ses sentiments.

3. Terminez par une formule frappante : un proverbe, une phrase de monsieur Théron, etc.

72

Faites votre propre Bilan

1 • Classez et notez le vocabulaire que vous avez appris.

Les structures d'activités	Les éléments de ces structures
• *une SARL* • *une association*	• *le siège social* • *les parts sociales*

La vie de l'entreprise	La disparition d'une entreprise
• *l'immatriculation au RCS* • *faire un état de la trésorerie*	• *un dépôt de bilan*

2 • Notez les mots et expressions permettant d'argumenter et de communiquer que vous avez appris.

Actes de paroles	Articulateurs du discours
• *marquer son accord* • *nuancer*	• *si...* • *afin de / que*

3 • Notez les expressions en français courant et leur équivalent dans la phraséologie administrative.

• *à partir du... / à compter du...*
• *donner / fournir*

8 Les relations professionnelles à l'intérieur de l'entreprise

1. Engager un salarié

1 Le droit du travail

Rôle	Fondements nationaux	Fondements internationaux
– protéger les travailleurs des abus éventuels des employeurs – améliorer les conditions de travail – assurer la représentation des salariés	– la Constitution – les lois, ordonnances et règlements – la jurisprudence – les conventions et accords collectifs (droit négocié), règlements intérieurs, contrats de travail	– traités, accords, conventions de l'Organisation internationale du travail (OIT) pour les pays membres – règlements, directives, jurisprudence communautaires

2 La protection des risques sociaux

La protection sociale couvre trois types de risques :
– risques personnels : maladie, invalidité, maternité, vieillesse, décès ;
– risques professionnels : accident du travail, maladie professionnelle ;
– risques économiques : chômage total ou partiel.

3 Types de contrats de travail

● **CDI (contrat à durée indéterminée)**
Terme non fixé
Rupture par l'employeur : licenciement
Rupture par l'employé : démission

● **CDD (contrat à durée déterminée)**
Renouvelable une fois
Durée maximale : 18 mois
Rupture : licenciement ou démission avec préavis

● **Contrat d'intérim**
Contrat de mise à disposition dans l'entreprise utilisatrice par l'entreprise de travail temporaire.
Contrat de mission entre l'entreprise de travail temporaire et le salarié temporaire.

D'après S. Bujoc, J.-M. Maury, M. Scaramuzza, *Économie – Droit, Plein pot bac Pro*, Éditions Foucher, 2001.

Le **CDD** doit obligatoirement comprendre les indications suivantes (article L 122-3-1 du Code du travail) :
– le motif (remplacement, attente d'un salarié en CDI, travail saisonnier, travail temporaire) ;
– la durée : la date de la fin du contrat, éventuellement une clause de renouvellement ;
– la fonction ;
– la durée de la période d'essai s'il y en a une ;
– le montant de la rémunération et les éléments qui la composent ;
– les horaires de travail ;
– le nom et l'adresse de la caisse de retraite ;
– la convention collective applicable.
Attention : le salarié en CDD bénéficie d'une rémunération qui ne peut être inférieure au montant de celle que percevrait, dans les mêmes conditions, un salarié en CDI (prise en compte de la qualification et de l'ancienneté par exemple) !

La fiche de paie reprend les principaux éléments du contrat de travail.

Fiche de paie		du 01/01/2003 au 31/01/2003		
EMPLOYEUR			**SALARIÉ**	
SARL INTERMEZZO 15 rue des Fleurs 48220 Champlat RCS Mende B422 802 541 N° URSSAF 480 125279	Lieu de paiement cotisations sociales URSSAF de Mende 48003 Mende		Anne COTEAU 51 rue du Pré 48220 Champlat	
			N° Sécu Sociale : 2581259350154/40	
	Emploi :	Agent commercial		
	assiette	charges salariales		charges patronales
		Tx	montants	Tx	montants
Salaire horaire de base	16,00				
Nbre d'heures	151,00				
Salaire brut	2 416,00				

INFOS

• Les lois Aubry de 1998 et 2000 prévoient le passage de la durée du travail de 39 à **35 heures**. La loi Fillon de novembre 2002 cesse de faire de la généralisation de la semaine de 35 heures un objectif à terme.

• La durée des **congés payés** est de 5 semaines par an depuis 1982.

• Le **travail à temps partiel** est légal : il repose sur la base du volontariat d'une part, des nécessités du service d'autre part. Il doit être favorisé si un travailleur en fait la demande.

• Le **SMIC** est le salaire minimum interprofessionnel de croissance.

• Tous les travailleurs doivent avoir une **couverture sociale**. L'**assurance maladie** est obligatoire (part patronale et part salariale) et peut être complétée par une **mutuelle** (organisme qui complète les services de la Sécurité sociale).

• On peut le cas échéant faire un **avenant** au contrat de travail. Mais toute modification doit obligatoirement recueillir l'assentiment des deux parties. Le salarié ne peut être licencié pour son refus.

À vous de Jouer

• Comprendre les documents •

1 • Vrai ou faux ?

	V	F
a. Le droit du travail garantit la défense des droits des travailleurs.	☐	☐
b. Les directives européennes doivent être respectées par le droit national du travail.	☐	☐
c. Le droit négocié ne fait pas partie du droit du travail.	☐	☐
d. Tous les chefs d'entreprise, quel que soit le pays où ils exercent, doivent respecter les accords de l'OIT.	☐	☐

2 • De quel type de risque s'agit-il ?

a. Joël vient de perdre son emploi : .... b. Marie-Line attend un enfant : ....

c. Charles a été exposé aux poussières d'amiante pendant dix ans : ....

3 • Quel type de contrat ont-il obtenu ?

a. Hermione a signé son contrat : 17,5 heures par semaine. Elle débute le 1ᵉʳ mai (période d'essai de 1 mois avant engagement définitif). ....

b. Lucien, inscrit dans une agence de travail temporaire, va travailler pendant 4 mois chez A. G. ....

c. Dorothée a accepté un contrat de 6 mois éventuellement renouvelable une fois. ....

• Utiliser le vocabulaire •

4 • Chassez l'intrus.

a. un accord – une convention – une négociation – un contrat

b. l'invalidité – l'accident du travail – l'assurance incendie – la maladie professionnelle

c. le temps complet – le temps retrouvé – le temps partiel – le temps de travail

d. un engagement – une démission – un abandon – un licenciement

5 • Trouvez le nom correspondant.

a. abuser : .... b. croître : ....

c. rompre : .... d. couvrir : ....

6 • Donnez des synonymes.

a. le consentement : .... b. la mort : ....

c. la fin : .... d. un but : ....

7 • Reliez les deux colonnes.

a. licencier   1. par consentement mutuel

b. faire un avenant au contrat   2. pour un travail temporaire

c. un contrat d'intérim   3. complétée par une mutuelle

d. l'assurance maladie   4. avec un préavis de deux mois

• S'exprimer •

8 • Un CDD en poche !

Votre ami vous montre un contrat à durée déterminée qu'il n'a pas encore signé. D'après lui, les conditions sont extraordinaires.

Vous lisez le contrat et vous vous apercevez qu'il y a plusieurs points qui ne respectent pas la législation et que certaines dispositions obligatoires n'y figurent pas.

a) Jouez la scène.

b) Votre ami veut écrire une lettre à son éventuel employeur pour lui dire ce qui manque et ce qui n'est pas conforme à la loi en précisant qu'il est prêt à accepter l'emploi si les termes du contrat sont revus.
Écrivez la lettre.

Aide

Pour l'exercice 8a.

Utilisez les mots et expressions suivants : s'interroger, redouter, se demander si... ne pas être convaincu que..., ne pas être persuadé de..., se tromper complètement ; c'est impossible, douteux, suspect, etc. ; exagérer, mal comprendre, préciser que..., rappeler que... ; je suis désolé mais..., je ne vois pas pourquoi, il n'en est pas question, cela demande réflexion, il faut reconnaître que..., etc.

Pour l'exercice 8b.

1. Utilisez les rituels de la lettre officielle.

2. Quelques formules pouvant être utiles : j'ai le regret, par la présente lettre, de vous informer que... ; J'en conclus que... ; Je me vois contraint de... ; Mais, si toutefois, vous êtes disposé à... ; Je ne manquerai pas de...

2. Le contrat de travail

1 Principes de base des contrats de travail

– L'employeur ne peut collecter que les informations personnelles en lien direct avec le poste à pourvoir. Il doit informer le candidat et le comité d'entreprise sur les méthodes de sélection utilisées. Il ne doit pas faire de choix discriminatoire (race, religion, etc.).
– On ne peut signer un contrat que si l'on est majeur.
– Pour les travailleurs hors UE, un permis de travail est nécessaire.
– Le salarié est subordonné à son employeur pour lequel il exécute un travail en contrepartie duquel il perçoit une rémunération (valable pour tous les types de contrats de travail).

2 Le contrat à durée indéterminée

Modèle de contrat à durée indéterminée

Entre
La Société ....… dont le siège social est situé ...., représentée par M. ....… en sa qualité de ....…… .
Ci-après désignée la « Société ».

d'une part

Et

M. ....… demeurant ....……
d'autre part,

Il a été convenu ce qui suit.

Article 1 : Engagement

La société ....…… engage M. ....…… en qualité de ....…… à compter du ....… . Cet engagement est conclu sous réserve d'une période d'essai de ....… de travail effectif, au cours de laquelle il pourra prendre fin à la volonté de l'une ou l'autre des parties à tout moment, sans préavis ni indemnité [➤ ou dans les conditions prévues par la convention collective].

La période d'essai s'entend de travail effectif, toute suspension de l'exécution du contrat, quel qu'en soit le motif entraînera une prolongation de la période d'essai d'une durée équivalente à celle de la suspension.

Article 2 : Fonctions

M. ....… est engagé en qualité de ....…, qualification ....…… au coefficient ....

M. ....… exercera ses fonctions sous l'autorité et selon les directives du responsable ....… auquel il rendra compte de son activité.

Dans le cadre de ses fonctions et sans que cette liste soit limitative, M. ....… sera chargé de :
– ....
– ....
– ....

Article 3 : Rémunération

M. ....… percevra une rémunération mensuelle brute de ....… euros, correspondant à la durée collective du travail en vigueur au sein de l'entreprise.

Article 4 : Lieu de travail

Le lieu de travail de M. ....… est actuellement fixé à ....… .

Tout changement éventuel du lieu de travail mis en œuvre pour les nécessités de l'entreprise ne constituera pas une modification du présent contrat dès lors qu'il interviendra dans un rayon de ....… kms par rapport à sa localisation actuelle.

Article 5 : Durée du contrat

Le présent contrat est conclu pour une durée indéterminée. Il prendra fin, hormis le cas de faute grave, lourde ou de cas de force majeure en respectant le préavis conventionnel [➤ ou un préavis réciproque de...].

Article 6 : Dispositions diverses

Pour information :

La convention collective actuellement appliquée au sein de l'entreprise est celle ....……. [dans ses dispositions étendues [agréées]].

Les frais engagés dans l'exercice des fonctions sont, sur justificatifs, pris en charge ou remboursés aux conditions et selon les modalités en vigueur au sein de la société.

Le personnel de la société bénéficie, en ce qui concerne la protection sociale complémentaire d'un régime de retraite complémentaire, [et supplémentaire] conclu auprès de ....… et d'un régime de prévoyance dont la gestion est confiée à ....… . Un descriptif des prestations actuellement accordées a été remis à M. ....… .

S'agissant des congés payés, ceux-ci sont accordés conformément aux dispositions légales [et conventionnelles].

Fait à ....…, le ....…
En double exemplaire.

Extrait de *Contrat de travail*, par J. Jourdan et O. Chénedé, Éditions Delmas, 5e éd., 2003.

INFOS

◆ • Le **comité d'entreprise** : « représentation collective des salariés permettant la prise en compte de leurs intérêts dans les décisions relatives à l'entreprise ».

M. Robert, R. Cavalerie, J. Hassendorfer, *Dictionnaire de droit, La dicothèque Foucher*, Éditions Foucher, 2000.

À vous de Jouer

• Comprendre les documents •

🎧 **1 •** Écoutez plusieurs fois le document oral et retracez l'itinéraire de Sophie de manière chronologique.

a. .... b. ....

c. .... d. ....

e. ....

Qu'espère-t-elle au terme de son CDD et pourquoi ? ....

2 • Examinez les cas suivants et dites s'ils respectent la loi ou non. **Justifiez votre réponse.**

a. M. Reboud n'engage que des « Français de souche ». ....

b. Damien, 22 ans, vient de signer un CDI chez Sacoris SA. ....

c. M. Marais, avant de l'engager, a pris des informations sur sa vie privée. ....

d. Pedro, originaire du Guatemala, a conclu un contrat à temps partiel deux jours après son arrivée en France. ....

3 • De quel article du contrat type relèvent les dispositions suivantes ?

a. Le contrat de Stéphane ne prendra fin qu'en cas de faute professionnelle, ou si son poste est supprimé. ....

b. Toutes déductions faites, Stéphane gagnera 1 650 euros par mois. ....

c. Stéphane sera chargé du contrôle de la qualité à l'unité de production n° 12, sous l'autorité de M. Descoulier. ....

d. Stéphane aura 25 jours ouvrables de congés payés répartis sur l'année en accord avec M. Descoulier. ....

e. Stéphane pourra démissionner sans en informer son employeur à l'avance. ....

• Utiliser le vocabulaire •

4 • Trouvez les synonymes des mots suivants dans les documents.

a. le salaire : .... b. les attributions : .... c. contractuel : ....

d. une compensation : .... e. habiter : .... f. se mettre d'accord : ....

5 • Complétez avec l'expression convenable : *en vigueur – à compter de – en qualité de – sous réserve de.*

a. M. Ferron agit .... gérant.

b. C'est la législation .... depuis 1989.

c. Il participera au conseil d'administration, ... être guéri.

d. Le nouveau DRH prend ses fonctions .... 1er mars.

6 • Complétez avec les mots ou expressions de la bulle.

a. En cas de démission, le contrat prévoit .... de 30 jours.

b. La plupart des CDI commencent par ....

c. Il y a combien de .... cette année, au service de la comptabilité ?

d. .... précise les conditions d'emploi, de travail et de garantie sociale.

une convention collective – un poste à pourvoir – un préavis – une période d'essai

• S'exprimer •

7 • Sophie a de la chance. Son CDD actuel va toucher à son terme mais elle a eu un entretien d'embauche dans le plus beau magasin de la ville. Le directeur des ressources humaines (le DRH) la convoque pour lui proposer un CDI de chef de rayon.

a) Jouez à deux l'entretien entre Sophie et le DRH.

b) Sophie et le DRH se sont mis d'accord.
Rédigez le contrat.

c) Imaginez que Sophie vous demande comment les choses se passeraient en pareille situation dans votre pays.
Jouez la situation.

Aide

1. Inspirez-vous du modèle de contrat ci-contre pour décider des termes que propose le DRH.

2. Sophie pose des questions pour faire préciser certains points : « *Est-ce que je travaillerai à horaires fixes ? Est-ce que je serai obligée de travailler le dimanche ? Y a-t-il un jour de fermeture ?* »

3. Tenez compte, dans le choix des termes du contrat, de la spécificité de l'emploi proposé : les métiers du commerce ne proposent pas des horaires classiques, du type 8 h-12 h et 13 h-16/17 h.

3. Représentation du personnel et conflits sociaux

1 Représentation et négociation

● La convention collective

Il s'agit d'accords écrits conclus entre des organisations syndicales et des employeurs traitant des droits applicables aux salariés d'une entreprise ou d'une branche professionnelle. Ils peuvent s'appliquer sur le plan national ou départemental.

Les conventions collectives contiennent des dispositions plus avantageuses que le droit commun sur les conditions de travail ou d'emploi ainsi que sur les garanties sociales (congés supplémentaires, primes diverses).

● Le comité d'entreprise

Il comprend des représentants de la direction, du personnel (élus pour 2 ans), des représentants des syndicats. Il est obligatoire dans les entreprises de 50 salariés ou plus. Les membres du personnel qui y siègent assurent la représentation des salariés avec voix délibérative pour les activités sociales et culturelles et avec voix consultative en matière économique. Il est présidé par le chef d'entreprise et se réunit tous les mois.

● Les représentants du personnel

Ils sont élus par l'ensemble du personnel. Ils ont pour fonction de présenter les revendications des employés, de saisir l'inspecteur du travail en cas d'infraction au droit du travail, de communiquer au Comité d'hygiène, de sécurité et des conditions de travail (CHSCT) les observations relatives à la sécurité.

● Les organisations syndicales

Elles ont pour mission de défendre les intérêts matériels et moraux, collectifs et individuels au niveau d'une branche de métiers. Elles ont un rôle de revendication, de représentation, de négociation.

2 Les formes de conflits collectifs

• À l'initiative des salariés : la grève

Grèves licites
– grèves planifiées organisées par les syndicats
– grèves surprises (sauf dans la fonction publique)
– grèves spontanées ou de solidarité (pour soutenir d'autres travailleurs)
– débrayages répétés (arrêts de courte durée pouvant se répéter)
– grèves tournantes (plusieurs vagues de grèves sont planifiées et se succèdent)

Grèves illicites
– grèves politiques (grèves dirigées contre la politique menée par le gouvernement)
– grèves avec occupation des locaux
– piquets de grève empêchant les non-grévistes d'aller travailler
– grèves perlées (ralentissement du travail sans véritable arrêt)

Conséquences de la grève pour des salariés :
– **grève licite :** non-paiement de la journée de travail ;
– **grève illicite :** peut entraîner la rupture du contrat de travail pour faute lourde.

• À l'initiative de l'employeur : le lock-out

C'est la fermeture de l'entreprise. Il est illicite si c'est une mesure de rétorsion envers les salariés (contrarier l'exercice du droit de grève), il est licite en cas de circonstance contraignante (débrayages répétés qui désorganisent le travail).

PRÉAVIS DE GRÈVE À LA SNCF POUR LE 16 MARS

Les mouvements sociaux s'amplifient

Enseignants : grève suivie à 60 %

WAPATO FRANCE : reprise du travail lundi

Poursuite de la grève chez Motorama

À vous de Jouer

• Comprendre les documents •

1 • Dites oralement quels sont les acteurs des faits suivants et à quel titre ils ont agi.

a. Le comité d'entreprise de Bagnac-Automobile est convoqué pour le 14 mars. ....

b. La convention collective des entreprises d'exploitation forestière des Vosges vient d'être renégociée. ....

c. L'inspection du travail a été saisie des dysfonctionnements de l'entreprise Marco en matière de sécurité. ....

d. Le plan de licenciements a reçu un avis défavorable. ....

e. Les négociations se sont poursuivies tard dans la nuit au siège d'Air France. Pour l'instant, la grève continue. ....

2 • A-t-il le droit de le faire ? Justifiez votre réponse.

a. L'employeur menace de fermer l'usine si la grève se poursuit. ....

b. L'employeur ferme l'usine parce que les travailleurs, en signe de protestation, produisent volontairement des pièces défectueuses. ....

3 • Est-ce une grève licite ou illicite ?

a. Les ouvriers de la Fonderie HED se sont plusieurs fois arrêtés de travailler. ....

b. Les grévistes restent sur place vingt-quatre heures sur vingt-quatre. ....

c. Les ouvriers étaient tous à leur poste mais ils ne respectaient pas les cadences. ....

d. Les enseignants ont fait une grève surprise. ....

e. En apprenant la nouvelle, les ouvriers ont décidé sur-le-champ de se mettre en grève. ....

• Utiliser le vocabulaire •

4 • Complétez avec les mots convenables : *s'appliquer à – avoir pour mission de – saisir – présenter à.*

a. Les délégués du personnel .... directeur les revendications des salariés.

b. Cette disposition .... l'ensemble des employés.

c. Les employés ont décidé de .... le conseil des prud'hommes.

d. Les représentants du personnel .... négocier avec la direction.

5 • Trouvez le contraire dans les documents.

a. facultatif : .... b. désigné : ....

c. individuel : .... d. la conclusion d'un contrat : ....

6 • Trouvez le mot équivalent dans les documents.

a. (avoir le) droit de voter : ....

b. (avoir le) droit de formuler un avis : ....

c. le non-respect de la législation (du travail) : ....

d. (une mesure de) représailles : ....

• S'exprimer •

7 • Voici un jeu sur le droit des entreprises en France pour des étudiants étrangers.

a) Pour présenter les différents types de grèves, écrivez de petits articles de presse relatant des mouvements de grève. Les étudiants devront deviner de quel type de grève il s'agit et si elle est licite ou non.

b) Ensuite, les étudiants étrangers posent des questions plus précises sur la représentation du personnel en France.
Préparez des questions et des réponses.

c) Les étudiants français posent maintenant des questions sur la représentation du personnel dans votre pays.
Préparez des questions et des réponses.

Aide

Pour l'exercice 7a.
Exemple : *Des mouvements sociaux agitent le chantier de construction navale depuis deux semaines : afin de protester contre le gel des salaires, les ouvriers se sont mis à travailler tellement lentement que plusieurs commandes ne pourront être honorées à temps. Devant cette attitude, le directeur de l'usine s'est vu contraint de fermer le chantier. Des pourparlers sont en cours.*
– De quel type de grève s'agit-il ?
– Est-elle légale ?

Pour l'exercice 7b.
1. Par souci d'efficacité, groupez les questions par thèmes : le comité d'entreprise, le rôle des représentants du personnel, la différence entre les représentants du personnel et les formations syndicales, qu'est-ce qu'une convention collective ?, etc.
2. Répondez en donnant chaque fois que c'est possible un exemple concret.

Pour l'exercice 7c.
1. Répartissez la tâche en plusieurs groupes.
2. Prenez là aussi le maximum d'exemples concrets.

Unité 8 – Les relations professionnelles à l'intérieur de l'entreprise

4. La rupture du contrat de travail

1 La démission

Castres, le 22 août 2002

Sylvain Mandarin
Chemin du Petit Travet
81100 CASTRES

Monsieur le Directeur,

Par la présente, je vous fais part de mon intention de quitter l'entreprise. J'ai eu l'occasion de vous indiquer de vive voix les motifs de ma décision.

J'entends, bien entendu, respecter mes obligations afférentes au préavis. Ma décision ne sera donc effective qu'à la date du 22 novembre 2002.

Veuillez agréer, monsieur le Directeur, l'expression de mon plus profond respect.

S. Mandarin

2 Le licenciement

• Le licenciement suppose une **cause** « réelle et sérieuse » :
– le motif **personnel, disciplinaire** : inaptitude au poste occupé, faute professionnelle grave ou lourde, etc. La faute est obligatoire et l'employeur doit prouver qu'il y a eu faute ;
– le motif **économique** : suppression d'emploi(s), restructuration, mutations technologiques, difficultés financières.
• La **procédure** doit être respectée :
– la **convocation** du salarié à un entretien préalable : indiquer motif, heure et lieu de l'entretien (courrier recommandé ou remise en mains propres) ;
– l'**entretien préalable** : énoncé des motifs, justification de l'employé, etc. ;
– la **lettre de licenciement** (en recommandé avec accusé de réception) : elle doit contenir les motifs du licenciement, la durée du préavis, la date de rupture du contrat (fin du délai de préavis).

Attention !

• Au départ de l'entreprise, l'employeur doit remettre au salarié :
– un certificat de travail ;
– une attestation destinée à la caisse ASSEDIC (caisse d'indemnisation des demandeurs d'emploi) auprès de laquelle il devra s'inscrire ;
– une indemnité de licenciement (sauf faute grave) ;
– un reçu pour solde de tout compte.
• Tout licenciement peut faire l'objet d'un recours devant le conseil des prud'hommes.

> ! **INFOS**
>
> Les droits des salariés victimes d'un licenciement pour motif économique :
> – une **indemnité de licenciement** calculée en fonction du salaire et de l'ancienneté doit obligatoirement lui être versée ;
> – son employeur doit lui proposer une **convention de conversion** qui, s'il l'accepte, assure au salarié une formation (avec allocation spécifique de conversion) en vue de son **reclassement** dans l'entreprise à un autre poste. Si le salarié accepte, son contrat de travail est rompu, mais il bénéficie d'une priorité de **réembauchage** ;
> – aux salariés âgés de plus de 57 ans, on propose un régime de **préretraite** ;
> – il existe également une aide au passage temporaire à **temps partiel** (à la fin de cette période, il y a **réintégration** dans le poste ou licenciement) ;
> – on peut accorder une **aide à la mobilité géographique** (changer de région pour trouver un autre emploi) après un licenciement ou après un congé de reclassement.

80

À vous de Jouer

• Comprendre les documents •

1 • Écoutez une fois le document puis lisez les questions. Écoutez une deuxième fois puis répondez aux questions.

a. Quel est le motif du licenciement de Gérard ? ....

b. Quelles sont les compensations financières proposées ? ....

c. Quelles sont les solutions proposées par le directeur (et par la loi) : ....

Proposition 1 : ....   Proposition 2 : ....

Proposition 3 : ....

2 • En vous aidant du document de la page de gauche sur le licenciement pour motif économique, notez le terme technique correspondant à ces différentes dispositions.

a. ....   b. ....

c. 1. ....   2. ....   3. ....

3 • Vrai ou faux ? Lorsque l'affirmation est fausse, dites oralement pourquoi.

	V	F
a. La décision de licencier doit être fondée sur un motif concret et valable.	☐	☐
b. Le salarié est informé par téléphone qu'il doit se rendre dans le bureau du directeur.	☐	☐
c. L'employeur est tenu de remettre au salarié une lettre de recommandation.	☐	☐
d. Licenciement disciplinaire ou économique, la procédure et les obligations de l'employeur sont identiques.	☐	☐

• Utiliser le vocabulaire •

4 • Complétez avec le mot convenable : *instaurer – se voir – remettre – énoncer.*

a. Au cours de l'entretien préalable à un licenciement, l'employeur doit obligatoirement .... les raisons qui l'ont amené à cette décision.

b. La direction .... un nouveau mode de communication interne.

c. Les salariés peu performants .... supprimer les primes au rendement.

d. On .... ce matin leur feuille de paie à tous les salariés.

5 • Reliez les colonnes deux à deux.

a. une attestation   1. de démission   d. un motif   4. de réception

b. un congé   2. de travail   e. une attestation   5. d'emploi

c. une lettre   3. de reclassement   f. un accusé   6. de licenciement

6 • Trouvez dans les documents les mots techniques correspondant aux expressions suivantes :

a. transformation des modes de production : ....   b. entreprise en voie de transformation : ....

c. accord en vue d'acquérir une autre formation : ....   d. départ en retraite avant l'âge légal : ....

• S'exprimer •

7 • Patrice Doublong a finalement été licencié pour raison disciplinaire : il a refusé de cesser de porter un bermuda sur son lieu de travail (voir Unité 1, étape 2, document oral 1).

a) Écrivez la lettre de convocation à l'entretien préalable.

b) Jouez à deux l'entretien préalable.

c) Écrivez la lettre de licenciement.

d) Imaginez une interview de Patrice Doublong dans un journal de sa région.

Aide

Pour l'exercice 7a.
Utilisez les expressions suivantes : *avoir le regret de..., se voir dans l'obligation de..., bien vouloir se présenter le..., à..., pour...*

Pour l'exercice 7b.
1. Prévoyez son scénario et notamment comment il se termine (consensus, P. Doublong part en claquant la porte, etc.).

2. Utilisez le vocabulaire de la contestation : *vous n'avez pas le droit de..., ce n'est pas conforme à la loi..., je suis scandalisé..., il est inadmissible de..., c'est une atteinte à...*

Pour l'exercice 7c.
N'oubliez pas de mentionner les pièces jointes.

Pour l'exercice 7d.
Un groupe imagine un journaliste hostile à la décision, un autre un journaliste s'étonnant que Patrice Doublong n'ait pas respecté les injonctions de son employeur, etc.

Faisons le point

1 • Mettez les phrases suivantes en ordre.

a. d'abord / a / CDI / engagé / en / été / a / avec / un / transformé / il / a / contrat / Grégoire / d'intérim / un / obtenu / CDD / qui / été / puis

....

b. contrat / je / du / demande / préciser / vous / termes / de / les

....

c. les / satisfaction / le / revendications / ils / obtenu / la / de / reprennent / leurs / donc / travail / ont / grévistes

....

d. tournantes / grèves / sont / les / illicites / perlées / autorisées / les / sont / mais / grèves

....

2 • Chassez l'intrus.

a. la démission – la rupture du contrat – le licenciement – le classement

b. l'intérim – les études – le temps complet – le temps partiel

c. un inspecteur – un salarié – un délégué – l'épouse du directeur

d. avoir pour cousin – avoir pour mission – avoir pour fonction – avoir pour tâche

3 • L'histoire suivante est mélangée. Reconstituez-la.

Elle emploie aujourd'hui plus de cinquante personnes. Son patron lui a accordé un congé de formation. Il trouvait que c'était bien de changer tout le temps. Il a appris les technologies les plus sophistiquées. Au bout de quelques années, il s'est aperçu qu'il avait besoin d'une formation en informatique. Hervé est imprimeur de formation. Il a trouvé un associé et ils ont constitué une SARL. Mais, un jour, il en a eu assez et il a trouvé un emploi stable. Cinq ans plus tard, il a souhaité être indépendant. Quand il a eu son diplôme, il a d'abord fait de l'intérim.

....

....

....

4 • Une équipe de journalistes de votre pays prépare une série d'articles dont le thème est : travailler dans une entreprise française en 2006. Pour cela, ils doivent faire plusieurs interviews.

Liste des personnes à interviewer :

1. Des spécialistes du droit du travail sur les thèmes suivants :
   – les grands principes du droit du travail en France : fondements du droit du travail, participation des travailleurs à la vie de l'entreprise, concertation ;
   – les principaux types de contrats : droits et devoirs des employeurs et des employés ;
   – les procédures de rupture des contrats de travail ;
   – la protection des salariés.

2. Plusieurs employeurs et employés :
   – employeurs racontant des expériences d'embauches, de licenciements, de conflits sociaux ;
   – employés s'exprimant sur les mêmes thèmes.

a) Réalisez les interviews.

b) Les journalistes se retrouvent et construisent le scénario du reportage.

Aide

Pour l'exercice 4a.

1. Annoncez en début d'interview (première question) le thème qui va être abordé.

2. Alternez les questions visant à approfondir un point et celles visant à passer à autre chose.

3. N'oubliez pas de conclure l'interview.

4. Pour les interviews d'experts : rechercher les éléments dans les différentes parties de l'Unité. Exemple : pour la protection des travailleurs, rechercher les éléments aux étapes 1, 3 et 4.

Pour les interviews des employeurs et des employés : on peut commencer l'interview sous plusieurs angles.

Exemples :

– *Vous êtes agent comptable. Vous travailliez depuis près de quinze ans dans une grande librairie et, subitement, en octobre 1999, vous avez été licencié. Comment avez-vous vécu cela ?*

– *On parle beaucoup du chômage et donc des licenciements. Pour vous, les licenciements, c'est quelque chose de difficile à vivre ?*

Pour l'exercice 4b.

Utilisez les expressions suivantes : *il vaudrait mieux, ce serait plus logique de…, il serait préférable de…, comme ça, cela manque d'impact sur le public, etc.*

Faites votre propre Bilan

1 • Classez et notez le vocabulaire que vous avez appris.

Le droit du travail	Les types et les termes des contrats de travail
• *les risques professionnels*	• *le régime d'assurance vieillesse*

La protection des travailleurs	Quitter son lieu de travail
• *un représentant du personnel*	• *l'entretien préalable*

2 • Notez les mots et expressions permettant d'argumenter et de communiquer que vous avez appris.

Actes de paroles	Articulateurs du discours
• *contester* • *informer officiellement*	• *liens logiques (interview)*

3 • Notez les expressions en français courant et leur équivalent dans la phraséologie administrative.

• *à partir de/à compter de*
• *devoir/avoir pour mission de*

9 Clients, partenaires et concurrents

1. La protection des consommateurs

Les principaux acteurs de la protection du consommateur sont le Conseil de la concurrence, l'Institut national de la consommation (INC), la Direction générale de la concurrence, de la consommation et de la répression des fraudes (DGCCRF) ainsi que les associations de consommateurs.
Le Code de la consommation contient les dispositions légales destinées à protéger le consommateur.

1 Avant la vente : obligation d'information et de sécurité

Information sur le prix et le produit
Prix : affichage, étiquetage, marquage toutes taxes comprises (TTC).
Produit : composition, caractéristiques essentielles, date limite de consommation.

Obligation d'information et de conseil
Renseigner le consommateur sur l'utilisation optimale du produit.

Obligation de publicité loyale
Fournir au consommateur une information objective.
Interdiction de la publicité mensongère.
Réglementation de la publicité comparative (biens et services répondant aux mêmes besoins).

Obligation de sécurité
Biens et services ne doivent pas porter atteinte à la salubrité publique, à la personne ni aux biens.

Interdiction et répression des falsifications

2 Lors de la vente : obligation de respect des formes de vente

Ventes réglementées
Vente à domicile.
Vente à distance, téléachats.
Vente à crédit, paiement échelonné.
Pour les ventes réglementées, le consommateur a droit à un délai de réflexion (ou de rétractation).

Ventes illicites
Envoi forcé (on reçoit un objet que l'on n'a pas commandé).
Vente subordonnée (on ne peut acquérir un objet qu'en en achetant un autre, sans réduction de prix).
Vente avec prime (les petits objets publicitaires sont acceptés).
Vente à perte (sauf produits périssables).

3 Après la vente : obligation de suivi

La garantie
– contractuelle (facultative) : fonctionnement des appareils, pièces détachées ;
– légale (obligatoire) : vices cachés (défauts non apparents au moment de l'achat).

La lutte contre le surendettement des ménages (pour les achats à crédit)
Éviter qu'une personne physique ne se trouve dans l'impossibilité de faire face à ses dettes.

L'obligation de sécurité
Garantir contre les dommages matériels et physiques liés à l'utilisation du produit.

Les recours
– recherche d'accords à l'amiable ;
– intervention de conciliateurs et médiateurs ;
– intervention d'une juridiction.

4 Publicité trompeuse : ce que dit le Code de la consommation

Article L. 121-1
Est interdite toute publicité comportant, sous quelque forme que ce soit, des allégations, indications ou présentations fausses ou de nature à induire en erreur. […]

Article L. 121-2
Les agents de la Direction générale de la concurrence, de la consommation et de la répression des fraudes, ceux de la Direction générale de l'alimentation du ministère de l'Agriculture ou ceux du service de météorologie du ministère de l'Industrie sont habilités à constater, au moyen de procès-verbaux, les infractions aux dispositions de l'article L. 121-1. […]

Article L. 121-3
La cessation de la publicité peut être ordonnée par le juge d'instruction ou par le tribunal saisi des poursuites, soit sur réquisition du ministère public, soit d'office. La mesure ainsi prise est exécutoire nonobstant toutes voies de recours. […]

À vous de Jouer

• Comprendre les documents •

1 • **Parmi les organismes suivants, lesquels sont de droit privé, lesquels sont de droit public ?**

a. Conseil de la concurrence : ....

b. INC : ....

c. Associations : ....

d. DGCCRF : ....

2 • **De quelle obligation relèvent les principes suivants ?**

a. Seules les qualités réelles d'un produit peuvent être vantées : ....

b. Tout défaut non visible à l'achat doit être réparé : ....

c. Les biens et les services ne doivent pas mettre la santé en danger : ....

d. Le commerçant doit donner des renseignements sur l'utilisation du produit : ....

• Utiliser le vocabulaire •

3 • **Reliez les deux colonnes, puis utilisez les expressions dans des phrases complètes.**

a. la répression   1. légale   ....

b. un délai   2. à perte   ....

c. la publicité   3. de réflexion   ....

d. une disposition   4. des fraudes   ....

e. la vente   5. mensongère   ....

4 • **Qu'est-ce que c'est ?**

a. On vous fait parvenir un article sans que vous l'ayez commandé.

b. Pendant un an, la réparation est gratuite si vous n'êtes pas responsable de la panne. ....

c. On doit savoir jusqu'à quand une denrée périssable peut être consommée. ....

d. Vous pouvez acquérir un article seulement si vous en achetez un autre. ....

e. On vous dit que, si vous achetez une table, on vous offre un lecteur de CD. ....

5 • **Complétez avec les mots suivants :** *être lié à – porter atteinte à – fournir – se trouver dans l'impossibilité de.*

a. L'utilisation des produit ne doit pas .... l'environnement.

b. Certains problèmes de fonctionnement .... des défauts de fabrication.

c. Le vendeur .... expliquer le fonctionnement de l'ordinateur qu'il venait de vendre à un client.

d. Vous devez .... au consommateur tous les renseignements nécessaires concernant l'utilisation du produit qu'il achète.

• S'exprimer •

6 • **Imaginez oralement des situations concrètes ne respectant pas les règles suivantes.**

a) La garantie légale est obligatoire.

b) Les contrefaçons sont répréhensibles.

c) Le consommateur doit pouvoir connaître le prix des articles sans avoir à le demander.

d) Il arrive que des familles accumulent trop de crédit à l'achat.

7 • **Un démarcheur insistant**

a) Un vendeur à domicile n'accepte pas que vous refusiez son offre et vous n'arrivez pas à le faire partir.
Jouez la scène.

b) Écrivez une lettre à la Direction de la concurrence et de la consommation de votre département pour raconter ce qui vous est arrivé.

8 • **Vous êtes membres d'une association de consommateurs et vous voulez éditer une série de tracts pour présenter ses services. Un seul service (ou petit groupe de services) est mentionné sur chaque tract. Mettez-vous par groupes et préparez des tracts à la présentation variée.**

Aide

Pour l'exercice 7a.
Utilisez les mots et expressions suivants : *croyez-moi, laissez-vous convaincre, vous ne le regretterez pas, ayez confiance en moi, cela ne m'intéresse pas, laissez- moi, qu'est-ce qui me prouve que..., non, je n'y crois pas, est-ce que je peux vous faire confiance ? cela reste à prouver..., c'est possible mais...*

Pour l'exercice 8.
1. Vous pouvez partir d'exemples concrets : *« Un jour, madame Joinin a reçu une calculette qu'elle n'avait jamais commandée, comme ça, pour essayer... »*

Vous pouvez partir de réglementations : *« Renseigner le consommateur sur la bonne utilisation du produit est une obligation. Or... »*

2. Pensez à utiliser des expressions telles que : *il n'y a pas à hésiter, une seule solution..., heureusement, nous sommes là...*

2. Réclamations et réparations

1 Modèle de lettre de mise en demeure de livraison

Nom, Prénom
Adresse
Références du bon de commande :

à (*Lieu*), le (*Date*)

Monsieur,

En date du..., je vous ai passé commande de... (*préciser la nature de l'objet commandé, ses références exactes, ses caractéristiques telles qu'elles sont énumérées sur le bon de commande*).

Le bon de commande stipulait que la livraison devait intervenir le... (*si une date a été prévue sur le bon de commande*) ou dans un délai de...

Or, force m'est de constater que je ne suis toujours pas livré à ce jour (*éventuellement : malgré ma lettre/mes précédents courriers du/des...*).

Aussi, par la présente, je vous mets en demeure

ou : de me livrer rapidement.
ou : de procéder à la livraison sous le délai de... jours (*délai fixé par vous*).
ou : d'annuler ma commande en me restituant la somme de... euros que je vous ai versée (*si une somme a été effectivement versée*).

Faute d'une réponse de votre part (*éventuellement, selon la formule retenue* : dans ce délai), je me verrai dans l'obligation de demander au tribunal compétent la résiliation du contrat sur la base de l'article L. 114.1 du Code de la consommation et de l'article 1610 du Code Civil, ainsi que des dommages et intérêts, s'il y a lieu.

Dans l'attente de votre réponse,
(*formule de politesse*).

Signature

Ministère de l'Économie, des Finances et de l'Industrie-DGCCRF, novembre 1999.

2 Le conseil des associations de consommateurs

Il y a un mois, j'ai commandé un canapé-lit, que j'ai payé 1 000 euros. Le vendeur m'avait promis une livraison sous huit jours. Je n'ai toujours rien reçu et j'aimerais en acheter un autre dans un magasin concurrent. Comment faire ?

Votre canapé-lit coûte plus de 460 euros : la date limite de livraison doit donc obligatoirement figurer sur le bon de commande qui vous a été remis. Cependant, vous devez savoir qu'un dépassement de sept jours par rapport à cette date théorique est toléré. Au-delà, si vous voulez annuler votre commande, vous devez le demander par lettre recommandée avec accusé de réception. Si la livraison n'intervient pas dans le délai qui sépare l'envoi de votre courrier de sa réception par le vendeur, le contrat de vente sera considéré comme rompu.
Attention, vous ne disposez que de soixante jours à partir de la date de livraison théorique pour dénoncer votre commande.

3 Formuler une réclamation écrite

Certaines propositions de services indiquent la procédure à suivre pour demander des informations ou manifester votre désaccord concernant une prestation accordée.

Mutualité
Sociale Agricole
Lot

CONTESTATIONS

SI VOUS DÉSIREZ DES PRÉCISIONS CONCERNANT L'ÉTUDE DES DROITS QUI VIENNENT DE VOUS ÊTRE SIGNIFIÉS, NOS SERVICES SONT À VOTRE DISPOSITION POUR VOUS FOURNIR TOUTES LES EXPLICATIONS UTILES CONCERNANT CETTE NOTIFICATION.

VOIES DE RECOURS

EN TOUT ÉTAT DE CAUSE, SI VOUS ENTENDEZ CONTESTER CETTE DÉCISION, IL VOUS APPARTIENT DE SAISIR DE VOTRE RÉCLAMATION, DANS UN DÉLAI DE DEUX MOIS, À COMPTER DE LA PRÉSENTE NOTIFICATION.

MONSIEUR LE PRÉSIDENT
DE LA COMMISSION DE RECOURS À L'AMIABLE
CAISSE DE MUTUALITÉ SOCIALE AGRICOLE

PASSE CE DÉLAI, AUCUNE RÉCLAMATION NE POURRA ÊTRE PRISE EN CONSIDÉRATION.

(*) CE DÉLAI EST AUGMENTÉ :
  – D'UN MOIS EN CAS DE RÉSIDENCE DANS UN DÉPARTE-
    MENT OU TERRITOIRE D'OUTRE-MER
  – DE DEUX MOIS EN CAS DE RÉSIDENCE À L'ÉTRANGER.

À vous de Jouer

 1 • Écoutez plusieurs fois le document et résumez les témoignages.

	Question	Réponse	Référence
Cas n° 1			
Cas n° 2			

2 • Observez le modèle de lettre de mise en demeure de livraison et notez les différentes étapes du scénario.

a. *nom, adresse, date, en-tête*

b. ....

c. ....

d. ....

e. ....

f. *formule de politesse, signature*

3 • Observez le document 3 et répondez oralement aux questions suivantes en utilisant des mots du français courant.

a. Pour demander des précisions sur les prestations qui vous sont accordées, que pouvez-vous faire, quand et auprès de qui ?

b. Que fera alors l'organisme qui vous a envoyé ce courrier ?

c. Vous voulez contester la décision. Que devez-vous faire ? Quand ? Auprès de qui ?

d. Que se passera-t-il si vous ne respectez pas le délai ?

• Utiliser le vocabulaire •

4 • Complétez avec les mots ou expressions suivants : *saisir – mettre en demeure de – indiquer – disposer.*

a. Je vous .... me donner une réponse par écrit dans les 48 heures.

b. Vous .... d'un délai de sept jours.

c. Merci de ...., dans chaque courrier, votre numéro de référence.

d. Étant donné la situation, vous êtes en droit de .... le tribunal de commerce.

5 • Trouvez des synonymes dans les documents.

a. Préciser la date ou le délai de livraison :

....

b. Annuler la commande : ....

c. Vous pouvez vous adresser à nos bureaux :

....

d. Donner tous les éclaircissements nécessaires :

....

6 • Complétez les phrases en imaginant des contextes différents.

a. Faute de ...., je me verrai dans l'obligation de

....

b. Si vous ...., il vous appartient de ....

c. Si vous ...., je considèrerai que ....

d. .... ne pourra être pris(e) en considération.

• S'exprimer •

 7 • Le client veut résilier son abonnement le lendemain du jour où il l'a pris. On lui dit que c'est impossible. Il téléphone à Conso Infos Service, puis rappelle l'organisme auprès duquel il a pris son abonnement.

a) Réécoutez le document en prenant des notes.

b) Jouez la scène au téléphone (son interlocuteur dit d'abord que c'est impossible puis finit par accepter en disant qu'il ignorait que la loi avait changé).

c) Envoyez une lettre à une association de défense des consommateurs afin de raconter cet incident.

8 • Vous bavardez avec une amie qui vous raconte un incident où elle a dû insister pour faire respecter ses droits. Vous lui expliquez la situation du restaurant et l'analyse que Conso Infos Service en a faite.

a) Réécoutez le document oral et prenez des notes.

b) Jouez la scène (votre amie veut savoir si vous allez poursuivre la direction du restaurant ou non).

Aide

Pour l'exercice 7b.

Utilisez les mots et expressions suivants : *je suis désolé mais ..., c'est impossible, comment savoir si..., vous n'avez pas le droit de..., je suis scandalisé, je trouve anormal, vous devriez tout de même, si..., alors je... (menace), vous êtes mal informé, vous devriez vous renseigner, etc.*

Pour l'exercice 7c.

Utilisez les mots et expressions suivants : *je suis profondément/tout de même/assez surpris ; je trouve scandaleux, anormal, inadmissible, etc. que... ; c'est (quand même) bizarre, suspect, incroyable, etc. que...*

3. Activités des entreprises : les contrats

1 Conditions générales de validité de contrats

« Le contrat est une convention par laquelle une ou plusieurs personnes s'obligent envers une ou plusieurs autres à donner, à faire, à ne pas faire quelque chose. » (Art. 1101 du Code civil)

Consentement mutuel	Capacité	Objet	Cause
Volonté réciproque de conclure un contrat	Les parties sont légalement aptes à honorer un contrat	L'opération que les contractants veulent réaliser	Motifs du contrat
Exemple : La société X achète de l'équipement informatique à la société Y qui est disposée à le lui vendre.	Les représentants légaux des deux sociétés sont aptes à devenir titulaires d'un droit ou d'une obligation.	Achat d'équipement informatique	La société Y vend des équipements informatiques et la société X souhaite en acquérir.

Le consentement doit être exempt de tout vice (erreur, dol, violence).
L'objet du contrat doit être licite.

2 Quelques types de contrats

Le contrat de vente
Le « vendeur » transfère la propriété d'un bien à « l'acheteur » qui a l'obligation de payer.
Conditions :
– <u>quant au bien vendu</u> : être un objet commercialisable, être décrit dans le contrat ;
– <u>quant au prix</u> : être déterminé (lors de la conclusion du contrat) ou déterminable (à partir d'éléments objectifs), être réel (non fictif), être sérieux (non dérisoire).

Le contrat de vente commerciale
La vente est conclue par un commerçant, un groupement de commerçants ou une société commerciale.

Le contrat de transport terrestre de marchandises
– <u>Obligations de l'expéditeur</u> : mettre les marchandises à la disposition du transporteur, indiquer les caractéristiques des marchandises et les coordonnées du destinataire, charger les marchandises ;
– <u>Obligations du transporteur</u> : établir un document de transport, prendre en charge les marchandises, déplacer les marchandises, livrer aux dates et lieux prévus ;
– <u>Obligations du destinataire</u> : prendre livraison des marchandises, remettre une décharge au transporteur, décharger les marchandises.

Le contrat de sous-traitance
Le sous-traitant assure une partie plus ou moins grande de la production du donneur d'ordre ou entreprise principale. L'entrepreneur principal doit avoir l'agrément du maître d'ouvrage.

D'après M. Bialès, R. Leurion, I. Le Texier,
Économie – Droit, Plein pot bac STT,
Éditions Foucher, 2001.

ON VA LE FÊTER CE CONTRAT ?

! INFOS

• M. Sartel a cru acheter un véritable Renoir mais celui-ci s'avère être une contrefaçon. C'est une **erreur**.

• M. Darbon a signé un contrat de location pour un appartement dans un quartier présenté comme tranquille par l'agence immobilière qui, par mauvaise foi, a omis de l'informer qu'il y avait une boîte de nuit dans le sous-sol. C'est un **dol**.

• Mme Delattre est candidate à un poste dans une compagnie d'assurances. On lui précise qu'elle ne l'obtiendra que si son mari contracte une assurance auprès de cette compagnie. Il y a **violence**.

• Un contrat comportant un **vice** peut être frappé de **nullité**.

À vous de Jouer

• Comprendre les documents •

1 • De quelle condition de validité s'agit-il ?

a. Proter achète des pièces détachées à la SFAZ. ....

b. Proter veut acheter des turbines et la SFAZ est disposée à les lui vendre. ....

c. La SFAZ peut produire les pièces détachées nécessaires à Proter. ....

d. Proter s'adresse à la SFAZ car elle propose un très bon rapport qualité-prix. ....

2 • Caractérisez les situations suivantes.

a. Drot SA a livré des bicyclettes pour enfants au lieu de VTT pour adultes. ....

b. Les marchandises livrées ne sont pas conformes aux normes stipulées. ....

c. Matrox, entreprise générale de construction qui n'a pas les capacités d'installer le réseau informatique,
   signe un contrat avec Inforama pour ce lot de travaux. ....

d. « Monsieur Demallet, si vous ne signez pas, vous perdrez plusieurs marchés. » ....

3 • Pourquoi les contrats suivants ne sont-ils pas valides ?

a. L'objet du contrat est la livraison de fausses pièces d'euros. ....

b. Le contrat de vente a pour objet un cœur humain. ....

c. Les travaux de peinture sont facturés à 30 % du prix réglementaire. ....

d. Le montant des travaux n'est pas indiqué sur le contrat. ....

4 • Trouvez dans le document l'équivalent des expressions suivantes.

a. remettre les marchandises au camionneur ....

b. exécuter un contrat ....

c. un contrat en bonne et due forme ....

d. le consentement du commanditaire ....

5 • Dites le contraire.

a. commercialisable : ....   b. la validité : ....

c. sérieux : ....   d. fictif : ....

e. une obligation : ....   f. un objet authentique : ....

g. unilatéral : ....   h. le refus : ....

• S'exprimer •

6 • Négocier et rédiger un contrat

a) Rédigez un contrat en groupe.

b) Un autre groupe simulera la négociation qui a précédé.

7 • Des étudiants de votre université ont fait un voyage en France.
Ils ont visité une chambre de commerce et d'industrie, l'Association
pour la création d'entreprises (APCE), un centre de formalités des
entreprises (CFE), etc.

**a) À leur retour, le professeur leur demande de faire un exposé
sur, entre autres thèmes, les types de contrats que concluent les
entreprises dans leurs activités.**

**b) Les autres étudiants ont écouté les exposés et pris des notes. Le
professeur leur demande de rédiger sur chaque exposé un texte
qui en présente les principaux points.**

Aide

Pour l'exercice 6a.

– Termes du contrat : voir documents de la page de gauche.

– Forme du contrat : voir contrat de travail page 76.

– Expressions : voir les expressions adéquates dans les documents officiels pages 68 et 86.

Pour l'exercice 6b.

Utilisez les mots et expressions suivants : *être reconnaissant de…, exiger, suggérer, refuser, s'opposer à, insister, être obligé/contraint de… si… ; c'est dangereux, ambigu, ce n'est pas à votre avantage, vous ne devriez pas accepter, ce n'est pas sérieux, c'est illégal, malhonnête, déloyal, vague…*

Pour l'exercice 7a.

Utilisez les informations de la page de gauche en les illustrant d'exemples concrets et répartissez-vous les différents domaines (généralités concernant les contrats, types de contrats, validité, etc.).

Les autres étudiants peuvent vous poser des questions.

Pour l'exercice 7b.

Utilisez le plus possible d'expressions relevant du français administratif. *Exemples : indiquer* plutôt que *dire, omettre* plutôt qu'*oublier*, etc.

4. Les règles de la concurrence

1 La concurrence loyale

Elle est considérée comme normale entre entreprises qui produisent et commercialisent des biens ou des services de nature identique ou similaire.
Les entreprises recherchent des avantages concurrentiels (prix, qualité, innovation...) pour conquérir des parts de marché.

2 La concurrence déloyale

La notion de concurrence déloyale est une notion jurisprudentielle élaborée par les tribunaux sur le fondement des articles 1382 et 1383 du Code civil.
Elle vise tous les comportements contraires à un certain sens de l'honneur et à la probité dans le domaine commercial.

<u>La faute</u> : quels sont les agissements susceptibles d'être à l'origine de l'action en concurrence déloyale ?
- Le dénigrement : agissements ayant pour but de répandre des informations malveillantes sur la personne, l'entreprise ou le produit d'un concurrent.
- Le débauchage des salariés : pratique consistant à inciter les salariés du concurrent à quitter leur emploi et à tenter par leur intermédiaire de s'approprier le savoir-faire du concurrent.
- L'imitation de signes distinctifs, qui peut entraîner une confusion dans l'esprit du public.
- La désorganisation du concurrent, la désorganisation du marché.

<u>Le préjudice</u> : quel est le dommage à réparer ?
- Le dommage est matériel : le concurrent victime subit une baisse réelle ou prévisible de son chiffre d'affaires (perte de clientèle).
- L'action visant à obtenir réparation est en général le versement de dommages et intérêts qui peut s'accompagner de la publication de la condamnation dans la presse et de l'injonction adressée au concurrent de mettre fin à ses agissements.

3 Une opération anticoncurrentielle : la concentration

Les rapprochements entre entreprises (rachats, absorptions, fusions, prises de participation...) risquent d'avoir pour conséquence une concentration des pouvoirs économiques mettant en question l'exercice réel de la concurrence. Le droit français et le droit communautaire ne les interdisent pas mais les soumettent à une procédure de contrôle et d'autorisation.

<u>Cas du droit français</u>
En vertu de la loi du 15 mai 2001, la concentration résulte :
- soit de la **fusion** de deux ou plusieurs entreprises antérieurement indépendantes ;
- soit de la **prise de contrôle** par une ou plusieurs personnes détenant le contrôle d'une entreprise au moins, ou par plusieurs entreprises de parties ou de l'ensemble d'une ou plusieurs autres entreprises.

Le contrôle s'applique aux opérations faisant apparaître le franchissement des seuils suivants :
- un chiffre d'affaires total mondial de l'ensemble des entreprises concernées supérieur à 150 millions d'euros ;
- un chiffre d'affaires total en France d'au moins deux des entreprises ou personnes morales intéressées supérieur à 15 millions d'euros.

Le contrôle est effectué par le ministère de l'Économie.
Si l'opération est de nature à porter atteinte à la concurrence, le ministre de l'Économie peut saisir le Conseil de la concurrence pour avis avant de prendre la décision finale d'autoriser ou non la fusion.

> **! INFOS**
>
> - Les pratiques anticoncurrentielles proprement dites sont les **ententes** et l'**abus de position dominante**. Elles font l'objet d'une prohibition de principe.
> - La **concentration** n'est prohibée que lorsqu'elle constitue un obstacle à la concurrence.

À vous de Jouer

🎧 **1 • Écoutez le document et complétez le tableau.** Il n'est pas toujours possible de compléter la troisième colonne.

Dates	Faits	Explication des faits
14/10/02		
15/11/02		
18/11/02		
14/12/02		
08/01/03		
23/01/03		

2 • Concurrence loyale ou déloyale ? Justifiez oralement votre réponse.

a. Le slogan publicitaire contient implicitement une référence à celui du produit concurrent. ....

b. Les nouvelles chaussures de sport Rada ont un réel avantage. ....

c. Fantona orchestre une campagne publicitaire attaquant indirectement un concurrent. ....

d. Les nouveaux pneus Machepin garantissent un degré de sécurité jamais atteint. ....

3 • De quelle faute s'agit-il ?

a. Détériorer les conditions de travail des concurrents : ....

b. Effectuer des pressions sur les salariés d'un concurrent : ....

c. Utiliser une dénomination sociale très proche de celle du concurrent : ....

• Utiliser le vocabulaire •

4 • Trouvez l'équivalent dans les documents.

a. l'interdiction : ....   b. un comportement : ....

c. des actes pouvant être considérés comme de la concurrence déloyale : ....

5 • Formulez les expressions suivantes d'une autre manière en vous référant aux documents.

a. l'honnêteté commerciale : ....   b. une réparation : ....

c. un ordre catégorique : ....   d. la base : ....

6 • Complétez avec les mots suivants : *totaliser – conquérir – inciter à – octroyer.*

a. L'importance de la demande .... augmenter la production.

b. Tabloter SA a décidé de .... les marchés internationaux.

c. Les usines du groupe .... 4 000 salariés.

d. La direction vient de .... une prime de risque.

• S'exprimer •

7 • Vous avez porté plainte contre un concurrent pour concurrence déloyale. La presse s'intéresse à cette affaire.

a) Vous êtes amené à faire une conférence de presse. Répondez aux questions des journalistes.

b) Voyant cela, votre concurrent rend publique une déclaration en réponse à vos attaques.

c) Une radio organise un débat entre vos avocats respectifs.

Aide

Pour l'exercice 7a.

1. Définissez ensemble la situation : quelles entreprises, quels griefs, etc.

2. Utilisez les mots et expressions suivants :

– journalistes : *Qu'y a-t-il de vrai dans tout cela ? Avez-vous le sentiment que..., Envisagez-vous de..., Pouvez-vous nous dire si..., Avez-vous des preuves de/que...,* etc.

– vous : *C'est l'évidence, c'est un fait, cela se voit tout de suite, la justice établira la vérité,* etc.

Pour l'exercice 7b.

Utilisez les expressions suivantes : *il est faux, diffamatoire, scandaleux, inacceptable de... ; je n'ai rien à me reprocher, voici les faits ; ... pourront en témoigner ; la justice fera son travail,* etc.

Pour l'exercice 7c.

Le journaliste doit introduire, guider et conclure le débat.

Faisons le point

1 • Réécrivez les phrases suivantes en utilisant des termes juridiques.

a. Le contrat n'est pas valable : ....

b. Vous avez soixante jours non fériés pour réclamer : ....

c. Les deux entreprises n'en font plus qu'une : ....

d. Le contrat ne doit rien comporter d'illégal : ....

2 • Reconstituez les expressions en utilisant un élément de chaque bulle.

a. .... b. ....

c. .... d. ....

une la les un le la des	prise répression vente dispositif	de la la la de un à des	participation crédit fraudes contrôle

3 • Trouvez les contraires.

a. licite : .... b. hors taxes : .... c. moral : ....

d. valide : .... e. minoritaire : .... f. objectif : ....

4 • Trouvez dans la grille le nom correspondant à chaque verbe.

a. absorber   b. enjoindre

c. réprimer   d. dénoncer

e. fonder   f. transférer

Quels autres mots trouvez-vous dans la grille ?

....

T	R	A	N	S	A	C	T	I	O	N	D
O	E	L	A	P	A	R	T	I	E	S	E
G	P	P	B	C	I	V	I	L	E	S	T
E	R	I	S	A	C	C	U	S	E	F	N
D	E	N	O	N	C	I	A	T	I	O	N
A	S	F	R	P	R	O	C	E	S	N	T
C	S	A	P	A	P	P	O	R	T	D	I
T	I	I	T	R	E	T	O	U	R	A	O
E	O	T	I	T	R	A	N	S	T	T	N
I	N	J	O	N	C	T	I	O	N	I	D
T	R	A	N	S	F	E	R	T	W	O	O
P	R	O	J	E	C	T	I	O	N	N	L

5 • Reconstituez les expressions et utilisez-les dans une phrase.

a. réponse – votre – d' – part – faute – une – de

....

b. compter – notification – la – à – présente – de ....

c. consultation – entreprise – après – du – comité – d'..

d. délai – quinze – passé – de – le – jours ....

6 • Réécrivez le texte suivant en langue administrative en modifiant les parties soulignées.

<u>Il faut bien que</u> je constate que vous n'avez pas respecté <u>ce que dit le</u> contrat. Or le contrat <u>dit</u> que la livraison doit <u>être faite</u> dans <u>les trente jours</u>. Donc, je vous <u>demande expressément</u> de <u>faire ce que dit le contrat</u>. Dans le cas contraire, je <u>ferai comme si</u> le contrat <u>n'était pas valable</u>.

....
....
....
....

7 • Mettez-vous en groupes et simulez des appels téléphoniques à Conso Infos Service.

8 • Ayant entendu parler d'un projet de fusion entre deux grandes entreprises dans votre pays, un ami juriste français vous écrit pour vous demander quelles sont les règles applicables en pareille situation. Répondez-lui en prenant des exemples concrets.

Aide

Pour l'exercice 7.

1. Prévoyez à l'avance la question et la réponse. Quelques exemples de consultation possible : refus de respecter la garantie d'un appareil, vente à perte, non-respect des tarifs indiqués sur le contrat, refus d'accepter les conditions d'indemnisation après une catastrophe naturelle, etc.

2. Quelques expressions utiles : *quels sont les recours ? Est-ce que je peux refuser ? Suis-je obligé de payer ? Est-ce légal ? Vous devez vous adresser à..., vous pouvez engager une procédure à l'encontre de..., rien ne vous oblige à..., pensez à..., n'oubliez pas de..., faites figurer dans votre lettre..., avertissez le service départemental de la répression des fraudes, etc.*

Faites votre propre Bilan

1 • **Classez et notez le vocabulaire que vous avez appris.**

La protection des consommateurs	Les réclamations et réparations
• *l'obligation de renseignement*	• *mettre en demeure*

Les contrats	La concurrence
• *honorer un contrat*	• *la concurrence loyale*

2 • **Notez les mots et expressions permettant d'argumenter et de communiquer que vous avez appris.**

Actes de paroles	Articulateurs du discours
• *exiger* • *menacer*	• *faute de…*

3 • **Notez les expressions en français courant et leur équivalent dans la phraséologie administrative.**

• *donner/octroyer*
• *une information/une notification*

10 Les relations entre les entreprises et les pouvoirs publics

1. La fiscalité et les charges sociales

1 Les charges sociales

Tandis que l'employé paie la part salarié, l'entreprise ou la société qui l'emploie doit payer la part employeur des charges sociales.

Taux de cotisations régime général			
Principales charges	**Taux global %**	**Part employeur %**	**Part salarié %**
Vieillesse	14,75	8,20	6,55
Chômage	8,86	5,26	3,60
Maladie, maternité, décès, invalidité	13,55	12,80	0,75
Veuvage	0,10	–	0,10
Retraite complémentaire	7,50	4,50	3,00
Allocations familiales	5,40	5,40	–
Accidents du travail	variable	variable	–
Prise en charge partielle ou totale du transport	variable	variable	–
CRDS	2,90	–	2,90
CSG	5,10	–	5,10

D'après *Le guide de toutes les formalités*, Éditions Prat, p. 565.

2 Les principaux impôts et taxes

• **L'impôt sur les sociétés** (IS) : il concerne les sociétés de capitaux (SA, SARL...). Il est direct et proportionnel (impôts sur les bénéfices). Il est calculé sur les bénéfices déclarés.

• **L'impôt sur le revenu** (IR) : il concerne les personnes physiques, les entrepreneurs individuels et les sociétés de personnes (EURL, SNC...). L'entrepreneur individuel paie l'IR au titre des bénéfices industriels et commerciaux (BIC) ou non commerciaux (BNC). Chaque associé d'une société de personnes paie la part d'impôt correspondant à sa part de bénéfices.

• **La taxe sur la valeur ajoutée** (TVA) : c'est un impôt indirect proportionnel à la dépense. Le taux d'imposition applicable est fonction du bien ou du service acheté. La TVA taxe les biens et les services consommés par les ménages. Le taux de TVA en vigueur et le montant à payer doivent figurer sur la facture délivrée par le commerçant ou l'artisan. Le barème normal est de 19,6 % (5,5 % pour les produits alimentaires, les livres et les appareillages pour handicapés). La TVA est reversée au fisc par l'entreprise, le commerçant ou l'artisan après avoir été collectée auprès du client.

• **La taxe professionnelle :** c'est un impôt local contribuant au financement des charges des collectivités locales. Elle est fonction de la valeur locative des biens utilisés pour les besoins de l'activité professionnelle. Les taux applicables sont définis par les collectivités locales concernées.

• **La taxe foncière :** c'est également un impôt local dont le taux est fixé par les collectivités locales. Elle est établie annuellement sur les propriétés situées en France, à l'exception de celles qui en sont expressément exonérées.

• **La taxe d'apprentissage :** elle a pour but de faire participer les employeurs au financement des premiers niveaux de formations technologiques et professionnelles. Elle est due par les entrepreneurs et les sociétés soumises au régime fiscal des sociétés. Elle est versée au Trésor public ou directement à des organismes de formation.

! INFOS

• Le **fisc** est l'ensemble des administrations chargées de déterminer, de contrôler et de percevoir les impôts.
• Le **contribuable** est le citoyen qui paie des impôts directs et indirects.
• Les **impôts indirects** sont en général des taxes sur l'essence, le tabac, les productions réglementées, etc.
• Les **impôts locaux** sont les impôts dus aux collectivités locales et notamment aux communes (taxe professionnelle et taxe foncière pour les entreprises, taxe foncière et taxe d'habitation pour les particuliers).
• La **CSG** (contribution sociale généralisée) et la **CRDS** (contribution au remboursement de la dette sociale) sont des impôts qui touchent l'ensemble des revenus. Elles contribuent au financement des indemnités de chômage et à combler le « trou » de la Sécurité sociale. Une partie de la CSG est déductible du revenu imposable.

À vous de Jouer

• Comprendre les documents •

1 • Qui paie quel impôt à qui ?

Impôt	Particuliers	Entreprises et sociétés	À qui ?
Impôt sur le revenu			
Impôt sur les sociétés			
TVA			
Taxe professionnelle			
Taxe foncière			
Taxe d'apprentissage			

2 • Écoutez le document oral et répondez à la question du journaliste : faut-il diminuer les impôts ?

a. Arguments pour : ....

b. Arguments contre : ....

3 • Réécoutez le document, relisez la page de gauche, puis dites si les impôts suivants sont populaires ou non en justifiant oralement votre réponse.

a. L'impôt sur le revenu : ....   c. La CSG et les charges sociales : ....

b. La TVA : ....   d. La taxe d'habitation : ....

4 • Dites si la baisse des impôts suivants est économiquement efficace en justifiant oralement votre réponse.

(Plusieurs réponses sont parfois possibles.) OUI   NON   OUI   NON

a. L'impôt sur le revenu : .... ☐ ☐   b. La TVA : .... ☐ ☐

c. Les charges sociales : .... ☐ ☐   d. La taxe d'habitation : .... ☐ ☐

• Utiliser le vocabulaire •

5 • Qui suis-je ? (Plusieurs réponses sont parfois possibles.)

a. Je paie des impôts : ....

b. Je reçois les impôts : ....

c. Nous sommes versés aux collectivités locales : ....

d. Je suis la partie des cotisations sociales payée par les patrons : ....

6 • Complétez les phrases suivantes.

a. Il existe l'impôt sur le revenu (IR), ...

b. Il existe la taxe d'habitation, ...

7 • Complétez avec les mots suivants : *imposition – régime – déduction – déclaration.*

a. M. Grandin est poursuivi pour fausse .... de revenus.

b. Il sera bien difficile d'harmoniser les systèmes de .... au sein de l'UE.

c. Quel est .... fiscal auquel vous êtes soumis ?

d. Les .... d'impôts ? Cela veut dire qu'on diminue la somme à payer.

• S'exprimer •

8 • Un professeur de droit français fait une série de conférences sur le système fiscal français.

a) Aujourd'hui, il explique comment se calcule le salaire net d'un Français.

b) Il répond ensuite à vos questions.

c) Vous lui expliquez comment se calcule le salaire net dans votre pays.

d) Au cours d'une séance de travaux pratiques, le professeur vous demande de préparer des fiches sur les différents points de la conférence.

Aide

Pour l'exercice 5.
N'oubliez pas d'utiliser les renseignements complémentaires proposés dans la rubrique Infos.

Unité 10 – Les relations entre les entreprises et les pouvoirs publics

2. Les aides publiques

1 Les aides aux entreprises

L'État (ou l'Union européenne) accorde des aides aux entreprises mais ces aides ont le plus souvent un but d'intérêt général : social (lutte contre le chômage par exemple) et/ou économique (relance de la consommation par exemple).

L'État contraint les entreprises par voie de loi, décret ou arrêté, mais il compense souvent ces exigences par un soutien financier (subventions, primes, abattement d'impôts, réduction des charges sociales, etc.).

2 Un exemple d'aide de l'État : les allégements fiscaux accordés aux nouvelles entreprises

• **Cas n° 1 : les allégements accordés à toutes les entreprises lors de leur création**

Les sociétés nouvelles soumises à l'impôt sur les sociétés (IS) sont dispensées de tout versement d'acompte d'impôt sur les sociétés pendant leurs douze premiers mois d'activité.

La taxe professionnelle n'est pas due l'année de la création ; elle doit être payée pour la première fois au mois de décembre de l'année suivante.

• **Cas n° 2 : les allégements accordés aux entreprises implantées dans certaines zones**

Les sociétés nouvelles soumises à l'impôt sur les sociétés (IS) ou relevant de l'impôt sur le revenu (IR) créées entre 1999 et 2004 dans les zones éligibles à la prime d'aménagement du territoire, les territoires ruraux de développement prioritaire et les zones de redynamisation urbaine peuvent bénéficier d'une exonération :
– d'impôt sur le revenu ou d'impôt sur les sociétés pendant les 24 premiers mois d'activité, puis d'un abattement d'impôts de 75 %, 50 % et 25 % sur les bénéfices des trois périodes de douze mois suivantes ;
– de taxe foncière et de taxe professionnelle au titre des deux années suivant celle de leur création ; ces exonérations sont subordonnées à la délibération des collectivités locales concernées.

• **Cas n° 3 : les allégements fiscaux en faveur d'une société reprenant une entreprise en difficulté**

Depuis le 1er octobre 1988, les sociétés soumises à l'impôt sur les sociétés constituées pour reprendre et exploiter exclusivement une entreprise individuelle en difficulté peuvent, sous certaines conditions, être exonérées d'impôts sur les bénéfices pendant les 24 premiers mois suivant celui du rachat, de taxe professionnelle et de taxe foncière, sur délibération des collectivités locales, au titre des deux années suivant leur création.

3 Un exemple d'aide régionale

PRIME RÉGIONALE À L'EMPLOI (PRE)

Elle a pour objectif de favoriser la création, l'extension, la reconversion d'entreprises et la reprise d'activités par le maintien ou la création d'emplois permanents. Les conditions d'attribution, de versement, d'annulation de cette prime sont déterminées par les conseils régionaux. Le nombre d'emplois primables ainsi que le montant de la prime répondent à des critères de chiffre d'affaires, d'effectifs et de localisation géographique. Les primes les plus élevées sont attribuées dans les zones non urbaines ou défavorisées.

! INFOS

• **L'exonération** de taxes est la dispense d'acquitter une/des taxe(s) pour une période donnée, pour un type d'entreprises donné, pour une durée déterminée. Elle peut être totale ou partielle.

• **L'abattement** correspond à une réduction d'impôts ou de charges limitée dans le temps et soumise à certaines conditions, la plupart visant le maintien de l'activité, le développement de la production, le maintien ou l'augmentation des effectifs de travailleurs.

À vous de **Jouer**

1 • Complétez le tableau avec les données du document 2.

	Exonérations ou allégements fiscaux	Durée	Exonérations ou allégements de taxes	Durée
Cas n° 1				
Cas n° 2				
Cas n° 3				

2 • Dites si les affirmations suivantes sont vraies ou fausses et justifiez oralement votre réponse.   V   F

a. Après leur création, les nouvelles sociétés ne paient pas d'impôts pendant un an.   ☐   ☐

b. Cette règle est valable pour l'impôt sur les sociétés et pour l'impôt sur le revenu.   ☐   ☐

c. Certaines sociétés sont exonérées d'impôts pendant 2 ans en raison de leur implantation géographique.   ☐   ☐

d. Les décisions concernant les taxes locales relèvent des collectivités locales.   ☐   ☐

e. Les sociétés qui reprennent une entreprise en difficulté bénéficient d'une exonération définitive de taxes.   ☐   ☐

• Utiliser le vocabulaire •

3 • Reliez les deux colonnes.

a. un abattement

b. une zone

c. un versement

d. un allégement

1. de taxes

2. d'acompte

3. de redynamisation urbaine

4. fiscal

4 • Trouvez des synonymes dans les documents.

a. dispenser : ....

b. donner : ....

c. obliger : ....

d. installé : ....

e. une aide : ....

f. conditionné : ....

5 • Complétez avec les mots suivants : *par voie de – être éligible pour – au titre de – être soumis à.*

a. Les différentes administrations ont été informées .... circulaires.

b. Toute nouvelle entreprise .... des démarches obligatoires.

c. Les ouvriers de Marcora ont reçu une prime .... leur dévouement pendant les inondations.

d. Trois employés .... obtenir une décharge syndicale.

• S'exprimer •

6 • Vous êtes conseiller juridique et recevez vos clients. Tous s'intéressent aux allégements ou exonérations de taxes et d'impôts car la législation est nouvelle.

Jouez la scène à plusieurs.

7 • Réalisez à plusieurs des fiches d'information d'une page sur la base des documents.

8 • Réalisez un spot radiophonique visant à faire connaître la PRE.

Aide

Pour l'exercice 6.

1. Pensez aux formules de politesse au début et à la fin des entretiens.

2. Les clients utilisent des termes relevant de la langue courante : *avoir droit à, les sociétés qui paient l'IS, avoir une aide, payer une taxe, etc.*

3. Les conseillers juridiques utilisent plutôt la langue administrative : *être éligible pour, les sociétés soumises à l'IS, obtenir une aide, acquitter une taxe, etc.*

Pour l'exercice 7.

1. Mettez-vous d'accord sur la liste d'informations à y faire figurer et sur la manière de les présenter : ce que vous mettez en valeur, jeu de questions et de réponses, etc.

2. Répartissez-vous les différents thèmes.

3. Les relations entre l'entreprise et l'État (ou l'UE)

Elles évoluent en fonction du rapport de force qui s'établit entre État (ou UE), organisations syndicales et chefs d'entreprise.

1 L'évolution de la législation

• Certaines réglementations ayant des incidences sur la vie de l'entreprise peuvent être mises en place sans faire l'objet d'une négociation préalable avec les partenaires sociaux.

Ainsi, depuis le 1er janvier 2001, les pères disposent d'un congé de paternité de 14 jours alors qu'il était jusque-là de 3 jours (21 jours en cas de naissance multiple). Cette disposition est désormais inscrite au Code du travail. Le congé doit être pris dans les quatre mois qui suivent la naissance et est également valable en cas d'adoption.

• Les réglementations naissent parfois des enseignements tirés d'expériences concrètes.

C'est le cas d'une directive européenne votée selon la procédure de codécision qui a abouti en février 2002 et est communément appelée « directive Vilvorde ».

2 La directive Vilvorde

La directive 2002/14/CE du Parlement européen et du Conseil européen du 11 mars 2002 rend obligatoires les procédures d'information et de consultation des travailleurs :
– l'information porte sur l'évolution récente et l'évolution probable des activités de l'entreprise et de sa situation économique, l'évolution probable de l'emploi au sein de l'entreprise, les modifications importantes dans l'organisation du travail ou dans les contrats de travail ;
– la consultation doit être mise en œuvre par l'employeur sur la base de ces informations qui doivent être communiquées de telle sorte que les travailleurs aient le temps de les examiner. Ils doivent ensuite obtenir des réponses motivées à tout avis qu'ils pourraient émettre.

3 Législation et négociation collective

• Les réglementations sont parfois imposées par l'État (qui définit un cadre) puis négociées au niveau des branches d'activité ou des entreprises.

Les lois Aubry (loi du 13 juin 1998 et loi du 19 janvier 2000) imposent la durée légale du travail à 35 heures hebdomadaires pour les entreprises de plus de 20 salariés au 1er janvier 2000, mesure également applicable au 1er janvier 2002 pour les entreprises dont l'effectif est inférieur ou égal à 20 salariés. La loi impose la négociation par branche ou par entreprise et accorde d'importants allègements de charges patronales ainsi que des aides au recrutement de nouveaux salariés. Les PME de moins de 20 salariés ayant rencontré des difficultés dans la mise en œuvre de la RTT, le législateur en a tiré les conséquences et avait assoupli la loi.

La loi Fillon (février 2003) va beaucoup plus loin dans l'assouplissement des dispositions liées au passage à la semaine de 35 heures.

Article 1

Objet et principes

1. La présente directive a pour objectif d'établir un cadre général fixant des exigences minimales pour le droit à l'information et à la consultation des travailleurs dans les entreprises ou les établissements situés dans la Communauté.

2. Les modalités d'information et de consultation sont définies et mises en œuvre conformément à la législation nationale et aux pratiques en matière de relations entre les partenaires sociaux en vigueur dans les différents États membres, de manière à assurer l'effet utile de la démarche.

3. Lors de la définition ou de la mise en œuvre des modalités d'information et de consultation, l'employeur et les représentants des travailleurs travaillent dans un esprit de coopération et dans le respect de leurs droits et obligations réciproques, en tenant compte à la fois des intérêts de l'entreprise ou de l'établissement et de ceux des travailleurs.

À vous de Jouer

• Comprendre les documents •

🎧 **1 •** Écoutez deux fois le document oral puis, en utilisant les informations données sur la page de gauche, retracez « l'histoire » de la directive Vilvorde.

a. Événement ayant suscité la proposition de la Commission européenne : ....

b. Raisons expliquant le délai de cinq ans entre cet événement et le vote de la directive : ....

c. Objet de la directive : ....

d. Explications données au peu d'échos provoqué par le vote : ....

e. Réaction des organisations syndicales : ....

2 • Présentez les lois Aubry en quatre points

a. Objet des deux lois : ....

b. Dispositions des deux lois : ....

c. Cadre défini pour la mise en œuvre des deux lois : ....

d. Leçons tirées du début d'application des lois : ....

3 • Transformez les phrases suivantes en langue administrative.

a. Maintenant, cette règle fait partie du Code du travail. ....

b. La directive Vilvorde oblige les employeurs à informer et à consulter les travailleurs. ....

c. C'est le patron qui doit organiser les discussions. ....

d. La loi diminue les charges de l'entreprise. ....

• Utiliser le vocabulaire •

4 • Complétez avec le verbe convenable : *imposer – rendre – s'établir – définir.*

a. La loi .... un cadre mais les décisions sont prises au cas par cas.

b. Ces derniers temps, un climat tendu .... entre direction et personnel.

c. La loi .... la réduction du temps de travail.

d. Cela fait longtemps que la loi .... obligatoire le port du casque sur les chantiers.

5 • Mettez entre les parenthèses un synonyme trouvé dans les documents.

a. Cette mesure <u>entre en vigueur</u> (................................) le 1er juillet prochain.

b. Les 15 <u>sont parvenus</u> (................................) à un accord sur l'obligation d'information des travailleurs.

c. Voilà une décision de plus prise <u>sans discussions</u> (................................) préalables.

d. La lettre <u>est relative</u> (................................) <u>aux</u> élections au comité d'entreprise.

• S'exprimer •

6 • Rendre la loi accessible

a) Votre professeur de droit vous demande de présenter la directive Vilvorde et les lois Aubry à des étudiants étrangers qui maîtrisent mal le français. Il vous demande donc de vous exprimer le plus simplement possible.
Jouez la scène.

b) Les étudiants étrangers vous posent des questions car ils n'ont pas compris certaines expressions que vous avez employées.
Jouez la scène.

c) Vous demandez ensuite aux étudiants étrangers de présenter la législation du travail dans leur pays.

99

4. Les entreprises et la justice

L'État, par l'existence du système judiciaire, par la voie de réglementations nationales et en transposant les directives européennes, met en place les structures permettant aux entreprises la résolution des problèmes et des litiges auxquels elles sont confrontées.

 Quelques exemples

Problèmes entre entreprises

L'entreprise Mecaplus a livré des pièces détachées à Agromeca qui construit des machines agricoles mais la facture – 500 000 euros – n'a pas encore été réglée. Or, le gérant de Mecaplus ne peut plus attendre et les lettres de mise en demeure sont restées sans effet.

Litiges entre employeur et employé

Gilles Lachade fait partie des douze salariés licenciés par la société Sertima et, après avoir pris des renseignements auprès de la CCI de son département, il s'aperçoit qu'il y a eu des vices de forme dans la procédure. L'employeur a notamment omis de notifier les licenciements envisagés à l'Administration.

Litiges entre État et entreprise

À la suite d'un accident du travail, les services départementaux ont mené une enquête qui a établi que de graves négligences concernant la maintenance des machines ont entraîné l'accident et, à ce titre, demandent qu'Électropo soit soumise à une amende. La société conteste cette version des faits.

 Les moyens d'intervention

L'inspection du travail
Elle veille au respect de la législation du travail et des lois sociales protectrices des salariés, participe à la prévention des risques professionnels, à la régulation des relations de travail et vérifie l'application des conventions et accords collectifs.

Conciliation, médiation, arbitrage
Dans le règlement des conflits collectifs, on peut, dans un premier temps, avoir recours aux commissions de conciliation qui sont composées de représentants des organisations représentatives d'employeurs et de salariés en nombre égal, et de représentants des pouvoirs publics. Si aucun accord n'est trouvé, un médiateur est désigné soit par le président de la commission de conciliation, soit par le ministre du Travail. S'il n'y a pas de phase de conciliation, les parties peuvent engager elles-mêmes la procédure de médiation. En cas d'échec, les parties peuvent choisir un arbitre (fonctionnaire, magistrat…) qui statue sur le litige.

Le conseil des prud'hommes
La procédure comprend tout d'abord une tentative de conciliation devant le bureau de conciliation qui, si elle échoue, est suivie d'une phase de contentieux devant le bureau de jugement (voir aussi page 38).

Les juridictions de droit commun
Certains litiges sont portés devant les tribunaux compétents. Selon la nature du litige, ce sont les tribunaux de commerce ou les juridictions civiles, administratives, voire pénales, qui statuent sur l'affaire.

À vous de Jouer

• Comprendre les documents •

1 • À quels cas évoqués peuvent s'appliquer les procédures suivantes ?

a. faire appel à l'inspection du travail : ....

b. s'adresser au tribunal de commerce : ....

c. indemniser la victime : ....

2 • Dites si ces affirmations sont vraies ou fausses et justifiez oralement votre réponse.

	V	F
a. L'inspecteur du travail n'intervient que sur demande.	☐	☐
b. Les commissions de conciliation sont tripartites.	☐	☐
c. L'arbitre est une personne élue par les représentants du patronat et ceux des salariés.	☐	☐
d. Toute tentative de conciliation est suivie, au conseil des prud'hommes, d'une audience devant le bureau de jugement.	☐	☐

3 • Que faire ? Plusieurs solutions sont parfois possibles. Justifiez votre proposition.

a. La société Sermato est paralysée par un conflit entre la direction et les employés.

b. La convention collective n'est pas appliquée intégralement chez HTC.

c. Un commerçant découvre que la marchandise qui lui a été livrée n'a pas fait l'objet de tous les contrôles obligatoires mais l'entreprise qui l'a produite ne veut rien entendre.

• Utiliser le vocabulaire •

4 • Trouvez dans les documents des synonymes aux verbes ou expressions soulignés.

a. <u>être face</u> à un vice de forme : ....   b. <u>oublier</u> la clause de résiliation dans un contrat : ....

c. <u>nommer</u> un magistrat en tant qu'arbitre : ....   d. <u>faire</u> une enquête sur la procédure employée : ....

5 • Complétez avec l'expression convenable : *la prévention – la résolution – la soumission – le respect.*

a. Plusieurs procédures existent pour .... des conflits sociaux.

b. .... des risques d'accident est une obligation.

c. Il faut veiller à .... des procédures.

d. L'inspecteur du travail fait respecter .... à la législation.

6 • Trouvez les noms correspondants.

a. omettre : ....   b. concilier : ....   c. désigner : ....

d. intervenir : ....   e. mettre en place : ....   f. arbitrer : ....

• S'exprimer •

7 • Faire respecter une convention collective

a) Les employés d'ADC Pro considèrent que certains points de la convention collective ne sont pas respectés. L'entrevue entre les représentants du personnel et le directeur s'est terminée sans résultat.
Jouez la scène.

b) Écrivez une lettre à l'inspecteur du travail.

c) L'inspecteur du travail a un entretien avec le directeur. Celui-ci nie d'abord puis tente de se justifier. L'inspecteur l'informe qu'il veillera à l'application de la convention.
Jouez le dialogue.

d) Rédigez le rapport de l'inspecteur du travail sur cette affaire.

Aide

Pour l'exercice 7a.
Utilisez les mots et expressions suivants :
– représentants du personnel : *avoir/ne pas avoir le droit de, avoir droit à, respecter, se plaindre à, protester, avertir, informer, c'est illégal, injuste, non conforme, lancer un avertissement, s'adresser à..., etc. ;*
– directeur : *considérer les intérêts de l'entreprise, ne pas avoir les moyens de..., ne pas pouvoir faire autrement, demander de comprendre, de coopérer, etc.*

Pour l'exercice 7b.
1. Résumez la situation, demandez une intervention.
2. Transposez la langue parlée en langue écrite.

Pour l'exercice 7c.
Utilisez les mots et expressions suivants :
– inspecteur : *c'est contraire à la loi, vous êtes passible de sanctions, vous avez signé la convention collective, je me verrai dans l'obligation de...., je veillerai à ce que..., etc. ;*
– directeur : *ce n'est pas si facile, les faits sont exagérés, faire passer ses propres intérêts avant ceux de l'entreprise, je vais essayer, je suis d'accord avec vous mais...*

Faisons le point

1 • Construisez une phrase à partir de chaque mot.

(abattement) (allègement) (consultation)

(exonération)

(subvention)

(réduction)

a. ....

b. ....

c. ....

d. ....

e. ....

f. ....

2 • Reliez.

a. un dispositif	de	valeur ajoutée
b. la réduction	du	taxes
c. l'information	à la	temps de travail
d. la taxe	des	travailleurs
e. les allégements	d'	impôts
f. les exonérations	de	imposition
g. le taux	d'	contrôle

3 • Reliez.

a. viser	à	savoir-faire d'un concurrent
b. définir	une	obtenir réparation
c. acquitter	dans une	impôt sur le revenu
d. prendre une participation	un	société
e. imposer	la	cadre
f. s'octroyer	le	négociation par branche
g. relever	de l'	taxe

4 • Faites des phrases en utilisant les expressions suivantes : *être fonction de – être soumis à – avoir des incidences sur – inciter à.*

a. ....

b. ....

c. ....

d. ....

5 • Notez entre parenthèses l'expression synonyme convenable : *en tout état de cause – inscrit au règlement – au titre de – par voie de – l'éligibilité pour.*

a. Le port d'une combinaison de protection est <u>obligatoire</u> (...............................).

b. La clientèle sera informée de la réouverture du magasin <u>par</u> (...............................) <u>la presse</u>.

c. <u>Quoi qu'il en soit</u> (...............................), le médiateur a tranché.

d. Les conditions <u>d'obtention de</u> (...............................) la prime seront communiquées ultérieurement.

e. La majoration sera calculée <u>en fonction de</u> (...............................) l'ancienneté dans le poste.

6 • Journées d'études sur les entreprises et les pouvoirs publics en France.

a) Avec deux collègues, préparez des conférences sur les thèmes suivants :

– aides et exigences des pouvoirs publics en France ;

– fiscalité et allégements d'impôts ou de charges en France ;

– la place des pouvoirs publics dans la vie des entreprises.

b) Répondez aux questions que les auditeurs de la conférence vous posent afin d'éclaircir et de compléter certains points.

c) Pendant la réception qui suit, vous posez des questions informelles sur les relations entre les pouvoirs publics et les entreprises dans votre pays.

d) Résumez par écrit votre intervention pour les actes des journées d'études.

Aide

Pour l'exercice 6a.

Recensez les informations nécessaires dans les différentes parties de l'unité, classez-les et organisez-les en fonction des thèmes en prévoyant une introduction, une conclusion et en établissant des liens logiques entre les différents points de votre exposé.

Faites votre propre Bilan

1 • **Classez et notez le vocabulaire que vous avez appris.**

La fiscalité	Les aides publiques
• *les impôts directs*	• *les allégements d'impôt*

Les entreprises et les pouvoirs publics	Les entreprises et la justice
• *la durée légale du travail*	• *l'inspecteur du travail*

2 • **Notez les mots et expressions permettant d'argumenter et de communiquer que vous avez appris.**

Les actes de paroles	Les articulateurs du discours
• *protester* • *se justifier*	

3 • **Notez les expressions en français courant et leur équivalent dans la phraséologie administrative.**

• *donner/octroyer*
• *pouvoir bénéficier de/être éligible pour…*

Transcription des documents oraux

Unité 1 • Domaines et sources du droit

2. Les sources du droit

Présentatrice : Passons maintenant à l'actualité judiciaire. Le conseil des prud'hommes de Saint-Étienne doit examiner ces jours-ci un cas pour le moins original. Écoutons tout d'abord le témoignage de Patrice Doublong qui travaille – ou plutôt travaillait – chez Socaten comme programmeur.

Journaliste : Alors, vous venez de recevoir votre lettre de licenciement ; et quels sont les motifs invoqués ?

Patrice Doublong : Les motifs invoqués… et bien voilà. Pendant le mois de juillet, j'allais travailler en bermuda, parce qu'il faisait vraiment très chaud et nos bureaux ne sont pas climatisés. La direction m'a fait remarquer que ma tenue n'était pas correcte. Elle a exigé par écrit que je mette un pantalon, ce que j'ai refusé de faire.

Journaliste : Vous n'avez donc pas respecté les ordres de votre employeur. Vous considérez-vous comme fautif ?

Patrice Doublong : Ah mais pas du tout ! Le règlement intérieur de l'entreprise prévoit bien l'obligation de porter une tenue vestimentaire spéciale pour certains travaux, mais c'est seulement pour des raisons de sécurité. Il n'est dit nulle part qu'il est interdit à un programmeur de travailler en bermuda. En plus, le bermuda est toléré pour les femmes. Alors pourquoi…, pourquoi serait-il interdit aux hommes ?

Présentatrice : C'est le conseil des prud'hommes, devant lequel l'avocat de Patrice Doublong a porté l'affaire, qui devra trancher. Ce ne sera pas facile car la justice se trouve ici face à un vide juridique. Des employés peuvent effectivement être tenus de respecter des règles en ce qui concerne leur tenue vestimentaire (pour des raisons de sécurité, comme le note Patrice Doublong lui-même, ou lorsqu'il y a contact avec le public, un réceptionniste d'hôtel, par exemple). Mais, dans ce cas précis, ni le Code du travail, ni le contrat de Patrice Doublong, ni le règlement intérieur de l'entreprise ne précisent quelle doit être la tenue vestimentaire d'un programmeur.

L'avocat de Patrice Doublong espère que son client sera réintégré dans son poste à la suite de la décision du Conseil des prud'hommes. Si tel était le cas, cette décision ferait-elle jurisprudence en matière de tenue vestimentaire au travail, quel que soit le travail effectué ? C'est l'avenir qui le dira.

4. La complémentarité des sources

Journaliste : Lorsque le gouvernement Jospin a annoncé, en septembre 1997, le passage – progressif mais général – à la semaine de 35 heures, ce qui est devenu la RTT a fait l'objet de prises de positions souvent excessives, en tout cas passionnées. Les lois Aubry sont d'ailleurs restées un sujet sensible qui déchaîne encore les passions. Dans un instant, notre invité, M. Robard, spécialiste du droit du travail, réagira aux questions et aux opinions des auditeurs qui nous appelleront. Mais, écoutons d'abord quelques réactions enregistrées dans les jours qui ont suivi l'annonce de cette réforme.

Personne 1 : Ça me paraît intéressant. L'État accorde des aides aux entreprises qui passent aux 35 heures et qui engagent des employés en plus. Ça va faire baisser le chômage.

Personne 2 : Ce qui est très intéressant dans ce projet, c'est que les entreprises sont obligées de négocier le passage aux 35 heures. D'ailleurs je ne pense pas qu'une réforme aussi fondamentale puisse se faire autrement.

Personne 3 : Nous aurons davantage de loisirs ; ce qui est bien ; et surtout pour le même salaire.

Personne 4 : On dit qu'à cause de cette réforme, nos horaires de travail vont tout le temps changer. Moi, ça m'inquiète un peu tout de même, surtout au niveau de l'organisation entre travail et temps personnel.

Personne 5 : Le gouvernement fixe le cadre du passage aux 35 heures. Il laisse ensuite aux différentes branches et entreprises le choix des modalités de passage. En un mot, c'est le gouvernement qui fixe la règle du jeu. À mon avis, c'est son rôle.

Personne 6 : Les organisations d'employeurs et les syndicats d'employés vont être impliqués dans la réforme. Pour moi, c'est le point fort du projet.

Personne 7 : Le nombre annuel d'heures supplémentaires par personne va considérablement diminuer. C'est un partage intelligent du travail. Mais on pourra plus faire d'heures supplémentaires pour pouvoir gagner un peu plus.

Personne 8 : Ah oui, oui le gouvernement a raison de jouer la carte de la concertation à la base, enfin c'est-à-dire dans les entreprises. Non, c'est bien que la participation joue un rôle de plus en plus important dans la prise de décision.

Journaliste : Voilà, nous attendons vos questions et vos réactions. Je vous rappelle notre numéro de téléphone. Vous pouvez appeler le 01 47…

Unité 2 • Le cadre institutionnel national

4. Les consultations électorales

Passons maintenant aux élections. Notre reporter a recueilli diverses opinions sur le scrutin proportionnel. Écoutons les différentes réactions qu'il a pu recueillir.

Gilbert est animateur socioculturel, il a 42 ans.

Ah moi personnellement je suis pour le scrutin proportionnel. Ah oui… non c'est le seul qui donne une image réelle de ce que pensent les Français. Avec ce mode de scrutin, toutes les tendances, même celles qui sont minoritaires, sont représentées. L'histoire de ces 30 ou 40 dernières années montre bien que des groupes, minoritaires au départ, ont joué un rôle bien plus important qu'on ne le pensait ; tenez, les écologistes par exemple. À mon avis, le scrutin proportionnel, il faudrait le généraliser.

Gabrielle est une économiste de 36 ans.

Pour ma part, je… je pense qu'en théorie, c'est la proportionnelle qui est le système le plus juste. C'est le seul système vraiment démocratique : toutes les familles d'idées peuvent participer aux décisions, que ce soit… que ce soit au niveau national, au niveau régional ou même local. Le problème, c'est que ça peut donner de l'importance à des idées extrémistes dont… oui, dont il faudrait plutôt limiter l'influence. Mais bon, comme on dit, ce sont les risques de la démocratie directe. Donc, la proportionnelle, je suis plutôt pour. Enfin… peut-être… pas pour toutes les élections.

Maintenant Roger, il est à la retraite, il a 63 ans.

À mon avis, c'est pas une question de principe, mais une question pratique. Par exemple, en théorie, c'est bien que toutes les formations politiques soient représentées à l'Assemblée nationale. Mais au quotidien, ça donne une multitude de petits partis. Et ils doivent se mettre en coalition pour pouvoir gouverner ensemble. Rappelez-vous ce que ça a donné sous la IVe République ! On changeait de gouvernement tous les quatre matins… Non, moi, je pense que pour être efficace, un gouvernement doit être stable. Et pour garantir la stabilité, les partis de gouvernement ne doivent pas être trop nombreux. Ça n'exclut pas qu'il y ait des tendances diverses à l'intérieur des grands partis. C'est peut-être ça qui peut rendre la vie politique à la fois plus stable et… et plus imaginative…

Et enfin Julien, étudiant, il a 21 ans.

Je me demande s'il ne faudrait pas combiner les deux modes de scrutin. Ça existe dans beaucoup de pays et apparemment ça marche très bien ! Alors pourquoi pas chez nous. Ça permettrait de limiter le nombre de partis et même, ça reflèterait de la façon la plus juste ce que pensent les gens.

Faisons le point

Un journaliste de la chaîne parlementaire : L'Assemblée nationale et le Sénat, réunis en congrès le 18 mars 2003, ont adopté une modification de la Constitution qui rend possible un certain nombre de transferts de compétences de l'État vers les collectivités territoriales. Ce projet constitue un pas de plus vers la décentralisation, entreprise en 1982 avec la loi Defferre.

Le Premier ministre, dans un discours prononcé le 28 février à Rouen, avait déjà défini l'esprit et les axes de la réforme et présenté les grandes lignes du projet. Il avait notamment insisté sur la nécessité que certaines décisions soient prises par des institutions proches des citoyens. Le Premier ministre souhaite en effet, pour que les citoyens soient davantage associés à la prise de décision concernant leur région, leur département, leur commune, que des référendums locaux puissent être organisés.

La plupart des transferts seront systématiques. Les collectivités territoriales seront donc chargées de gérer de plus vastes domaines de l'action sociale, de l'emploi, de la lutte contre l'exclusion, de l'éducation, de la formation professionnelle, etc.

Cependant, une originalité du projet est la possibilité offerte aux collectivités locales qui le souhaitent de prendre en charge des projets actuellement sous la responsabilité de l'État. Ces initiatives seront alors testées sous le contrôle du Parlement avant que le transfert ne devienne définitif.

Le projet de loi se propose d'accorder la liberté d'action dans le domaine budgétaire aux collectivités qui seront, dans ce but, dotées de moyens financiers plus importants. Mais la réussite du projet passe aussi par des transferts de personnels : ainsi, un nombre important de fonctionnaires sous la tutelle de l'État dépendront désormais des collectivités territoriales.

Enfin, le Premier ministre a insisté sur la nécessité de prendre en compte la diversité des régions. Ces propos visaient en particulier la Corse et les départements et territoires d'outre-mer.

Comme on pouvait s'y attendre, les commentaires vont bon train tant parmi les élus que parmi les citoyens. Certains y voient une chance pour le développement de leur région ou de leur département.

D'autres ont le sentiment que cette réforme va développer les inégalités régionales.

Unité 3 • Les institutions européennes

1. L'Union européenne : qui est-elle ?

Présentateur : Pour votre rubrique Europe, Jean-Marie, vous avez enquêté auprès des Européens pour savoir comment ils voient l'Union européenne.

Journaliste : En effet, car aujourd'hui, quels que soient les médias, l'Union européenne est omniprésente. Cela semble normal étant donné l'importance qu'ont prise ses directives dans la vie politique et économique des pays membres. De ce fait, les sujets les plus couramment abordés concernent la libre circulation des personnes, le marché unique ou l'élargissement de l'Union européenne.

Mais comment les Européens, eux, voient-ils l'Union européenne ? Voilà un thème complexe, plus rarement traité compte tenu de la diversité des opinions.

Alors, il y a tout d'abord les indifférents. Eux ne se sentent pas directement concernés par l'Union européenne. C'est surtout la vie politique et économique sur le plan national qui les intéresse par rapport au plan européen. Ainsi, dans les pays où le vote n'est pas obligatoire, les élections au Parlement européen n'intéressent pas beaucoup les électeurs. Pourtant, le poids du Parlement est régulièrement augmenté par les traités successifs.

Ensuite, après les indifférents, on trouve les sceptiques. Les « Eurosceptiques », comme on dit. Eux n'y croient pas vraiment. Ils pensent que l'Europe, ce sont davantage des paroles que des actes. Et quand il s'agit d'actes – de la libre circulation à l'élargissement de l'Union, en passant par les diverses réglementations – le scepticisme se transforme en peur. Peur de perdre la souveraineté nationale. Peur que les nations ne puissent plus décider pour elles-mêmes.

Enfin, après les indifférents et les sceptiques, il y a les Européens convaincus. Ils pensent, eux, que l'Europe, même si elle rencontre des difficultés et même si l'élargissement pose des problèmes de fond, c'est l'Histoire en marche. C'est une manière de rétablir l'équilibre mondial face aux États-Unis. Pour eux, l'ouverture des frontières et le lancement de l'euro sont des réalisations qui facilitent les relations entre les peuples et qui, tout bonnement, simplifient la vie quotidienne.

Pour conclure, je dirai que l'on peut raisonnablement penser que le passage à l'euro qui, de l'avis des spécialistes, a été un immense succès, a fait évoluer les points de vue. La monnaie unique est, par définition, un aspect qui a touché directement et quotidiennement l'intégralité des citoyens de la zone Euro. L'Europe est devenue une réalité pour tous.

3. Strasbourg

Journaliste : L'élargissement de l'Union européenne à 25 membres pose, avec la plus grande urgence, la question de la réforme des institutions. Plusieurs sommets européens étaient censés entamer ce processus de réforme. Mais les divergences de vue ont empêché d'avancer aussi vite qu'on l'aurait voulu. M. Chalon, n'avez-vous pas l'impression que le Parlement européen, d'où notre magazine est diffusé ce soir… enfin, que les attributions même du Parlement européen sont au centre du débat ?

M. Chalon : Eh bien voyez-vous, pour ma part, je poserai le problème un peu différemment. Effectivement, la question des attributions du Parlement européen est à nouveau posée avec cette proposition que le président de la Commission européenne soit élu par le Parlement. Il faut reconnaître que c'est là une décision lourde de conséquences.

En effet, on assisterait ainsi à la politisation d'une fonction qui, jusque-là, était surtout définie en termes de compétence technique. Un président élu par des experts de différents domaines, ce n'est pas la même chose qu'un président élu par d'autres élus. Les élus ont forcément une appartenance politique clairement et ouvertement affirmée. De ce point de vue, cette proposition serait effectivement dans la logique suivie jusqu'ici, qui est d'accroître les pouvoirs du Parlement européen. Ce qui, en soi, pour un démocrate, ne pose pas de problème d'ailleurs.

Mais la réforme des institutions est un tout. On ne peut la faire que globalement, en prenant tous les aspects en considération. N'oublions pas qu'une deuxième proposition a été faite, simultanément : celle d'élire un président du Conseil européen pour une durée plus longue que les six mois de présidence tournante qui existent actuellement. Or, ce président, si la formule est retenue, sera élu par les chefs d'État et de gouvernement des 25 pays membres. Ce sera donc là aussi un vote éminemment politique et le risque de conflit entre les deux présidents devient alors très fort. La question se pose donc également en termes de réalisme au niveau du fonctionnement des institutions. Mais cela demande réflexion. Et cette proposition mérite qu'on l'examine dans le détail.

Unité 4 • Les juridictions

2. La justice rendue par des magistrats professionnels

Et maintenant, voici notre chronique juridique :

Nouvelle 1 : Paris, tout d'abord. Le tribunal administratif a rejeté la demande d'inscription de treize enfants dans des écoles du 15e arrondissement. Ces enfants logeaient dans un immeuble squatté, propriété de la ville de Paris. Considérant l'immeuble comme dangereux, le maire n'avait pas voulu encourager son occupation : il avait refusé d'inscrire à l'école les enfants qui l'habitaient.

Nouvelle 2 : Toujours le tribunal administratif, mais cette fois à Lyon. La décision prise le 24 juillet 2000 par la préfecture du Rhône de renvoyer un ressortissant angolais vers son pays a été annulée. Ce jeune Angolais, réfugié en France à la suite des tortures qu'il avait subies dans son pays, était resté sans papiers. Il n'avait jamais pu obtenir le statut de réfugié.

Nouvelle 3 : Un homme de 41 ans a été condamné hier à deux ans de prison ferme pour accident de la circulation en état d'ivresse. Déjà condamné à douze reprises pour des faits semblables, il a été immédiatement placé en détention.

Nouvelle 4 : Enfin, une affaire un peu inhabituelle : un directeur d'hypermarché accusait de diffamation publique certains de ses employés qui l'avaient accusé de vols dans son propre établissement. Le délibéré de cette affaire a été rendu hier : les prévenus ont été reconnus coupables de diffamation et condamnés à 765 euros d'amende.

4. La justice des mineurs

Présentatrice : La Loi Perben, adoptée le 3 août 2002, continue à être très fortement contestée. Cette contestation vient de toutes parts : professionnels de la justice et de l'éducation, associations, partis de gauche et d'extrême gauche. Dominique Collard et Janine Collasson ont recueilli des témoignages unanimes.

Voici le premier témoignage :

Lorsque des enfants ou de jeunes adolescents ont des attitudes agressives ou commettent des actes inadmissibles, ils ont davantage besoin d'être aidés que punis.

Le deuxième témoignage :

Un enfant de 10 ans jugé devant les tribunaux, un adolescent de 13 ans mis en prison : ça rassure la population mais ça ne résout rien ! Il faut des éducateurs et des assistantes sociales pour prendre le jeune en charge. Il faut qu'on l'éduque aussi ! Qu'on ne se contente pas de… de punir !

Le troisième témoignage :

Moi je trouve scandaleux qu'on fasse payer une amende aux parents parce que leurs enfants sont délinquants. Ça ne réglera rien. Il vaudrait mieux s'intéresser aux problèmes de la famille pour pouvoir l'aider.

Le quatrième témoignage :

Tout le monde sait que la prison ne résout rien ! Aussitôt sorti, le jeune retombe dans la délinquance. Alors pourquoi construire encore des prisons ? Il me semblerait bien plus judicieux d'ouvrir des centres d'accueil où on réapprend les règles de la société aux jeunes délinquants.

Le cinquième témoignage :

Comment peut-on imaginer éduquer un jeune en le coupant complètement de la société ? Toutes les expériences allant dans ce sens ont été des échecs. Alors les centres fermés, vous savez, moi, je n'y crois pas beaucoup. Le délinquant doit garder un minimum de contact avec la société. Donc, je suis pour la création de centres éducatifs. Mais pas fermés.

Et voici le sixième :

C'est pas parce qu'un enfant qui a commis une infraction attendra moins longtemps pour passer devant le tribunal qu'il ne récidivera pas ! Ce n'est pas la rapidité qui compte. Il faut l'aider psychologiquement, c'est bien plus sûr. Toutes les expériences le prouvent.

Unité 5 • Acteurs et procédures

2. Un procès en cour d'assises

Un procès peu commun s'est achevé hier devant la cour d'assises de Nantes. Celui de Jeanne Vallon, 59 ans.

Les faits remontent à avril 1999. Jérôme, fils cadet de l'accusée, était toxicomane depuis de longues années. Il devenait de plus en plus dépendant, et aussi de plus en plus violent. On peut imaginer ce qu'a subi Jeanne Vallon quand son fils était en état de manque. Et justement, le 16 avril 1999, à six heures du matin, alors que Jérôme avait renversé des meubles, cassé de la vaisselle et lui avait mis un couteau de cuisine sous la gorge parce qu'elle refusait de lui donner de l'argent, cette femme, en général si forte, a craqué. Elle a sorti le revolver de son mari, décédé, du tiroir où il était caché et elle a tiré à deux reprises sur son fils qui s'est écroulé, mort sur le coup.

Tout en manifestant le remords qui l'accable d'avoir assassiné son fils, elle explique à la Cour son geste avec beaucoup de simplicité : « Mais quand il était en état de manque, il souffrait terriblement et c'est alors qu'il devenait violent, qu'il me menaçait afin que je lui donne l'argent nécessaire pour aller s'acheter sa dose. Ce jour-là, il allait plus mal que d'habitude… il souffrait. C'était terrible de le voir comme ça. Je crois que c'est à ce moment-là que je me suis rendu compte qu'il ne pouvait plus vivre comme ça, et alors je l'ai tué. Peut-être que j'ai voulu le libérer. Il avait trop mal. » C'est ainsi qu'elle a répondu à l'avocat général qui lui demandait, à la fin de son interrogatoire, les raisons qui l'avaient poussée à cet acte.

L'avocat général avait requis une peine de prison de deux ans avec sursis, la peine minimum en cas de meurtre. Condamnation symbolique, dictée par la nécessité de sanctionner les crimes devant la société, mais manifestation d'humanité liée aux circonstances dans lesquelles le meurtre a été commis. Les jurés ont suivi l'avocat général dans ses réquisitions et Jeanne Vallon a quitté libre le palais de justice.

4. Justice et médias

Présentateur : La médiatisation de la justice a toujours été un sujet de débats et continue à l'être aujourd'hui. Patrice Ruchin, sociologue, vient de publier un livre sur ce thème. À la suite d'un article critiquant vivement ses propos dans un grand quotidien, la polémique s'est engagée entre Patrice Ruchin et l'auteur de l'article. Nous sommes allés les interroger tous les deux. Écoutons-les avant de lancer le débat. Patrice Ruchin, tout d'abord…

Patrice Ruchin : Oui, je le dis haut et fort parce que c'est une conviction profonde fondée sur l'observation ces dernières années de nombreux procès, grands ou petits : le fait que beaucoup de procès soient largement médiatisés va à l'encontre d'un exercice juste et objectif de la justice. Qu'on le veuille ou non, tout le monde se laisse influencer. Cette médiatisation peut contribuer à fausser le débat et à prendre la mauvaise décision. C'est inévitable ! C'est un état de fait. Je suis convaincu que diaboliser dans la presse quelqu'un qui a commis un crime peut influer sur la décision des jurés et orienter leurs décisions. De même, une attitude bienveillante des médias et donc de l'opinion publique à l'égard d'un prévenu, peut elle aussi peser dans la décision. C'est une illustration de plus du formidable pouvoir qu'exercent les médias.

Présentateur : Écoutons maintenant Gilles Marteaux, l'auteur de l'article.

Gilles Marteaux : Écoutez, je suis profondément choqué par les propos de Monsieur Ruchin. Une fois de plus, c'est la faute des journalistes, dans ce domaine comme dans les autres, alors qu'on ne le dira jamais assez, les journalistes se contentent de faire leur métier honnêtement. Et ce métier consiste à informer le public : lecteurs, auditeurs ou téléspectateurs. Alors bien sûr, il existe une certaine presse à scandale qui est prête à tout pour faire sensation. Mais moi, personnellement, je ne représente pas cette presse-là. La presse… sérieuse, professionnelle, ne cherche bien évidemment pas à influencer les décisions de justice. Elle se contente de rendre compte des faits, de l'état d'esprit qui règne dans tel ou tel tribunal, pendant tel ou tel procès. Elle analyse la situation ; elle ne cherche en rien à influencer l'opinion. C'est d'ailleurs le seul point sur lequel je suis d'accord avec Patrice Ruchin : l'opinion publique peut influencer l'issue d'un procès, c'est vrai. Mais la presse professionnelle, elle, ne dicte pas aux gens – qu'ils soient jurés, juges ou simples citoyens – la conduite à suivre.

Présentateur : Bon. Je pense qu'il sera difficile de mettre d'accord Patrice Ruchin et Gilles Marteaux. Je vous propose donc de passer au débat. Mais tout d'abord, un rapide tour de table de nos invités de ce soir.

Unité 6 • Les personnes juridiques : droits, obligations, biens, responsabilité

2. Responsabilité pénale et civile

Un professeur de droit à l'université : Pendant les quelques minutes qui nous restent, je voudrais aborder le thème de la responsabilité délictuelle.

Elle est fondée sur le principe que toute personne qui a causé un dommage à autrui doit le réparer. Ce dommage peut avoir une nature différente suivant les situations. Ainsi l'on parle de dommage par le fait de la personne quand cette personne est directement responsable du dommage. Par exemple, un automobiliste qui ne respecte pas le code de la route et provoque un accident.

Le dommage peut également être causé par une personne qui dépend de l'autorité de quelqu'un : un enfant mineur, qui dépend donc de ses parents, un employé qui est sous la responsabilité de son employeur. C'est ce que l'on appelle le fait d'autrui.

Enfin, il existe un autre cas où la personne tenue pour responsable ne joue pas un rôle direct et actif, si l'on peut dire. Il s'agit de situations où le dommage est causé par des objets ou des choses lui appartenant. Prenons le cas suivant : à l'occasion d'une violente tempête, la branche d'un arbre situé dans le jardin de M. Dupont se casse, tombe dans la rue et endommage la voiture de M. Martin qui était garée là. Eh bien M. Dupont est civilement responsable du dommage causé à M. Martin. C'est ce que l'on appelle la responsabilité du fait des choses. Je vous renvoie sur ce point aux articles 1 382 et 1 383 du Code civil.

C'est là le premier point.

Pour établir la responsabilité délictuelle, il est nécessaire de se poser la question de la nature du fait qui a provoqué le dommage. Cela peut être une faute (par exemple, l'automobiliste, là, de tout à l'heure qui ne respecte pas le code de la route) mais cela peut être également un risque : une personne met une autre personne en danger. Citons à titre d'exemple le cas d'un propriétaire d'une entreprise de transport qui fait effectuer un voyage par temps de neige avec un véhicule non équipé de pneus neige.

Bon… dans certains cas, on considère que l'auteur du délit peut être dégagé de sa responsabilité. Mais nous reprendrons tout cela au prochain cours.

3. La propriété

Pour avoir des renseignements sur l'acquisition d'un fonds de commerce, tapez 6. Pour avoir des renseignements sur l'expropriation, tapez 7.

Une expropriation n'est possible que dans le cas d'une opération déclarée d'utilité publique, après enquête auprès de la population qui est invitée à s'exprimer sur le projet. Exemple : la construction d'une autoroute. Ce sont souvent l'État et les collectivités locales qui exproprient.
L'expropriation se déroule en quatre étapes : d'abord l'enquête préalable d'utilité publique, puis l'enquête parcellaire, puis le transfert de propriété. Le transfert de propriété se fait soit à l'amiable, c'est alors un acte de cession, soit par ordonnance du juge d'expropriation si l'entente avec l'expropriant est impossible. La dernière étape est la fixation des indemnités. Les indemnités doivent être versées dans les trois mois qui suivent la décision d'exproprier.
Aux différentes étapes, il y a différents recours. Pour tout renseignement supplémentaire, vous pouvez vous adresser à la mairie, à la préfecture ou à la direction départementale de l'équipement.

Si vous souhaitez qu'un conseiller juridique réponde à vos questions, tapez 9.
Télédroit vous remercie de votre appel.

Unité 7 • Vie et mort des entreprises et des sociétés

1. Quelques structures d'activité

Présentateur : Travailleur indépendant ou salarié, en entreprise, en société ou en association, les différents statuts peuvent parfois paraître complexes. Écoutons ces témoignages pour mieux comprendre.

Serge Dufar : La société Generik n'est pas ma société. J'en suis un des principaux actionnaires, c'est tout. Il y a chaque année une assemblée générale où l'on nous informe des comptes de l'entreprise.

Alain Rollan : Eh bien, j'ai été élu pour représenter les intérêts de mes collègues auprès de la direction et des pouvoirs publics. Je suis donc représentant du personnel dans l'entreprise où je travaille.

Sophie Blanchard : Moi, j'aime l'indépendance ; alors j'ai créé mon entreprise. Ça fait 8 ans maintenant que je suis mon propre patron. Au début j'avais deux salariés, j'en ai 25 aujourd'hui. Et puis sur le plan des formalités, c'est tellement plus simple que les SARL, sans parler des SA !

Gilles Bertrand : Pour moi, l'ASV, c'est pas un métier. C'est une activité que j'ai comme ça, après mon travail, pour participer à la vie culturelle et sportive de ma ville. C'est une activité bénévole et je ne gagne pas le moindre sou pour ça !

Éric Laville : Il y a six ans, avec deux collègues, on s'est mis ensemble pour créer notre propre structure. Deux ans après, deux autres personnes nous ont rejoints. On est donc cinq associés maintenant. L'année 2001 a été difficile, mais aujourd'hui, ça marche bien.

Guy Marin : Pour ma part, je préfère travailler seul, je veux dire être mon propre patron. Mais j'ai quand même préféré créer une société. Je gère ma société moi-même et j'ai un commissaire aux comptes qui suit ma comptabilité. Je trouve que c'est très bien comme ça.

4. Dissolution, liquidation, reprise

Présentateur : Toujours dans l'actualité sociale : une lueur d'espoir renaît pour les 340 salariés de Marinex, l'entreprise de production d'appareils électroménagers de Bourg-en-Bourdaine. Rappel des faits, Josiane Maringot.

Josiane Maringot : Souvenez-vous, c'était au printemps. Des bruits couraient concernant la société Marinex. On la disait dans une situation financière critique après une chute des ventes de plus de 25 % en moins d'un an. Mais le gérant de la société affichait partout un optimisme inébranlable et restait sourd aux inquiétudes des salariés. Jusqu'au jour où il s'est vu contraint de faire une déclaration de cessation de paiements au tribunal de commerce. Après avoir entendu le gérant et les représentants des salariés, le juge a opté pour l'ouverture en redressement judiciaire et a accordé à Marinex une période d'observation de cinq mois. Cinq mois pour lui permettre de démontrer sa capacité à redresser sa situation financière. L'entreprise n'y est malheureusement pas parvenue. Mais il reste un espoir d'éviter la mise en liquidation judiciaire. En effet, la société Albalux a fait une proposition de reprise qui est actuellement examinée par le tribunal. Si ce dernier donne son feu vert – la décision sera prise la semaine prochaine – l'usine pourrait poursuivre ses activités, ce qui n'empêchera pas le départ d'un quart des effectifs. Une procédure de mise en préretraite serait alors proposée à ceux qui remplissent les conditions. Quant aux autres salariés, ils seraient reclassés dans des usines du groupe Albalux installées dans la région.

Comme nous l'a dit le représentant du personnel : tous auraient préféré éviter cette épreuve, mais si le plan est effectivement réalisé, ce sera un moindre mal et le pire aura pu être évité.

Unité 8 • Les relations professionnelles à l'intérieur de l'entreprise

2. Le contrat de travail

Présentateur : Pour votre rubrique « Emploi », Jean-Claude Vergne, vous recevez aujourd'hui Sophie Louveau.

J.-C. Vergne : Oui, Jean-Pierre. Vous avez sans doute fait, comme moi, le constat que, dans le domaine du travail, les jeunes d'aujourd'hui ont

beaucoup moins de chance que nous n'en avons eu. Après un certain temps passé à faire des petits boulots, beaucoup d'entre eux aspirent à davantage de stabilité. Ils rêvent de trouver un travail fixe. C'est votre cas, Sophie. Vous avez 28 ans, et depuis un peu plus d'un an maintenant, vous travaillez dans la même entreprise. Votre travail ne vous passionne pas vraiment, mais avec votre CDD, vous vous sentez pour un certain temps à l'abri du chômage et de la précarité des petits boulots, n'est-ce pas ?

Sophie : Tout à fait. Il y a quelques années, j'ai voulu devenir gérante d'un magasin, mais il me fallait une garantie bancaire. Et aucune banque n'a voulu me l'accorder. Vous savez, j'ai quitté l'école à 16 ans sans qualification professionnelle, alors… Après, j'ai fait à peu près tous les métiers : j'ai gardé des enfants, j'ai travaillé à la chaîne, j'ai été serveuse de restaurant. Et puis, il y a eu la vente à domicile, le travail saisonnier… Un peu de tout quoi !

J.-C. Vergne : Et après l'échec de votre tentative dans le commerce, vous vous êtes inscrite dans plusieurs agences d'intérim.

Sophie : Au début, dans l'intérim, les entreprises ne vous proposent que des boulots très courts. Souvent de quelques jours. Pour vous tester. Et puis, au bout de quelques mois, on vous fait des contrats plus longs. C'est comme ça ! Après je ne sais plus combien de petits contrats de courte durée, eh bien, j'ai fini par trouver mon emploi actuel. Bien sûr, l'idéal, ce serait que ce contrat, une fois terminé, soit transformé en CDI. J'ai de l'espoir, mais je n'y crois pas trop.

J.-C. Vergne : Et c'est là en effet que se situe le problème. Au niveau de la prise de risque, c'est tellement plus facile pour un chef d'entreprise de s'assurer le concours de travailleurs intérimaires, voire d'accorder des CDD. Le problème, c'est que pendant ce temps, les jeunes mettent des années à trouver la stabilité professionnelle. Des années… mais il y a aussi ceux qui ne la trouvent jamais.

Présentateur : C'était la rubrique « Emploi » de Jean-Claude Vergne que nous retrouverons demain. Bonne journée à tous et à demain !

4. La rupture du contrat de travail

Le directeur : Bonjour, Gérard. Entrez, asseyez-vous.

L'employé : Bonjour Monsieur. Merci.

Le directeur : Gérard, la démarche que je suis en train de faire n'est jamais agréable pour un chef d'entreprise. Mais, on est parfois obligé de licencier du personnel. Et vous faites malheureusement partie des six personnes de cette entreprise qui devront être licenciées en raison d'une restructuration. Comme vous le savez, nous allons acheter de nouvelles machines automatiques. Et nous aurons forcément besoin de moins de personnel. Or, Gérard, vous faites partie de ceux qui n'ont pas la qualification nécessaire à l'utilisation de ces machines. C'est la raison pour laquelle je suis amené à me séparer de vous. Comprenez bien que ce n'est pas de gaieté de cœur, mais je n'ai pas le choix.

L'employé : Je veux bien vous croire, mais j'ai 38 ans, j'ai deux enfants à l'école et ma femme aussi a perdu son emploi. Qu'est-ce que nous allons devenir ?

Le directeur : Je sais… Je sais… C'est la raison pour laquelle je ne vais pas vous laisser partir comme ça. Je n'en ai d'ailleurs pas le droit. Nous allons appliquer la loi : vous travaillez chez nous depuis huit ans, vous allez donc percevoir deux dixièmes de mois de salaire par année d'ancienneté.

L'employé : Et pour les indemnités de chômage, comment ça se passe ?

Le directeur : Si vous souhaitez vous inscrire au chômage, le directeur des ressources humaines vous expliquera les démarches à effectuer. Mais je vais vous proposer autre chose : vous avez la possibilité de faire un stage de 9 mois qui vous permettra d'acquérir la qualification que vous n'avez pas. Ensuite, si la situation le permet, vous pourrez réintégrer l'entreprise.

L'employé : Me remettre à étudier, à mon âge ? Je ne vais jamais y arriver !

Le directeur : Vous pouvez au moins essayer. Si cette solution ne vous satisfait pas, je peux aussi vous proposer d'aller travailler dans notre usine de Saint-Sulpice.

L'employé : Mais c'est à 800 kilomètres d'ici ! J'ai pas envie de quitter la région.

Le directeur : Réfléchissez, cela vaut peut-être la peine. Et puis vous aurez une aide financière pour vous installer à Saint-Sulpice. Bon, en tout cas, vous avez plusieurs possibilités. Réfléchissez et faites-moi connaître votre réponse d'ici à la fin de la semaine. De toute façon, ces propositions vous seront indiquées dans la lettre de licenciement que vous recevrez demain. Vous aurez le temps de les étudier.

L'employé : Bon, bon, d'accord… Au revoir Monsieur Laplane.

Le directeur : Au revoir Gérard… et réfléchissez bien.

Unité 9 • Clients, partenaires et concurrents

2. Réclamations et réparations

La conseillère : Conso Infos Service, bonjour !

La consommatrice : Bonjour Madame. Voilà de quoi il s'agit. Je viens de prendre un abonnement au câble et, pour différentes raisons, je souhaiterais revenir sur ma décision. C'est possible ?

La conseillère : Vous avez pris cet abonnement quand ?

La consommatrice : C'était avant-hier.

La conseillère : Alors il n'y a pas de problèmes. Vous avez un délai de sept jours pour vous rétracter. Jusqu'à une date récente, ce délai n'était applicable qu'aux achats. Mais depuis août 2001, le délai de rétractation est étendu aux services. Il y a des exceptions, mais en ce qui concerne l'abonnement au câble, il n'y a aucun problème. C'est un droit.

La consommatrice : Je vous remercie.

La conseillère : Je vous en prie. Et n'hésitez pas à nous rappeler si vous rencontrez la moindre difficulté. Ah, attendez… je vais vous donner la référence de l'ordonnance… Voilà… Alors, c'est l'ordonnance N° 2001-741 du 23 août 2001. Elle est parue au journal officiel le 25 août. Bonne journée Madame.

La conseillère : Conso Infos Service, bonjour !

Le consommateur : Bonjour. Je voudrais vous raconter une situation très délicate dans laquelle je me suis trouvé l'autre jour. Sur le coup, je n'ai pas su comment réagir…

La conseillère : Je vous écoute.

Le consommateur : Voilà. J'avais réservé une table de restaurant en demandant la possibilité d'avoir deux chaises bébés à disposition. La gérante m'a répondu qu'il n'y avait pas de problèmes, à condition que les enfants ne soient pas agités. Comme il est impossible de garantir cela avec des enfants de 16 et 25 mois, j'ai préféré aller ailleurs…

La conseillère : Mais Monsieur, vous aviez parfaitement le droit de dîner dans ce restaurant ! Même avec des enfants en bas âge. C'est

un cas de discrimination. À ce titre il peut être puni de deux ans d'emprisonnement et de 30 000 euros d'amende, conformément à l'article 225 du nouveau Code pénal. Vous savez, ce genre de plainte est très fréquent… et il ne faut pas se laisser faire.

Le consommateur : Ah oui ? Et bien d'accord… Bon, je vous remercie.

La conseillère : Je vous en prie. Au revoir Monsieur.

4. Les règles de la concurrence

Sylviane : Coup dur pour Canal + : la chaîne cryptée avait obtenu de la Ligue de football professionnel l'exclusivité des droits télévisés pour la diffusion de trois saisons de matchs de première division. Mais le Conseil de la concurrence a suspendu l'octroi des droits du foot à Canal +, au motif qu'en l'occurrence, il y avait, de la part de la chaîne, abus de position dominante. Rappel des faits : Jean-Pierre Costal.

Jean-Pierre Costal : Merci Sylviane. Tout a commencé le 14 octobre 2002. La Ligue de football professionnel (la LFP) lance alors une consultation auprès des chaînes de télévision cryptées, afin d'attribuer les droits de diffusion des matches de championnat de France de première division pour les saisons de 2004 à 2007. Le 15 novembre, le conseil d'administration de la Ligue affirme publiquement « sa préférence » pour Canal + qui propose 480 millions d'euros par an pour l'exclusivité. Le 18 novembre, TPS, son principal concurrent, dépose une plainte contre Canal + et la ligue devant le Conseil de la concurrence pour abus de position dominante. Le 14 décembre, la LFP décide malgré tout d'attribuer l'exclusivité des droits au groupe Canal +. Le 8 janvier 2003, TPS et Canal + sont entendus par les rapporteurs du Conseil de la concurrence. Le 23 janvier, les juges de l'instance de régulation décident de suspendre les effets de l'attribution exclusive des droits jusqu'à la décision du Conseil de la concurrence sur le fond.

Sylviane : Il faut savoir que Canal + détient 64,8 % du marché des chaînes cryptées alors que TPS, de création plus récente, n'en détient que 11,7 %. Dans son communiqué, le Conseil de la concurrence rappelle que l'attribution exclusive d'un bien à une entreprise dominante peut avoir des effets restrictifs de concurrence. Dans le cas présent, l'attribution exclusive des droits à Canal + pourrait mettre en danger la survie de TPS. Pour l'instance de régulation, il n'est pas exclu que la LFP ait adopté un comportement discriminatoire ayant pour objet, et pour effet, de favoriser Canal + au détriment de TPS et par là même d'évincer le seul concurrent du marché.

Unité 10 • Les relations entre les entreprises et les pouvoirs publics

1. La fiscalité et les charges sociales

Journaliste : La baisse des impôts – voire chez certains candidats la suppression de certains impôts – a été au cœur de la campagne électorale. Certains experts la jugent réaliste, d'autres la renvoient dans la catégorie des promesses électorales qui ne seront pas tenues. Pour mieux comprendre le problème, nous avons invité Gilles Debade dont une partie du livre qu'il vient de publier tente de répondre à l'éternelle question : faut-il diminuer les impôts et si oui, lequel – ou lesquels ? Gilles Debade, la question est bien plus complexe qu'elle n'en a l'air.

Gilles Debade : La baisse des impôts – ou plutôt la baisse d'un impôt, car il est clair qu'aucun gouvernement ne peut se permettre de baisser plusieurs impôts en même temps – est une décision difficile à prendre car elle fait jouer des arguments politiques et économiques à la fois.

Réduire les charges fiscales des familles ou des entreprises est, du point de vue politique, une bonne chose. Sur le plan économique, cela présente aussi l'intérêt de relancer la consommation. Mais on pourrait aussi imaginer que cet argent soit dépensé pour financer des services insuffisants ou inexistants, enfin bref, pour améliorer la qualité de vie des citoyens.

Si toutefois le gouvernement décide de baisser un impôt, se pose alors la question de savoir lequel baisser. Car le maintien ou la baisse de la plupart des impôts et taxes présentent autant d'avantages que d'inconvénients.

Journaliste : Par exemple ?

Gilles Debade : Eh bien, par exemple, l'impôt sur le revenu. Bon… il est très impopulaire parce qu'il est calculé sur la base d'une déclaration. Les particuliers le paient directement, pour ainsi dire… Mais, d'une part, il n'est pas l'impôt qui rapporte le plus de recettes à l'État et, d'autre part, il faut pas oublier que moins de la moitié des ménages paient l'impôt sur le revenu.

Il y aussi la TVA. Mais cette mesure est politiquement peu rentable. C'est en effet un impôt qui ne se voit pas, si l'on peut dire, puisqu'il est inclus dans le prix d'un produit ou d'un service.

La réduction de la CSG et des charges sociales serait par contre très populaire. Chacun peut en effet voir ce qu'elles lui coûtent en regardant sa fiche de paie. Mais dans une période où la croissance des dépenses sociales est élevée, cela peut être extrêmement dangereux. Ça supposerait, en effet, une intervention plus importante de l'État dans le financement de la sécurité sociale. Il faut donc être prudent.

Alors, on pourrait enfin songer à diminuer la taxe d'habitation. Elle touche tout le monde, elle est lourde et son calcul est injuste. Mais cela obligerait alors l'État à compenser le manque à gagner des collectivités locales. Alors, comme vous le voyez, il n'est pas facile de diminuer les impôts.

Journaliste : Gilles Debade, je vous remercie.

3. Quelques aspects des relations entre l'entreprise et l'État (ou l'UE)

Journaliste : L'adoption, hier, par le Parlement européen de la directive dite Vilvorde, n'est pas tout à fait passée inaperçue mais n'a pas non plus soulevé l'enthousiasme des travailleurs.

Rappelez-vous. L'affaire débute le 27 février 1997. Ce jour-là, sans qu'aucun signe avant-coureur n'ait été donné, Renault rend publique sa décision de purement et simplement fermer son usine de Vilvorde. La petite ville belge devient alors subitement le centre de l'actualité sociale du moment. Les ouvriers tombent des nues et refusent d'accepter ainsi la fermeture de l'usine et le licenciement collectif qui s'ensuit. Très vite, plusieurs autres usines Renault de différents pays de l'Union européenne se mettent en grève, par solidarité avec leurs collègues de Vilvorde. Ce mouvement – le premier à dimension européenne – a été qualifié de « première eurogrève ». Il a fait prendre conscience de la nécessité d'informer le personnel sur l'état de l'entreprise et de le consulter sur son avenir.

Deux ans plus tard, la Commission européenne propose un projet de directive. Mais, en raison du blocage effectué par certains pays qui ne disposaient pas de législation concernant l'information des travailleurs et qui n'étaient pas disposés à en accepter une, il a fallu trois ans pour que cette directive aboutisse.

Entre-temps, plusieurs gouvernements, comme celui de la Belgique, en ont tiré les leçons et se sont dotés de lois nationales qui imposent l'information et la consultation des travailleurs.

Si cet état de fait explique le peu de réactions suscitées par le vote de la directive de la part des travailleurs, plusieurs centrales syndicales et fédérations européennes de syndicats ont cependant qualifié la directive, malgré ses imperfections et ses limites, « d'avancée sociale significative ».

Corrigés

Unité 1.1.

❶ **a.** droit national, privé, commercial – **b.** droit national, privé, du travail – **c.** droit national, public, pénal – **d.** droit national, privé, civil – **e.** droit public international – **f.** droit privé, commercial – **g.** droit national, public, pénal

❷ **a.** /**g.** : droit privé international – **b.**/**e.** : droit national, privé, civil – **c.**/**d.** : droit national, public, social – **f.**/**i.** : droit public international – **h.**/**j.** : droit privé commercial

❸ **a.** relèvent du – **b.** régit – **c.** concerne – **d.** s'applique à

❹ **a.** l'autorité publique – **b.** un organisme – **c.** les personnes physiques, les personnes morales

Unité 1.2.

❶ **a.** droit privé, du travail – **b.** la jurisprudence, vide juridique, source indirecte (la décision ne relève pas de l'application d'une loi)

❷ **a.** F – **b.** V – **c.** V – **d.** F

❸ **a.** visant à – **b.** conformément à – **c.** en vertu du – **d.** suite à

❹ **a.** va faire jurisprudence – **b.** pris un arrêté – **c.** avoir force de loi

Unité 1.3.

❶ **a.** régulièrement réactualisés – **b.** instaurer une même loi valable pour tous – **c.** compiler dans un recueil unique l'ensemble des lois – **d.** le principe de codification

❷ Code de commerce : larges extraits du Code monétaire et financier, rubrique de synthèse « contrats d'affaire » ; Code pénal : Code de la route, Douanes, Enfance délinquante, 13 000 références de jurisprudence pénale ; Code du travail : 400 pages de textes complémentaires non codifiés, textes complémentaires pratiques, annotations de jurisprudence.

❸ **a.** instituer une commission – **b.** jouer un rôle croissant – **c.** se développer avec de nouvelles rubriques – **d.** sanctionner les comportements fautifs

❹ **a.** l'intégralité – **b.** références – **c.** appendice – **d.** extraits

Unité 1.4.

❶ et ❷ Droit négocié : obligation de négociation, cadre imposé mais modalités négociées, consultation obligatoire entre patrons et employés, participation obligée des travailleurs aux décisions – principales dispositions : moins de travail avec le même salaire, RTT progressive mais générale, meilleur partage du travail (limitation des heures supplémentaires, aides financières de l'État à condition d'engager de nouveaux employés)

❸ **a.** La France participe à l'effort de collaboration et d'harmonisation des systèmes juridiques. – **b.** Les États n'ont plus d'autonomie dans des domaines comme la réglementation de la concurrence. – **c.** Les conventions collectives associent les employés à la prise de décisions. – **d.** Selon les lois Auroux, l'employeur est tenu de négocier chaque année salaires et organisation du travail lorsqu'il existe, dans l'entreprise, une ou des section(s) syndicale(s).

❹ **a.** /2 – **b.**/3 – **c.**/1

❺ **a.** l'harmonisation – **b.** négociation – **c.** la primauté – **d.** les normes

Unité 1. *Faisons le point*

❶ Le droit pénal concerne les personnes qui commettent des infractions. – Les décrets d'application se réfèrent à une loi. – Un code a pour but de compiler les textes juridiques relatifs à un domaine précis.

❷ **a.** Le droit public régit les relations des citoyens avec l'autorité publique. – **b.** Les maires prennent des arrêtés municipaux visant à réglementer la vie de leur commune. – **c.** Un code est une compilation de textes juridiques concernant un domaine du droit.

❸ **a.** d'une manière générale, s'applique, personnes privées – **b.** en cas de, se réfère, la jurisprudence – **c.** en application du, primauté, être en conformité avec

Unité 2.1.

❶ **a.** égalité devant la loi – **b.** souveraineté nationale exercée par les représentants du peuple et le référendum – **c.** conditions prévues/déterminées par la loi – **d.** égal accès des femmes et des hommes aux mandats électoraux et aux fonctions électives

❷ **a.** la Marseillaise – **b.** le drapeau tricolore – **c.** Marianne – **d.** Liberté, Égalité, Fraternité.

❸ **a.** assure – **b.** appartient – **c.** s'attribuer – **d.** exerce – **e.** favoriser

❹ **a.** sont édictés – **b.** a été proclamé – **c.** détermine – **d.** sont autorisés à

Unité 2.2.

❶ **a.** contrôle de l'exercice des pouvoirs législatifs et exécutifs / Conseil constitutionnel – **b.** pouvoir législatif / Sénat – **c.** pouvoir exécutif / président de la République – **d.** pouvoir exécutif / ministre de l'Environnement – **e.** pouvoir législatif / Assemblée nationale et Sénat – **f.** pouvoir exécutif / président de la République

❷ **a.** a présenté – **b.** ont adopté – **c.** siège – **d.** ont déposé – **e.** a été rejeté

❸ **a.** projet / propositions – **b.** la formation / l'élaboration – **c.** répartition / attributions

Unité 2.3.

❶ **a.** F – **b.** V – **c.** F

❷ **a.** conseil régional / président du conseil régional / préfet de région – **b.** conseil général / président du conseil général / préfet de département / – **c.** conseil municipal / maire et adjoints / préfet de département

❸ Monsieur Charles Podeau est préfet de la région du Languedoc-Roussillon où il représente l'État français. Il est chargé de la mise en œuvre dans sa région de la politique nationale et de coordonner les activités des préfets des cinq départements de sa région. – Madame Paton est adjointe au maire de Pantin.

Elle l'assiste dans l'exécution des décisions du conseil municipal sous le contrôle du préfet de département. – M. Georges Delfau est président du conseil régional de la région Rhône-Alpes. Il exécute les décisions votées par le conseil régional sous le contrôle du préfet de région. – M. Gilles Soumidan est conseiller général. Il siège au conseil général, participe à ses travaux et s'exprime par le vote sur les décisions proposées et débattues au sein du conseil général.

❹ **a.** est représenté – **b.** décentraliser – **c.** attribue – **d.** administre

❺ **a.** le respect – **b.** la publication – **c.** la mise en œuvre

Unité 2.4

❶ **a.** ? – **b.** législatives – **c.** présidentielles – **d.** ? – **e.** européennes – **f.** municipales

❷ **a.** V – **b.** F – **c.** V – **d.** F

❸ **a.** Les sénateurs. – **b.** Les élections municipales, régionales, européennes. – **c.** S'il obtient plus de 50 % des voix. – **d.** Oui, s'il obtient plus de 50 % des voix.

❹ **a.** scrutin majoritaire à deux tours – **b.** scrutin majoritaire à deux tours – **c.** scrutin de liste à un tour – **d.** scrutin majoritaire – **e.** scrutin uninominal – **f.** scrutin majoritaire – **g.** scrutin de liste

❺ **a.** a été élu – **b.** a obtenu – **c.** désigner – **d.** se sont présentés

❻

	Propor-tionnel	Majori-taire	Les deux	Pour certaines élections	Pour toutes les élections
Gilbert	X				X
Gabrielle	X			X	
Roger		X			X
Julien			X		

Unité 2. *Faisons le point*

❶ **a.** sénatorial – **b.** présidentiel – **c.** municipal – **d.** le président de la République et le Premier ministre – **e.** le Sénat et l'Assemblée nationale

❷ constituent – examine – siègent – débute – se termine – excéder

❸ a)**a.** F – **b.** F – **c.** V – **d.** F – **e.** V

b)**a.** passera par – **b.** sont touchés par – **c.** sont associés – **d.** est chargé de – **e.** gérer

Unité 3.1.

❶ **a.** Le passage à l'Europe des 25. – **b.** Les gens qui ne croient pas en l'Union européenne. – **c.** L'Europe, on en parle beaucoup mais on ne fait pas grand chose / mais on n'avance pas. – **d.** La crainte que chaque état membre ne puisse plus décider pour lui-même. – **e.** La suppression des frontières. – **f.** L'introduction de la monnaie unique.

❷ **a. Hors zone Euro :** Royaume-Uni, Suède, Danemark – **Hors espace Schengen :** Irlande, Royaume-Uni, Suède, Danemark, Finlande

❸ Le traité de Rome institue la Communauté économique européenne. – Le traité d'Amsterdam instaure le renforcement de la coopération. – Le Conseil européen a pour fonction de tracer les orientations de la politique de l'UE. – La Cour de justice détient le pouvoir d'arbitrer les conflits internes.

❹ **a.** porte création – **b.** est entrée en vigueur – **c.** constitue une instance – **d.** est un organe

❺ **a.** litige – **b.** la construction – **c.** l'élargissement – **d.** réforme

Unité 3.2.

❶ **a.** le Conseil européen – **b.** la Commission européenne – **c.** le Conseil des ministres de l'UE

❷ **a.** le Conseil européen – **b.** le Conseil des ministres de l'UE – **c.** la Commission européenne – **d.** le Conseil européen – **e.** la Cour de justice des Communautés européennes – **f.** la Commission européenne

❸ **a.** une directive – **b.** un règlement – **c.** une décision – **d.** la majorité qualifiée

❹ **a.** procédure – **b.** solutions – **c.** proposition – **d.** sanctions

Unité 3.3.

❶ **a.** la procédure de codécision – **b.** la procédure d'avis conforme – **c.** la procédure de consultation – **d.** la procédure de coopération

❷ **a.** urgente – **b.** élu – **c.** augmentés – **d.** élu – **e.** politique et de fonctionnement

❸ **a.** Les attributions du Parlement européen sont en train de changer. – **b.** Il est proposé que le président de la Commission européenne soit élu par le Parlement. – **c.** Parce que cela risque de provoquer des conflits.

❹ **a.** est habilitée à – **b.** bénéficie de – **c.** est tenu de – **d.** se prononcer sur

❺ **a.** l'interpellation – **b.** la démission – **c.** l'adoption – **d.** le réexamen

Unité 3.4.

❶ **a.** Régler les litiges entre personnes physiques et Union européenne. – **b.** Régler les litiges entre États membres. – **c.** Régler les litiges entre États membres et Commission européenne. – **d.** Régler les litiges entre personnes juridiques et Union européenne.

❷ **a.** droit international général – **b.** accords internationaux conclus par l'UE – **d.** conventions entre États – **e.** droit dérivé

❸ **a.** est assisté de – **b.** a rendu – **c.** est compétent pour – **d.** soumis au

❹ **a.** a été poursuivie / manquement aux – **b.** une juridiction nationale / l'interprétation du – **c.** a ratifié – **d.** font jurisprudence

Unité 3. *Faisons le point*

❶ **a.** commission / initiative / exécution / gestion / contrôle / traités / décisions / conseil des ministres – **b.** conseil / ministres / décision /simple / qualifiée / unanimité / règlements / directives / décisions – **c.** Conseil / directrices /politique / politiques / dossiers sensibles – **d.** Parlement / consultation / coopération / codécision / avis conforme

Unité 4.1.

❶ **a.** La justice est accessible à tous. – **b.** Il y a risque d'erreur judiciaire. – **c.** La justice est égale pour tous. – **d.** La justice garantit le droit à la défense. – **e.** La justice donne droit à des recours.

❷ **a.** La justice est séparée des pouvoirs législatif et exécutif. – **b.** La justice est hiérarchisée. – **c.** La justice garantit le respect de la procédure. – **d.** La justice est spécialisée.

❸ **a.** Tout prévenu est considéré comme innocent tant qu'il n'a pas été jugé coupable. – **b.** Les personnes majeures dont les revenus sont insuffisants et tous les mineurs peuvent bénéficier de l'assistance gratuite d'un avocat.

❹ **a.** recours – **b.** l'abolition – **c.** gracier – **d.** cassé – **e.** domaine géographique déterminé

❺ **a.** une bonne affaire – **b.** le droit à la retraite – **c.** être excusé – **d.** le principe de morale – **e.** la compétence intellectuelle

Unité 4.2.

❶ **Nouvelle 1 :** treize familles – refus – cour d'appel administrative – **Nouvelle 2 :** Angolais – décision préfectorale cassée – cour administrative d'appel – **Nouvelle 3 :** on ne sait pas – deux ans de prison ferme – cour d'appel – **Nouvelle 4 :** directeur d'hypermarché – coupable – cour d'appel

❷ **a.** tribunal correctionnel – **b.** cour d'appel – **c.** tribunal d'instance – **d.** tribunal administratif

❸ **a.** saisir – **b.** rendra – **c.** déposer / former – **d.** porte

❹ **a.** / 3 – **b.** /4 – **c.** /1 – **d.** /2

❺ **Rayer :** incompétente – recevable – facultative

Unité 4.3.

❶ **a.** F – **b.** V – **c.** V – **d.** V

❷ **a.** Il avait fait appel du procès en assises. – **b.** Non. La sentence a été plus sévère. – **c.** Elle n'était pas assez aimable avec les clients et ne respectait pas le style de la maison. – **d.** Elle conteste son licenciement qu'elle considère comme abusif. – **e.** Non. Il peut faire appel.

❸ **a.** a infligé – **b.** porter – **c.** acquitté – **d.** a rendu

❹ **a.** la conciliation – **b.** rendre son délibéré – **c.** condamner à la réclusion criminelle à perpétuité – **d.** faire du trafic de stupéfiants

Unité 4.4.

❶ **a.** 1 : Titre III – 2 : point B/3 – 3 : point B/5 – 4 : point A/2 – 5 : point A/1 – 6 : point B/1

b. Témoignage 1 : punir seulement / aider – **Témoignage 2 :** juger des enfants de 10 ans, emprisonner des enfants de 13 ans / les éduquer – **Témoignage 3 :** faire payer une amende aux parents / aider la famille à résoudre ses problèmes – **Témoignage 4 :** construire des prisons pour mineurs / ouvrir des centres d'accueil – **Témoignage 5 :** créer des centres fermés / créer des centres éducatifs non fermés – **Témoignage 6 :** accélérer les procédures judiciaires / aider psychologiquement l'adolescent

❷ **Ce qui reste :** prendre des sanctions pénales à l'encontre des mineurs de treize ans, vocation éducative et préventive, mesures de réparation – **Ce qui est renforcé :** renforcer le dispositif de traitement des mineurs récidivistes ou violents, créer de nouveaux quartiers pour les mineurs dans les établissements pénitentiaires et créer des établissements pénitentiaires autonomes pour les mineurs – **Ce qui change / est nouveau :** les moins de treize ans peuvent faire l'objet de procédures pénales, création de centres fermés, intervention rapide du juge de proximité dans le champ des petites infractions, amende civile aux parents

❸ **a.** Il faut prendre des mesures préventives. – **b.** Un jeune délinquant doit comparaître devant le tribunal. – **c.** Il faut éviter la récidive. – **d.** Certains parents manquent à leurs obligations.

❹ **a.** / 2 – **b.** / 3 – **c.** / 1 – **d.** / 4

Unité 4. *Faisons le point*

❶ **a.** tribunal des mineurs – **b.** Cour européenne des droits de l'homme – **c.** tribunal administratif – **d.** conseil des prud'hommes – **e.** tribunal de police

❷ **a.** F – **b.** F – **c.** F – **d.** F – **e.** V – **f.** V

❸ **a.** un litige – **b.** un délit – **c.** un recours – **d.** une sanction – **e.** l'amnistie

❹ **a.** comparaître devant le tribunal – **b.** verser des dommages et intérêts – **c.** casser un jugement – **d.** être condamné à la réclusion à perpétuité – **e.** confirmer une peine

Unité 5.1.

❶ **a.** médiation / médiateur de la République – **b.** médiation judiciaire / médiateur habilité par la justice – **c.** médiation pénale / médiateur habilité par la justice – **d.** conciliation / conseil des prud'hommes – **e.** conciliation / conciliateur de justice

❷ 1. classement sans suite – 2. non-lieu – 3. acquittement

❸ **a.** enquête – **b.** rendu du jugement /prononcé de la décision – **c.** instruction – **d.** jugement

❹ **a.** un compromis – **b.** habilité – **c.** un litige / un conflit – **d.** le règlement – **e.** amiable – **f.** parvenir à

❺ **a.** enquête – **b.** classement – **c.** infraction – **d.** acquittement – **e.** non-lieu

❻ défense / défendre / condamnation / contravention / amnistiée / peine maximale / rassurer / Cour / réquisitions

Unité 5.2.

❶ **a.** a. un témoin – **b.** l'avocat général / le procureur général – **c.** le juge d'instruction / un policier / un avocat / le président – **d.** l'accusé / le témoin – **e.** le président

❷ **a.** assiste le président / fonctionnaire – **b.** veille à l'application de la loi, représente le ministère public, agit au nom de la société / fonctionnaire – **c.** défend l'accusé / profession libérale – **d.** membre du jury / simple citoyen – **e.** lit l'acte d'accusation, présente les pièces à conviction, rédige le procès-verbal des débats.

❸ **a.** Homicide volontaire : Jeanne Vallon a délibérément tiré sur son fils. – **b.** Accusée : elle est l'auteur du meurtre. – **c.** Interrogatoire : il s'agit d'un procès, pas d'un examen. – **d.** Avocat général : c'est lui qui propose la peine à infliger au prévenu. – **e.** Peine minimum : compte tenu des circonstances, l'avocat général demande la peine la plus petite légalement applicable en cas de meurtre. – **f.** Condamnation : la prévenue n'a pas été acquittée. – **g.** Prison avec sursis : deux ans.

❹ **a.** a prononcé – **b.** a témoigné – **c.** a exposé – **d.** a plaidé

❺ **a.** une sanction – **b.** une expertise / un expert – **c.** un délibéré / une délibération – **d.** un interrogatoire (Attention ! Le mot *interrogation* n'est pas utilisé dans ce contexte) – **e.** un(e) accusé(e) / une accusation – **f.** une condamnation

Unité 5.3.

❶ **Affaire 1 :** responsabilité de Mme A. dans la blessure de Mme C. qui demande à Mme A. des réparations / jugement de la cour d'appel de Poitiers (non versement de réparations) cassé et annulé et renvoi des parties devant la cour d'appel de Limoges.

Affaire 2 : arrêté préfectoral de reconduite à la frontière de M. D. / annulation de l'arrêté précité, demande au préfet des Hauts-de-Seine de statuer sur la régularisation de la situation de M. D. dans un délai donné, autres demandes de M. D. rejetées.

❷ **a.** Parce que Mme C. s'est blessée au domicile de Mme A. alors qu'elle lui apportait son aide. – **b.** Parce Mme C. conteste la décision de la cour d'appel de Poitiers. – **c.** L'ordonnance du 2 novembre 1945, le code de justice administrative, le rapport de Mme F., les conclusions de M. C. – **d.** Parce qu'il s'agit d'un contentieux entre un particulier et l'administration d'État.

❸ **a.** statuer – **b.** a notifié – **c.** sont tenus de – **d.** annule / a annulé – **e.** est renvoyée

❹ **a.** Attendu que ses déclarations diffèrent de la réalité des faits, elle est accusée de faux témoignage. – **b.** Considérant que le contrat prévoit des clauses de résiliation, il faut les appliquer.

❺ **a.** casse, annule l'arrêté – **b.** reconduite à la frontière – **c.** a rendu son arrêt – **d.** se prononcer

Unité 5.4.

❶ **a.** V – **b.** F – **c.** F – **d.** V – **e.** V

❷ **a.** 1998 : tribunal correctionnel d'Agen (8 mois avec sursis), pas d'appel – **b.** mars 2001 : cour d'appel de Montpellier (3 mois de prison ferme), pourvoi en cassation – **c.** décembre 2001 : cour d'appel de Montpellier (6 mois de prison ferme et 50 000 francs d'amende) – **d.** pourvoi en cassation

❸ **a.** Il accumule les condamnations et la prison ferme entraîne la révocation du sursis si le pourvoi est rejeté. – **b.** Les faits reprochés sont jugés graves et les prévenus se disent prêts à recommencer. – **c.** Le Principe de précaution et l'état de nécessité (rien ne prouve que les plantes transgéniques ne sont pas nuisibles à la santé d'une part, à l'environnement d'autre part). – **d.** José Bové, s'il ne peut éviter la prison, compte sur l'amnistie présidentielle traditionnellement consécutive à la prise de fonctions du nouveau président de la République. – **e.** Il accuse la justice d'être au service du pouvoir économique, de commettre des erreurs historiques et les militants de son organisation orchestrent une large médiatisation de ses procès.

❹ **a.** effectuer un nouveau séjour en détention – **b.** amnistier – **c.** la confirmation des peines prononcées – **d.** l'évacuation *manu militari*

❺ **a.** écoper de huit mois de prison avec sursis – **b.** suspendre l'exécution des peines – **c.** entraîner la révocation du sursis – **d.** encourir une condamnation

Unité 5. *Faisons le point*

❶ **a. L'enquête :** mise en garde à vue des suspects – interrogatoire du / des suspects / prévenu(s), interrogatoire des témoins, examen des pièces à conviction, dossier transmis au procureur si l'affaire doit être poursuivie

b. L'instruction : établir les circonstances de l'infraction, rechercher l'auteur, rechercher les preuves de culpabilité, ordonnances de non-lieu ou de renvoi devant le tribunal auquel il transmet les pièces du dossier

c. Le procès : lecture de l'acte d'accusation, communication des résultats des enquêtes de police et d'instruction, interrogatoire de l'accusé, audition des témoins, plaidoiries et réquisitoire, délibéré du jury, annonce du verdict

d. Les suites possibles du procès : peines de prisons fermes ou avec sursis, réclusion criminelle à perpétuité, amendes, acquittement, non-lieu, appel, pourvoi en cassation

❷ **a.** ouverture du procès / président / greffier / identité de l'accusé, appel et serment des jurés et des témoins, lecture de l'acte d'accusation, résultats des enquêtes – **b.** auditions / accusé, témoins, experts / présenter les différents éléments du dossier : interrogatoire, intervention des témoins et des experts – **c.** réquisitoire, plaidoiries / procureur (ou avocat général), avocat de la partie civile, avocat de la défense / prouver la culpabilité de l'accusé, prouver son innocence ou expliquer (relativiser) son acte, demander la condamnation de l'accusé – **d.** délibéré et prononcé de la décision / magistrats du siège, jurés / répondre aux questions (vote) – **e.** énoncé de la sentence / président

❸ **a.** acquitter – **b.** suspendre – **c.** requête – **d.** instruire – **e.** contravention – **f.** concilier

❹ **a.** a pris le parti de – **b.** agissent – **c.** ordonnait – **d.** a déposé / formé

Unité 6.1.

❶ **a.** droit extra-patrimonial (droits économiques et sociaux) – **b.** droit patrimonial (droits intellectuels) – **c.** droit extra-patrimonial (droits de la personnalité)

❷ **a.** obligation de faire – **b.** obligation de moyens – **c.** obligation légale

❸ **a.** obligation de donner – **b.** droits de la personnalité (respect de la vie privée) – **c.** droits de la famille

❹ **a.** sont un droit. – **b.** a droit à – **c.** ont des droits sur – **d.** a le droit de

❺ **a.** une association – **b.** une société – **c.** l'ordre – **d.** le syndicat – **e.** la région – **f.** le ministère

❻ **a.** collectivité territoriale – **b.** établissement public – **c.** personne physique – **d.** société commerciale

Unité 6.2.

❶ **a.** responsabilité civile quasi délictuelle – **b.** responsabilité civile contractuelle – **c.** responsabilité civile délictuelle – **d.** responsabilité pénale des personnes morales

❷ **a.** Un automobiliste renverse un passant sur un passage pour piétons. – **b.** Un dommage causé par un enfant mineur. – **c.** Une branche d'un arbre du jardin de M. Dupont tombe sur la voiture de M. Martin garée devant le jardin de M. Dupont. – **d.** Un automobiliste ne respecte pas le code de la route et provoque un accident. – **e.** Le patron d'une entreprise de transports fait effectuer par un de ses employés un voyage par temps de neige alors que le camion n'est pas équipé de pneus neige.

❸ **a.** /2 – **b.** /4 – **c.** /1 – **d.** /3

❹ **a.** les dispositions – **b.** la conformité – **c.** la réparation – **d.** la mise en circulation

❺ **a.** lié – **b.** atteinte – **c.** législatif ou réglementaire – **d.** plein droit

Unité 6.3.

❶ **a.** indivision – **b.** abusus – **c.** bien immobilier – **d.** usus – **e.** fructus – **f.** bien mobilier

❷ **a.** l'enquête d'utilité publique préalable – **b.** l'enquête parcellaire – **c.** le transfert de propriété – **d.** l'acte de cession – **e.** l'ordonnance d'expropriation du juge – **f.** la fixation des indemnités d'expropriation

❸ **a.** F – **b.** F – **c.** V – **d.** F

❹ **a.** multipropriété – **b.** clauses – **c.** viager – **d.** obligations légales

❺ **a.** la possession – **b.** l'expropriation – **c.** la perception – **d.** la dispense – **e.** la répartition – **f.** la jouissance – **g.** le respect – **h.** la restriction – **i.** l'extinction

Unité 6.4.

❶ **a.** la clientèle – **b.** l'enseigne – **c.** le nom commercial – **d.** le droit au bail – **e.** le stock de marchandises

❷ **a.** et **f.** le brevet – **b.** les droits d'auteur – **c.** la marque – **d.** le logiciel – **e.** la propriété artistique, le modèle

❸ **a.** L'information (a) ne figure pas dans le document ; l'information (d) est fausse.

❹ **a.** a déposé – **b.** est habilité à – **c.** confère – **d.** tirer profit de

❺ **a.** exploiter/l'exploitation/exploité ; acquérir/l'acquisition/acquis ; consentir/le consentement/consenti ; confondre/la confusion/confondu

❻ **a.** identique – **b.** distinctif – **c.** similaire – **d.** exclusif

Unité 6. *Faisons le point*

❶ **a.** droits patrimoniaux et extra patrimoniaux – **b.** obligations selon leur objet, selon leur source, selon leur effet – **c.** contractuelle et délictuelle – **d.** éléments corporels et éléments incorporels – **e.** la mitoyenneté, l'indivision, la copropriété, la multipropriété

❷ **b.** une personne morale – **c.** le fait d'autrui / le fait des choses – **d.** la propriété littéraire et artistique – **e.** l'usus / l'abusus

❸ **a.** et **e.** – **b.** et **d.** – **c.** et **f.**

Unité 7.1.

❶ **a.** société anonyme – **b.** syndicat – **c.** entreprise individuelle – **d.** association – **e.** SARL – f. EURL

❷ **a.** Assemblée générale, informer les actionnaires sur les comptes de la SA. – **b.** Non. L'un est représentant syndical, l'autre s'occupe d'une association. – **c.** Les formalités sont plus simples. **d.** Responsabilité : les associés ; gestion : le gérant.

❸ **a.** V – **b.** V – **c.** F – **d.** F

❹ **a.** est doté de – **b.** promulguée – **c.** en nature, en numéraire – **d.** des capitaux

❺ **a.** à son compte – **b.** dans la limite de – **c.** conformément au – **d.** à but lucratif

Unité 7.2.

❶ **a.** Oui. Il est presque sûr de se constituer une clientèle (risques limités). Investissement dans les limites de ses disponibilités financières. – **b.** Non. La forme juridique de SARL est plus avantageuse (apport de deux expériences différentes, de capitaux et d'outillage). – **c.** Oui. Elle a le financement nécessaire et l'expérience professionnelle.

❷ **a.** Non. Elle est fonctionnaire. – **b.** Non. Il s'agit d'une activité à but non lucratif. La forme juridique d'association est mieux adaptée. – **c.** Oui. Elle est majeure et n'exerce pas d'activités incompatibles avec le statut de commerçant. Sauf si elle est sous le coup d'une interdiction d'exercer des activités de commerce…

❸ **a.** Il a créé une entreprise individuelle et n'est pas tenu de publier ses comptes. – **b.** Il paie seulement l'impôt sur le revenu. – **c.** Tous ses outils de travail lui appartiennent. – **d.** Il n'est pas salarié.

❹ **a.** Le patrimoine de l'entreprise est confondu avec celui du chef d'entreprise. – **b.** L'entrepreneur dispose des pleins pouvoirs pour la gestion de son entreprise. – **c.** L'entrepreneur peut souscrire à un régime complémentaire d'assurance vieillesse, invalidité… – **d.** Elle autorise le choix d'un régime fiscal simplifié et privilégié.

❺ **a.** cession – **b.** entrepreneur – **c.** imposable – **d.** cotisation – **e.** capital – **f.** patrimoine – **g.** statut

Unité 7.3.

❶ **a.** F – **b.** V – **c.** V – **d.** V – **e.** V – **f.** F

❷ **a.** dénomination sociale – **b.** capital – **c.** siège social – **d.** date de constitution – **e.** durée – **f.** objet social – **g.** nombre et montant des parts sociales – **h.** nom du gérant – **i.** numéro d'immatriculation au RCS

❸ **a.** en qualité de – **b.** à hauteur de – **c.** à la somme de – **d.** aux termes du – **e.** à compter du

❹ **a.** le capital – **b.** le nombre de parts sociales – **c.** l'enregistrement – **d.** le siège social – **e.** l'objet social

❺ **a.** un acte notarié – **b.** un acte sous seing privé

Unité 7.4.

❶ **a.** /3 – **b.** /1 – **c.** /4 – **d.** /2

❷ **a.** une situation financière critique – **1.** la capacité de l'entreprise à redresser sa situation financière – **2.** mise en redressement judiciaire – **4.** procédure de mise en préretraite

❸ **a.** cessation de paiements – **b.** période d'observation et redressement judiciaire – **c.** liquidation judiciaire – **d.** offre de reprise

❹ Cessation d'activités : formulaire de déclaration de cessation d'activité, notification au CFE – Dépôt de bilan : comptes de l'année précédente, formulaire de cessation de paiements, état de trésorerie récent, inventaire des biens du débiteur, pièce justificative de l'immatriculation au RCS – Offre de reprise : garantie bancaire, plan prévisionnel, prix de cession

❺ **a.** le créancier – **b.** l'actif – **c.** une offre – **d.** une dette – **e.** la reprise, le redressement – **f.** la création

❻ **a.** obéit à – **b.** faire face à – **c.** fait apparaître – **d.** fournir

Exercices Corrigés

Unité 7. *Faisons le point*

❶ a. Ils ont signé un acte notarié de création de SARL. – **b.** Il est en cessation d'activité. – **c.** Il a créé une entreprise individuelle ou une EURL. – **d.** Il est en cessation de paiements.

❷ a. Oui. Ils ont des capitaux et veulent travailler ensemble. – **b.** Non. Sans garantie bancaire, il est impossible de faire une offre de reprise. – **c.** Non. Le statut d'entrepreneur est incompatible avec celui de fonctionnaire. – **d.** Oui. À condition que ses partenaires puissent effectuer un apport en numéraire si son apport en nature n'atteint pas la valeur de 7 500 euros.

❸ a. faire les comptes annuels (le compte financier) – **b.** transmission/cession d'entreprise – **c.** offre de reprise – **d.** inventaire des biens – **e.** enregistrement d'une nouvelle société

❹ a. notaire et/ou futurs associés – **b.** centre de formalité des entreprises – **c.** tribunal de commerce – **d.** chambre de commerce et d'industrie

❺ a. la cession – **b.** l'exécution – **c.** la cessation – **d.** le redressement – **e.** la liquidation – **f.** le maintien

❻ a. groupement de personnes – **b.** entreprise – **c.** gérant – **d.** président du conseil d'administration

Unité 8.1.

❶ a. V – **b.** V – **c.** F – **d.** F

❷ a. économique – **b.** personnel – **c.** professionnel

❸ a. CDI à temps partiel – **b.** contrat d'intérim – **c.** CDD

❹ a. une négociation – **b.** l'assurance incendie – **c.** le temps retrouvé – **d.** un abandon

❺ a. abus – **b.** croissance – **c.** rupture – **d.** couverture

❻ a. l'assentiment – **b.** le décès – **c.** le terme – **d.** un objectif

❼ a. /4 – **b.** /1 – **c.** /2 – **d.** /3

Unité 8.2.

❶ a. Sophie a quitté l'école à l'âge de 16 ans sans qualification professionnelle. – **b.** Elle a fait tous les métiers. – **c.** Elle n'a pas pu devenir gérante de magasin. – **d.** Elle s'est inscrite dans une agence d'intérim. – **e.** Elle a trouvé un travail en CDD. – Au terme de son CDD, elle espère un CDI pour stabiliser sa situation.

❷ a. Non : il y a discrimination. – **b.** Oui : il est majeur. – **c.** Non : ces informations ne concernent pas son emploi – **d.** Non : n'étant pas originaire d'un pays de l'UE, il doit d'abord obtenir un permis de travail.

❸ a. 5 – **b.** 3 – **c.** 2 – **d.** 6 – **e.** 1

❹ a. la rémunération – **b.** les fonctions – **c.** conventionnel – **d.** une indemnité – **e.** demeurer – **f.** convenir de

❺ a. en qualité de – **b.** en vigueur – **c.** sous réserve d' – **d.** à compter du

❻ a. un préavis – **b.** une période d'essai – **c.** postes à pourvoir – **d.** une convention collective

Unité 8.3.

❶ a. Le directeur en tant que président du comité d'entreprise. – **b.** Les représentants du personnel et les représentants de la direction de la branche en tant qu'acteurs légaux de la renégociation d'une convention collective. – **c.** Les représentants du personnel

(démarche qui fait partie de leurs attributions). – **d.** Les membres du comité d'entreprise ont été saisis du plan de licenciement envisagé par la direction. – **e.** Les représentants du personnel et ceux de la direction dans le cadre d'un conflit collectif.

❷ a. Non : la grève est un droit. – **b.** Oui : l'action des travailleurs poursuit un but de sabotage et de désorganisation.

❸ a. Oui : les débrayages répétés sont licites. – **b.** Non : la grève avec occupation des locaux et piquets de grève est illicite. – **c.** Non : voir 2/b. – **d.** Non : les fonctionnaires doivent donner un préavis. – **e.** Oui : la grève surprise est légale.

❹ a. ont présenté au – **b.** s'applique à – **c.** saisir – **d.** ont pour mission de

❺ a. obligatoire – **b.** élu – **c.** collectif – **d.** la rupture d'un contrat

❻ a. (avoir une) voix délibérative – **b.** (avoir une) voix consultative – **c.** infraction à la législation – **d.** (mesure de) rétorsion

Unité 8.4.

❶ a. Mise en place de nouvelles technologies nécessitant une qualification que Gérard n'a pas. – **b.** Recevoir deux dixièmes de mois de salaire par année d'ancienneté. – **c.** Proposition 1 : s'inscrire au chômage ; proposition 2 : suivre une formation ; proposition 3 : changer de région avec l'aide de l'entreprise.

❷ a. licenciement pour motif économique – **b.** indemnités de licenciement – **c.** Possibilité 1 : devenir demandeur d'emploi ; possibilité 2 : signer une convention de conversion ; possibilité 3 : bénéficier d'une aide à la mobilité géographique

❸ a. V – **b.** V – **c.** F – **d.** F

❹ a. énoncer – **b.** a instauré – **c.** se voient/se sont vu – **d.** a remis

❺ a. /2 – **b.** /3 – **c.** /1 – **d.** /6 – **e.** /5 – **f.** /4

❻ a. mutations technologiques – **b.** restructuration – **c.** convention de conversion – **d.** préretraite

Unité 8. *Faisons le point*

❶ a. Grégoire a d'abord été engagé avec un contrat d'intérim qui a été transformé en CDD puis il a obtenu un CDI. – **b.** Je vous demande de préciser les termes du contrat. – **c.** Les grévistes ont obtenu la satisfaction de leurs revendications, donc ils reprennent le travail. – **d.** Les grèves perlées sont illicites mais les grèves tournantes sont autorisées.

❷ a. le classement – **b.** les études – **c.** l'épouse du directeur – **d.** avoir pour cousin

❸ Hervé est imprimeur de formation. Quand il a eu son diplôme, il a d'abord fait de l'intérim. Il trouvait que c'était bien de changer tout le temps. Mais, un jour, il en a eu assez et il a trouvé un emploi stable. Au bout de quelques années, il s'est aperçu qu'il avait besoin d'une formation en informatique. Son patron lui a accordé un congé de formation. Il a appris les technologies les plus sophistiquées. Cinq ans plus tard, il a souhaité être indépendant. Il a trouvé un associé et ils ont constitué une SARL. Elle emploie aujourd'hui plus de cinquante personnes.

Unité 9.1.

❶ organismes de droit privé : **c.** – organismes de droit public : **a.**, **b.**, **d.**

116

Le français juridique

❷ **a.** obligation de publicité loyale – **b.** obligation de suivi – **c.** obligation de sécurité – **d.** obligation d'information et de conseil

❸ **a.** /4 – **b.** /3 – **c.** /5 – **d.** /1 – **e.** /2

❹ **a.** un envoi forcé – **b.** la garantie – **c.** la date limite de consommation – **d.** la vente subordonnée – **e.** la vente avec prime

❺ **a.** porter atteinte à – **b.** sont liés à – **c.** se trouvait dans l'impossibilité de – **d.** fournir

Unité 9.2.

❶ **Cas n° 1 :** ai-je le droit de me rétracter ? – Oui, dans un délai de 7 jours. – ordonnance n° 2001-741 du 23 août 2001 – **Cas n° 2 :** ai-je le droit de dîner dans un restaurant avec des enfants en bas âge qui risquent de faire du bruit ? – Oui, sinon, il y a discrimination. – article 225 du nouveau Code pénal

❷ **b.** rappel de la commande – **c.** rappel de la date de livraison prévue – **d.** constat de non livraison – **e.** mise en demeure et poursuites éventuelles

❸ **a.** Demander des explications à la caisse de mutualité sociale agricole (délai non précisé). – **b.** Il fournira toutes les explications nécessaires concernant la notification. – **c.** Il faut saisir le président de la commission de recours à l'amiable dans un délai de deux mois. – **d.** La contestation de la décision ne sera pas prise en compte.

❹ **a.** mets en demeure de – **b.** disposez – **c.** d'indiquer – **d.** saisir

❺ **a.** stipuler que la livraison doit intervenir le… ou dans un délai de…/date limite de livraison – **b.** demander l'annulation – **c.** Nos services sont à votre disposition. – **d.** fournir toutes les explications utiles

❻ Exemples : **a.** Faute de justification de votre part, je me verrai dans l'obligation d'entamer une procédure judiciaire à votre encontre. – **b.** Si vous n'acceptez pas la décision de la direction, il vous appartient de vous adresser au conseil des prud'hommes. – **c.** Si vous ne donnez pas suite à ma proposition, je considérerai que vous refusez toute évolution de votre carrière. – **d.** Passé un délai de trente jours, votre demande ne pourra être prise en considération.

Unité 9.3.

❶ **a.** objet – **b.** consentement mutuel – **c.** capacité – **d.** cause

❷ **a.** erreur – **b.** non respect de la description du bien – **c.** contrat de sous-traitance – **d.** violence

❸ **a.** objet du contrat non licite – **b.** objet non commercialisable – **c.** normes de tarification non respectées (prix non sérieux) – **d.** prix non déterminé

❹ **a.** mettre les marchandises à la disposition du camionneur – **b.** honorer un contrat – **c.** contrat exempt de tout vice – **d.** l'agrément du commanditaire

❺ **a.** non commercialisable – **b.** l'invalidité – **c.** dérisoire – **d.** réel – **e.** un droit – **f.** une contrefaçon – **g.** réciproque – **d.** le consentement/l'assentiment

Unité 9.4.

❶ 14/10/02 : lancement par la LFP d'une consultation des chaînes cryptées ; objet : diffusion des matches de première division pour les saisons 2004-2007.

– 15/11/02 : la LFP annonce sa préférence pour Canal + ; Canal + propose 480 millions d'euros par an.

– 18/11/02 : TPS dépose une plainte devant le Conseil de la concurrence ; motif : abus de position dominante.

– 14/12/02 : la LFP accorde les droits à Canal +.

– 08/01/03 : TPS et Canal + sont entendus par les rapporteurs du Conseil de la concurrence.

– 23/01/03 : décision de suspendre les effets de l'attribution exclusive ; motif : effets restrictifs de concurrence.

❷ **a.** concurrence déloyale – **b.** concurrence loyale – **c.** concurrence déloyale – **d.** concurrence loyale

❸ **a.** la désorganisation du concurrent – **b.** le débauchage des salariés – **c.** l'imitation des signes distinctifs

❹ **a.** la prohibition – **b.** un agissement – **c.** des actes anticoncurrentiels

❺ **a.** la probité dans le domaine commercial – **b.** des dommages et intérêts – **c.** une injonction – **d.** le fondement

❻ incite à – **b.** conquérir – **c.** totalisent – **d.** d'octroyer

Unité 9. *Faisons le point*

❶ **a.** Le contrat est frappé de nullité. – **b.** Vous pouvez effectuer une réclamation dans un délai de 60 jours ouvrés. – **c.** Les deux entreprises ont fusionné. – **d.** Le contrat doit être conforme à la loi.

❷ **a.** une prise de participation – **b.** la vente à crédit – **c.** la répression des fraudes – **d.** un dispositif de contrôle

❸ **a.** illicite – **b.** toutes taxes comprises – **c.** matériel – **d.** non valide/nul – **e.** dominant(e) – **f.** mensonger/trompeur

❹ **a.** absorption – **b.** injonction – **c.** répression – **d.** dénonciation – **e.** fondation – **f.** transfert – autres mots : actes, accusé, approche, civiles, fait, part, projection, parties, procès, transaction

❺ **a.** Faute d'une réponse de votre part,… – **b.** À compter de la présente notification,… – **c.** Après consultation du comité d'entreprise,… – **d.** Passé le délai de quinze jours,…

❻ Force m'est de constater que… – les termes du – stipule – intervenir – dans un délai de trente jours – mets en demeure – d'exécuter les termes du contrat – considèrerai que – est frappé de nullité

Unité 10.1.

❶ impôts sur le revenu : P, E , à l'État – impôts sur les sociétés : S, à l'État – TVA : P, E, S, à l'État – taxe professionnelle : E, S aux collectivités locales – taxe foncière : P, E, S, aux collectivités locales – taxe d'apprentissage : E, S au Trésor public (qui la reverse à des établissements de formation professionnelle) ou directement à des centres de formation.

❷ **Arguments pour :** c'est politiquement rentable et ça relance la consommation, surtout s'il s'agit de l'impôt sur le revenu, des charges sociales ou de la CSG ; IR : impopulaire et ne rapporte pas beaucoup d'argent à l'État. – **Arguments contre :** les pouvoirs publics disposent de moins d'argent pour financer les services publics et améliorer la qualité de la vie ; intervention accrue de l'État (si on baisse IR, CSG et charges sociales) par exemple pour financer la sécurité sociale ; taxe d'habitation : l'État doit compenser la baisse de revenu des collectivités locales.

❸ **a.** Impopulaire pour ceux qui le versent car il apparaît clairement sur la déclaration d'impôts. – **b.** La TVA : « populaire » (impôt qui ne se voit pas) – **c.** Impopulaire (montant qui apparaît clairement sur la fiche de paie). – **d.** Impopulaire car elle est injuste et payée par tout le monde.

❹ **a.** Non : plus de la moitié des ménages ne le paient pas. Oui : relance de la consommation. – **b.** Oui : relance de la consommation. – **c.** Non : l'État devrait davantage intervenir dans le financement de la sécurité sociale. – **d.** Non : l'État devra davantage subventionner les collectivités locales.

❺ **a.** salarié, entrepreneur, sociétés, particuliers non salariés – **b.** État, collectivités locales, institutions de formation professionnelle – **c.** taxe d'habitation, taxe foncière, taxe professionnelle – **d.** part patronale

❻ Il existe l'impôt sur le revenu et l'impôt sur les sociétés (ainsi que l'impôt sur la fortune) ; il existe la taxe professionnelle, d'apprentissage, foncière, d'habitation, la TVA.

❼ **a.** déclaration – **b.** d'imposition – **c.** le régime – **d.** déductions

Unité 10.2.

❶ **Cas n° 1** : pas d'acompte d'impôts (12 mois), pas de taxe professionnelle (1ᵉ année). – **Cas n° 2** : exonération de IR ou de IS (2 ans) puis abattement dégressif sur les bénéfices (trois années suivantes). – **Cas n° 3** : exonération d'impôt sur les bénéfices (2 ans) ; exonération des taxes professionnelle et foncière (2 ans).

❷ **a.** V – **b.** F – **c.** V – **d.** V – **e.** F

❸ **a.** /4 – **b.** /3 – **c.** /2 – **d.** /1

❹ **a.** exonérer – **b.** accorder – **c.** contraindre – **d.** implanté – **e.** un soutien – **f.** subordonné

❺ **a.** par voie de – **b.** est soumise à – **c.** au titre de – **d.** sont éligibles pour

Unité 10.3.

❶ **a.** Décision de Renault de fermer son usine de Vilvorde (Belgique). – **b.** Blocage effectué par certains pays. – **c.** Obligation d'information sur l'état actuel et l'évolution probable de l'entreprise (économie et emploi). – **d.** Plusieurs pays ont déjà pris des mesures allant dans ce sens. – **e.** La directive est qualifiée « d'avancée significative ».

❷ **a.** réduction du temps de travail (RTT) – **b.** passage progressif et généralisé à la semaine de 35 heures – **c.** négociation par branche ou entreprise – **d.** nécessité d'assouplissement des deux lois

❸ **a.** Cette disposition est désormais inscrite au Code du travail. – **b.** La directive 2002/14/CE rend obligatoires les procédures d'information et de consultation des travailleurs. – **c.** La consultation doit être mise en œuvre par l'employeur. – **d.** La loi accorde d'importants allégements de charges patronales.

❹ **a.** définit – **b.** s'est établi – **c.** impose – **d.** rend

❺ **a.** est applicable – **b.** ont abouti – **c.** sans concertation – **d.** porte sur les

Unité 10.4.

❶ **a.** licenciement non conforme à la législation – **b.** dette non réglée – **c.** accident du travail

❷ **a.** F : il peut intervenir de sa propre initiative. – **b.** V : représentants des employeurs, des employés, des pouvoirs publics. – **c.** F : il est choisi. – **d.** F : c'est seulement la deuxième phase, qui n'intervient que si la première n'a pas abouti.

❸ **a.** S'adresser au conseil des prud'hommes (c'est la juridiction compétente). – **b.** S'adresser à l'inspecteur du travail (il est chargé, entre autres, de s'assurer de son respect). – **c.** S'adresser aux juridictions de droit commun (elles sont compétentes pour rendre un jugement par rapport à une infraction).

❹ **a.** être confronté – **b.** omettre – **c.** désigner – **d.** engager

❺ **a.** la résolution – **b.** la prévention – **c.** au respect – **d.** la soumission

❻ **a.** l'omission – **b.** la conciliation – **c.** la désignation – **d.** l'intervention – **e.** la mise en place – **f.** l'arbitrage

Unité 10. *Faisons le point*

❶ Exemples : **a.** Savez-vous à quels abattements d'impôts vous avez droit ? – **b.** Les allégements de charges sociales sont une pierre maîtresse de la loi sur les 35 heures. – **c.** La directive Vilvorde fait obligation au chef d'entreprise de pratiquer la consultation régulière de ses employés. – **d.** Quels sont les cas d'exonération de taxe professionnelle ? – **e.** L'aide à l'emploi peut se traduire par une subvention du conseil régional. – **f.** La réduction des charges sociales favorise l'embauche de nouveaux employés.

❷ **a.** un dispositif de contrôle – **b.** la réduction du temps de travail – **c.** l'information des travailleurs – **d.** la taxe à la valeur ajoutée – **e.** les allégements d'impôts – **f.** les exonérations de taxes – **g.** le taux d'imposition

❸ **a.** viser à obtenir réparation – **b.** définir un cadre – **c.** acquitter une taxe – **d.** prendre une participation dans une société – **e.** imposer la négociation par branche – **f.** s'octroyer le savoir-faire d'un concurrent – **g.** relever de l'impôt sur le revenu

❹ Exemples : **a.** La confiance est fonction de la transparence. – **b.** Je suis soumis à l'impôt sur les sociétés. – **c.** La baisse des charges sociales aura des incidences sur l'emploi. – **d.** Comment inciter les chefs d'entreprise à investir ?

❺ **a.** inscrit au règlement – **b.** par voie de – **c.** en tout état de cause – **d.** l'éligibilité pour – **e.** au titre de

Français	Allemand	Anglais	Espagnol	Italien
A				
à but lucratif / non lucratif	wirtschaftlicher Verein / gemeinnütziger Verein	profit-making/non-profit making	con objeto de lucro / sin objeto de lucro	a scopo lucrativo / non lucrativo
à huis clos	unter Ausschluss der Öffentlichkeit	in camera	a puerta cerrada	a porte chiuse
abattement fiscal / de charges (nf)	Steuer-, Abgabenabschläge	tax break/reduction in social security charges	exoneración fiscal / de cargas	sgravio fiscale
abolition (nf)	Abschaffung	abolition	abolición	abolizione
abus de position dominante (nm)	Missbrauch wegen beherrschender Stellung	abuse of a position of superiority	abuso de posición dominante	abuso di potere
abusus (nm)	Missbrauch	power to consume	abuso	abuso
accord à l'amiable (nm)	gütliches Abkommen	amicable agreement	acuerdo amistoso	accordo amichevole
accord collectif (nm)	gemeinsames Abkommen	collective agreement	acuerdo colectivo	accordo collettivo
accord international (nm)	internationales Abkommen	international agreement	acuerdo internacional	accordo internazionale
accorder sa confiance (v)	Vertrauen gewähren	to give one's trust	otorgar su confianza	accordare fiducia
accueillir un pourvoi (v)	Einspruch erheben	to admit an appeal	admitir un recurso extraordinario	accogliere un ricorso
achalandage (nm)	vielfältiges Sortiment	goodwill	clientela o crédito de un establecimiento comercial	avviamento (commerciale)
acquéreur (nm)	Erwerber	buyer	adquirente	compratore
acquitter qu (v)	freisprechen	to acquit sb	absolver a alguien	assolvere qu
acte (nm)	Urkunde	bill, deed	acta	atto
acte d'accusation (nm)	Anklageschrift	charge, bill of indictment	acto de acusación	atto d'accusa
Acte unique européen (m)	Einheitliche Europäische Akte	Single European Act	Acta única europea	Atto unico europeo
action en concurrence déloyale (nf)	Klage wegen unlauteren Wettbewerbs	lawsuit for unfair competition	acción contra la competencia desleal	azione in concorrenza sleale
action en justice (nf)	Klage	lawsuit	acción ante los tribunales	aziona giudiziaria
actionnaire (nm)	Aktionär	shareholder	accionista	azionario
activité commerciale (nf)	Handelsgewerbe	commercial activity	actividad comercial	attività commerciale
activité industrielle (nf)	produzierendes Gewerbe	industrial activity	actividad industrial	attività industriale
adhésion (nf)	Mitgliedschaft	membership, joining	adhesión	adesione
adjoint(e) (au maire) (nm/f)	Stellvertreter	deputy mayor	teniente (de alcalde)	vicesindaco
administration d'État (nf)	Staatsverwaltung	Civil Service	administración del Estado	amministrazione statale
administration pénitentiaire (nf)	Gefängnisverwaltung	prison administration	administración penitenciaria	aministrazione penitenziaria
affaire (nf)	Fall	matter, case	asunto	caso
affaire classée sans suite (nf)	abgelegter Fall	matter closed, with no further action	archivo de las actuaciones	caso archiviato
agrément (nm)	Einwilligung	assent	aprobación o autorización	consenso, autorizzazione
aide juridictionnelle (nf)	gerichtliche Hilfe	legal aid	beneficio de justicia gratuita	aiuto giurisdizionale
alinéa (nm)	Absatz	paragraph	párrafo o apartado	comma
allégement (nm)	Erleichterung	relief	disminución de impuestos	sgravio
allocation (nf)	Unterstützung, Beihilfe	allocation, grant	subsidio	indennità
amende (nf)	Geldstrafe	fine	enmienda	ammenda, multa
amendement (nm)	Abänderung	amendment	enmienda	amendamento
amnistie (nf)	Amnestie	amnisty	amnistía	amnistia
annulation (nf)	Absage, Annullation	cancellation	anulación	annullamento
annuler un jugement (v)	ein Urteil aufheben	to quash a verdict	anular una sentencia	cassare una sentenza
appel (nm)	Berufung	appeal	apelación	appello
apport (nm)	Einlage	contribution	aportación	apporto
apurement (nm)	Erledigung	audit, discharge	fiscalización y comprobación definitivas de una cuenta	verifica, appuramento
arrêt (nm)	Entscheid	judgement, decision, ruling	orden u ordenanza	decisione, decreto
arrêté ministériel (nm)	Erlass des Ministers	ministerial order	orden ministerial	decreto ministeriale
arrêté municipal (nm)	Gemeindeerlass	local by-law	ordenanza municipal	decreto municipale
arrêté préfectoral (nm)	Erlass des Präfekten	order of the prefect	orden gubernativa	decreto prefettorale
assemblée générale (nf)	Generalversammlung	annual general meeting	asamblea general	assemblea generale
assemblée nationale (nf)	Nationalversammlung	French National Assembly	congreso de diputados	assemblea nazionale
assentiment (nm)	Billigung	assent, consent	asentimiento	consenso, assenso
assesseur (nm)	Beisitzer	assessor	asesor	assessore
association (nf)	Verein	association, partnership	asociación	associazione
associé(e) (nm/f)	Gesellschafter	partner, associate	asociado	socio
assurance maladie (nf)	Krankenversicherung	health insurance	seguro de enfermedad	assicurazione malattia
assurance vieillesse (nf)	Altersversicherung	state pension scheme	seguro de vejez	assicurazione vecchiaia
attaquer qc (v)	angreifen	to attack sth	impugnar	attaccare qc
attribution (nf)	Zuweisung	attribution, remit	atribución	attribuzione
autorité publique (nf)	Behörde	public authorities	autoridad pública	autorità pubblica
avenant (nm)	Nachtrag	amendment, rider	adición o apéndice de un contrato	clausola addizionale
avis conforme (nm)	entsprechender Bescheid	assent	aviso de conformidad	parere conforme
avocat de la défense (nm)	den Beklagten vertretender Anwalt	counsel for the defence	abogado de la defensa	avvocato della difesa
avocat de la partie civile (nm)	den Kläger vertretender Anwalt	counsel for the plaintiff	abogado de la parte civil	avvocato di parte civile
avocat général (nm)	Oberstaatsanwalt	counsel for the prosecution	funcionario del Ministerio Público que suple al Procurador general	avvocato generale
avoir force de loi (v)	Gesetzeskraft haben	to have force of law	tener fuerza de ley	avere effetto di legge
B				
bail (nm)	Miet-, Pachtvertrag	lease	arrendamiento	affitto, locazione
bailleur (nm)	Vermieter	lessor	arrendador	locatore
bénéfice du doute (nm)	mangels Beweise	benefit of the doubt	beneficio de duda	beneficio del dubbio
bien immobilier (nm)	unbewegliches Eigentum	real estate	bien inmueble	bene immobile

Glossaire

bien mobilier (nm)	bewegliche Güter	personal property	bien mueble	bene mobile
branches du droit (nf)	Rechtszweig	branches of law	ramas del derecho	rami del diritto
brevet (nm)	Zeugnis, Patent	patent	patente	brevetto
bulletin blanc (nm)	leerer Stimmzettel	blank vote	papeleta blanca	scheda bianca
bulletin de vote (nm)	Stimmzettel	ballot paper	papeleta electoral	scheda
bulletin nul (nm)	ungültiger Stimmzettel	spoilt ballot paper	papeleta nula	scheda nulla
bureau de conciliation (nm)	Schlichtungsstelle	conciliation board	sección paritaria de conciliación	ufficio di conciliazione
bureau de jugement (nm)	Urteilsstelle	industrial tribunal	sección paritaria de enjuiciamiento	ufficio sentenze
bureau de vote (nm)	Wahlbüro	polling station	mesa electoral	urna

C

caisse de retraite (nf)	Rentenkasse	pension fund	caja de jubilaciones	previdenza pensionistica
capacité (nf)	Kapazität	capacity	capacidad	capacità
casier judiciaire (nm)	Strafregister	criminal record	expediente penal de una persona	antecedenti penali, fedina penale
casser un jugement (v)	Urteil aufheben	to quash, nullify a ruling	anular una sentencia	annullare, cassare una sentenza
céder un bail (v)	Pachtvertrag überlassen	to lease out	traspasar un arrendamiento	cedere una locazione
certificat de travail (nm)	Arbeitsbescheinigung	work certificate	certificado de trabajo	certificato di lavoro
cessation d'activité (nf)	Einstellung	termination of business	cesión de actividades	cessazione di attività
cessation de paiements (nf)	Zahlungseinstellung	suspension of payments, insolvency	cesión de pagos	cessazione di pagamento
cessible (adj)	übertragbar, abtretbar	transferable	cesible	cessibile
cession de clientèle (nf)	Kundenabtretung	transfer of customers	cessión de clientela	cessione di clientela
cession de fonds (nf)	Geschäftsveräußerung	transfer of goodwill	cessión de fondos	cessione di fondi
chambre de commerce et d'industrie (nf)	Industrie- und Handelskammer	chamber of commerce and industry	cámara de comercio y de industria	camera di commercio e dell'industria
charges (sociales) (nfp)	(Sozial)Abgaben, Aufwand	social security contributions	cargas (sociales)	oneri sociali
charte (nf)	Charta	charter	carta	carta
chef d'État (nm)	Staatschef	head of State	jefe de Estado	capo dello Stato
chef de gouvernement (nm)	Regierungschef	head of government	jefe de gobierno	capo del governo
circonscription (nf)	Bezirk	district, constituency	circunscripción	circoscrizione
citoyen(-ne) (nm/f)	Bürger/in	citizen	ciudadano (a)	cittadino
civique (adj)	staatsbürgerlich	civic	cívico	civico
classement sans suite (nm)	Ablage ohne Folgen	closing (of an affair) with no further action	archivo de las actuaciones	archiviazione
Code civil (nm)	Zivilgesetzbuch	civil code	Código civil	Codice civile
Code pénal (nm)	Strafgesetzbuch	penal code	Código penal	Codice penale
codécision (nf)	Mitentscheidung	joint decision	codecisión	decisione congiunta
codification (nf)	Kodifizierung	codification	codificación	codificazione
collectivité locale (nf)	Gebietskörperschaft	local authorities, local community	colectividad local	collettività locale
collectivité territoriale (nf)	Territorialkörperschaft	the nation (as a community)	colectividad territorial	collettività territoriale
commettre qc (v)	begehen	to commit sth	cometer algo	commettere qc
commissaire (nm/f)	Ausschussmitglied	commissioner	comisario	commissario
commission (nf)	Kommission	committee, commission	comisión	commissione
Commission européenne (nf)	europäische Kommisssion	European Commission	Comisión europea	Commissione europea
Communauté économique européenne (nf)	europäische Wirtschaftsgemeinschaft	European Economic Community	Comunidad económica europea	Comunità economica europea
commune (nf)	Gemeinde	town, village	municipio	comune
comparaître devant (v)	erscheinen vor	to appear before	comparecer ante	presentarsi davanti
conciliateur(-trice) (nm/f)	Vermittler/in	conciliator	conciliador (a)	conciliatore/ -trice
conciliateur de justice (nm)	Rechtsschlichter	court-appointed conciliator	conciliador de justicia	conciliatore
conciliation (nf)	Schlichtung	conciliation	conciliación	conciliazione
conclure (un accord) (v)	abschliessen	to reach (an agreement)	concluir (un acuerdo)	concludere (un accordo)
conclusions (nfp)	Schlussfolgerung	submissions, summing-up, findings	conclusiones	conclusioni
concurrence loyale / déloyale (nf)	lauterer / unlauterer Wettbewerb	fair/unfair competition	concurrencia leal / desleal	concorrenza leale / sleale
condamner à mort (v)	zum Tode verurteilen	to condemn to death	condenar a muerte	condannare a morte
confirmation (d'une peine) (v)	Bestätigung	confirmation (of a sentence)	confirmación (de una pena)	conferma (di una condanna)
conformité (nf)	Übereinstimmung	conformity, agreement	conformidad	conformità
congé de reclassement (nm)	Umschulungsurlaub	retraining period	paro por nueva clasificación	congedo di riclassificazione
congés payés (nmp)	bezahlter Urlaub	paid leave	vacaciones pagas	ferie pagate
Conseil constitutionnel (nm)	Verfassungsrat	Constitutional Council	Consejo constitucional	Consiglio costituzionale
conseil d'administration (nm)	Verwaltungsrat	board of directors	consejo de administración	consiglio d'amministrazione
Conseil d'État (nm)	Staatsrat	Council of State	Consejo de Estado	Consiglio di Stato
Conseil des ministres de l'UE (nm)	europäischer Ministerrat	Council of Ministers of the EU	Consejo de los ministros de la Union européenne	Consiglio dei ministri dell'UE
Conseil européen (nm)	europäischer Rat	European Council	Consejo europeo	Consiglio d'Europa
conseil municipal (nm)	Stadtrat	town council	concejo	giunta municipale
conseil régional (nm)	Regionalrat	regional council	consejo regional	giunta regionale
constitution (nf)	Verfassung	constitution	constitución	costituzione
consultatif (adj)	beratend	consultative	consultativo	consultativo
contentieux (nm)	Streitfall	dispute	contencioso	contenzioso
contrat à durée déterminée (nm)	zeitlich befristeter Vertrag	fixed-term contract	contrato a plazo determinado	contratto a tempo determinato
contrat à durée indéterminée (nm)	unbefristeter Vertrag	unlimited-term cntract	contrato indeterminado	contratto a tempo indeterminato
contrat d'intérim (nm)	Zeitarbeitsvertrag	temporary work contract	contrato de interinidad	contratto di interim
contrat de travail (nm)	Arbeitsvertrag	contract of employment	contrato de trabajo	contratto di lavoro
contravention (nf)	Strafzettel	violation; fine	contravención	contravvenzione
contribuable (nm/f)	Steuerzahler	taxpayer	contribuyente	contribuente
convention (nf)	Abkommen	convention, agreement	convención	convenzione
convention collective (nf)	Tarifvertrag	collective agreement, labour agreement	convenio colectivo	convenzione collettiva
coprévenu (nm)	Mitangeklagter	co-defendant	coinculpado	co-imputato
copropriété (nf)	Miteigentum	co-ownership	copropiedad	coproprietà
cotisation (nf)	Beitrag	contribution	cotización	quota
Cour administrative d'appel (nf)	Oberverwaltungsgericht / Verwaltungsgerichtshof	administrative court of appeal	sala contencioso-administrativa de la Audiencia provincial	corte d'appello amministrativa
cour d'appel (nf)	Berufungsgericht	court of appeal	tribunal de apelación	corte d'appello
cour d'assises (nf)	Schwurgericht	court of assizes, Crown Court	tribunal de lo criminal	corte d'assise
cour d'assises des mineurs (nf)	Schwurgericht für Minderjährige	juvenile court	tribunal de lo criminal de menores	corte d'assise per minori

Cour de cassation (nf)	Kassationsgericht	Court of Cassation, court of final appeal	tribunal de casación o tribunal supremo	corte di cassazione
Cour de justice (nf)	Gerichtshof	Court of Justice	alto tribunal de justicia	Corte di giustizia
Cour européenne des droits de l'homme (nf)	Europäischer Gerichtshof der Menschenrechte	European Court of Human Rights	Tribunal europeo de derechos humanos	Corte europea dei diritti umani
coutume (nf)	Gewohnheit	common law, custom	costumbre	consuetudine
couverture sociale (nf)	Sozialversicherung	social security insurance	cobertura social	copertura sociale
créances (nfp)	Forderungen	debts	créditos	credito
créancier (nm)	Gläubiger	creditor	acreedor	creditore
crime contre l'humanité (nm)	Verbrechen gegen die Menschlichkeit	crime against humanity	crimen contra la humanidad	crimine contro l'umanità

D

de plein droit	rechtens	as one's right	de pleno derecho	di pieno diritto
débiteur (nm)	Schuldner	debtor	deudor	debitore
débrayage (nm)	Ausstand	stoppage, walk out	paro	interruzione dal lavoro
décentralisation (nf)	Dezentralisierung	decentralization	descentralización	decentralizzazione
décret (nm)	Verordnung	decree	decreto	decreto
décret d'application (nm)	Anwendung	decree specifying how a law should be enforced	decreto de aplicación	decreto applicativo
délai de réflexion (nm)	Überlegungsfrist	time to think	plazo de reflexión	tempo limite di riflessione
délai de rétractation (nm)	Widerrufungsfrist	right-to-cancel period	plazo de retractación	tempo limite di ripensamento
délibéré (nm)	Rechtsstreit in Beratung und Abstimmung	deliberation	deliberación o fallo	decisione
délictueux(-se) (adj)	strafbar	criminal	delictivo (a)	delittuoso
délit (nm)	Vergehen	crime, offense, misdemeanour	delito	reato
demande irrecevable (nf)	unzulässiger Antrag	inadmissible request	demanda inadmisible	richiesta inammissibile
demande recevable (nf)	zulässiger Antrag	admissible request	demanda admisible	richiesta ammissibile
demandeur(euse) d'emploi (nm/f)	Arbeitsuchender	job-seeker	solicitante de trabajo	persona che cerca lavoro
démission (nf)	Kündigung	resignation	renuncia	dimissioni
démissionner (v)	zurücktreten	to resign	renunciar	dimettersi
dénomination sociale (nf)	Firma	corporate name	denominación social	denominazione sociale
département (nm)	Departement	county, département	departamento	dipartimento (provincia)
déposer un recours (v)	Beschwerde einlegen	to lodge an appeal	presentar un recurso	fare ricorso
dépôt de bilan (nm)	Konkursanmeldung	bankruptcy	declaración de suspensión de pagos	deposito di bilancio
député (nm/f)	Abgeordnete	deputy, Member of Parliament	diputado	deputato
détention (nf)	Haft	possession	detención	detenzione
détenu (nm)	Gefangener	prisoner, offender (in prison)	detenido	detenuto
dettes (nf)	Schulden	debts	deudas	(i) debiti
directive (nf)	Richtlinie	directive	directiva	direttiva
disposition (nf)	Bestimmung	measure; provision	disposición	disposizione
dissolution (nf)	Auflösung	dissolution	disolución	scioglimento
dissoudre qc (v)	auflösen	to dissolve sth	disolver	sciogliere
doctrine (nf)	Doktrin	doctrine	doctrina	dottrina
dol (nm)	Betrug, Arglist	fraudulent deception	dolo	dolo
domaine de compétence (nm)	Zuständigkeitsbereich	domain, competence, jurisdiction	esfera de competencia	settore di competenza
domaines du droit (nmp)	Rechtsbereich	areas of law	dominios del derecho	dominio del diritto
dommage (nm)	Schaden	harm, injury	daño	danno
dommage corporel (nm)	Personenschaden	physical injury	perjuicio corporal	danni corporali
dommage matériel (nm)	Sachschaden	material damage	daño material	danno materiale
dommage moral (nm)	immaterieller Schaden	moral prejudice	daño moral	danno morale
dommage volontaire (nm)	absichtlicher Schaden	malicious damage	daño voluntario	danno volontario
dommages et intérêts (nmp)	Schadenersatz	damages	daños y perjuicios	danni
droit à la défense	Recht auf Verteidigung	right to legal defence	derecho a la defensa	diritto alla difesa
droit administratif (nm)	Verwaltungsrecht	administrative law	derecho administrativo	diritto amministrativo
droit au bail (nm)	Pachtrecht	lease right	derecho al arrendamiento	diritto locativo
droit civil (nm)	Zivilrecht	civil law	derecho civil	diritto civile
droit commercial (nm)	Handelsrecht	commercial law	derecho comercial	diritto commerciale
droit commun (nm)	Landesrecht	common law	derecho común	diritto comune
droit communautaire (nm)	Gemeinschaftsrecht	Community law	derecho comunitario	diritto comunitario
droit constitutionnel (nm)	Verfassungsrecht	constitutional law	derecho constitucional	diritto costituzionale
droit de propriété (nm)	Eigentumsrecht	right of property	derecho de propiedad	diritto di proprietà
droit du travail (nm)	Arbeitsrecht	employment law	derecho del trabajo	diritto del lavoro
droit extra-patrimonial (nm)	nicht angestammtes Recht	non-property law	derecho inherente a la persona	diritto extra patrimoniale
droit fiscal (nm)	Steuerrecht	tax law	derecho fiscal	diritto fiscale
droit fondamental (m)	Grundrecht	fundamental right	derecho fundamental	diritto fondamentale
droit international (nm)	internationales Recht	international law	derecho internacional	diritto internazionale
droit national (nm)	nationales Recht	national law	derecho nacional	diritto nazionale
droit négocié (nm)	verhandeltes Recht	negotiated law	derecho negociado	diritto negoziale
droit objectif (nm)	objektives Recht	objective law	derecho objetivo	dirittto oggettivo
droit patrimonial (nm)	Besitzrecht	property law	derecho patrimonial	diritto patrimoniale
droit pénal (nm)	Strafrecht	penal law	derecho penal	diritto penale
droit positif (nm)	positives Recht	positive law	derecho positivo	diritto positivo
droit privé (nm)	Privatrecht	private law	derecho privado	diritto privato
droit public (nm)	öffentliches Recht	public law	derecho público	diritto pubblico
droit social (nm)	Sozialrecht	labour law	derecho social	diritto sociale
droit spécial (nm)	Sonderrecht	special law	derecho especial	diritto speciale
droit subjectif (nm)	subjektives Recht	subjective law	derecho subjetivo	diritto soggettivo
droits de la personnalité (nmp)	Persönlichkeitsrechte	rights of the individual	derecho propios de la persona	diritto della persona
durée du travail (nf)	Arbeitszeit	hours of work	duración del trabajo	durata di lavoro

E

écoper de (v)	bekommen	to get (a sentence), to be sent down for…	cargarse	buscarsi
effectuer (une peine) (v)	absitzen	to serve (a sentence)	efectuar (una pena)	scontare (una pena)
élargissement	Erweiterung	expansion	ampliación	allargamento

Glossaire

électeur(-trice) (nm/f)	Wähler/in	voter, constituent	elector (a)	elettore (-trice)
élection (nf)	Wahl	election	elección	elezione
électorat (nm)	Wählerschaft	electorate	electorado	elettorato
emprisonnement (nm)	Gefängnisstrafe, Inhaftierung	imprisonment	prisión	prigione
engagement (nm)	Einstellung	commitment, recruitment	contrata	assunzione, impegno
enjoindre à qc de (v)	jm gebieten etwas zu tun	to charge sb to do sth	requerir a alguien	ingiungere
enquête (nf)	Untersuchung	inquiry, investigation	encuesta o indagatoria	inchiesta
enregistrer (v)	eintragen, verbuchen	to register	registrar	registrare
enseigne (nf)	Ladenschild	trade name	enseña distintiva de un establecimiento comercial	insegna
entente (nf)	Abkommen	understanding, settlement	entendimiento o acuerdo	intesa
entrepreneur (nm)	Unternehmer	entrepreneur	empresario	imprenditore
entreprise individuelle (nf)	Einzelunternehmen	one-man business	empesa individual	impresa individuale
entreprise unipersonnelle à responsabilité limitée (nf)	Einmannunternehmen mit beschränkter Haftung	private limited company under sole ownership	empresa unipersonal de responsabilidad limitada	società personale a responsabilità limitata
entretien préalable (nm)	vorausgehendes Gespräch	preliminary discussion	entrevista previa	colloquio preliminare
erreur judiciaire (nf)	Justizirrtum	miscarriage of justice	error judicial	errore giudiziario
établissement public (nm)	öffentliche Einrichtung	public establishment	establecimiento público	edificio pubblico
État (nm)	Staat	State	Estado	Stato
État membre (nm)	Mitgliedsstaat	member State	estado miembro	Stato membro
être acquitté (v)	freigesprochen sein / werden	to be acquitted	ser absuelto	essere assolto
être compétent pour (v)	kompetent für etwas sein	to be qualified to…	ser competente para	essere ccompetente per
être condamné en appel (v)	in zweiter Instanz verurteilt werden	to be convicted on appeal	ser condenado en apelación	essere condannato in appello
être du ressort de (v)	unter Zuständigkeit von	to fall within the competence of	estar en la competencia de	essere di competenza
être frappé de qc (v)	getroffen sein von	to be subject to sth	estar acusado de algo	essere colpito da qc
être gracié par (v)	begnadigt werden von	to be granted a pardon	ser indultado por	essere graziato da
être habilité à (v)	befugt sein etwas zu tun	to be authorized to…	estar habilitado para	essere atto a
être relaxé (v)	freigelassen werden	to be discharged, acquitted	ser puesto en libertad	essere rilasciato
examiner un recours (v)	Beschwerde untersuchen	to consider an appeal	examinar un recurso	esaminare un ricorso
excès de pouvoir (nm)	Überschreiten der Befugnisse	abuse of power	exceso de poder	abuso di potere
exécuter qc (v)	ausführen	to carry sth out, to execute	ejecutar	eseguire qc
exécutif(-ve) (adj)	Exekutiv-	executive	ejecutivo(a)	esecutivo
exécution (nf)	Ausführung	execution	ejecución	esecuzione
exercer la justice (v)	Recht ausüben	to exercise justice	ejercer la justicia	applicare la giustizia
exercice (nm)	Geschäftsjahr	financial period	ejercicio	esercizio
exigible (adj)	fällig	payable	exigible	esigibile
exonération (nf)	Befreiung	exemption	exoneración	esonerazione
expert (nm)	Experte	expert	perito	esperto
extrait d'immatriculation (nm)	Registerauszug	registration extract	extracto de registro	estratto d'immatricolazione

F

faillite (nf)	Konkurs	bankruptcy	quiebra	fallimento
fait d'autrui (nm)	Haftung für Dritte	act of third party, indirect liability	acto de un tercero	fatto altrui
fait de la personne (nm)	persönliche Verantwortung	personal liability	acto personal	fatto personale
fait des choses (nm)	Haftpflicht für verursachten Schaden	property liability	daños originados por cosas	cosa di fatto
falsification (nf)	Fälschung	forgery	falsificación	falsificazione
fisc (nm)	Fiskus	tax authorities	erario público	fisco
fond (nm)	Inhalt	substance	fondo	fondo
fondation (nf)	Stiftung	foundation	fundación	fondazione
fonds de commerce (nm)	Geschäft	business	fondo de comercio	fondo di commercio
forme (nf)	Form	form	forma	forma
former un recours (v)	Berufung einlegen	to draft an appeal	entablar un recurso	formulare un ricorso
formulaire (nm)	Formular	form	formulario	modulo
fructus (nm)	Nutzen	right to the produce (of a thing)	fruto	frutto

G

garantie bancaire (nf)	Bankgarantie	bank guarantee	garantía bancaria	garanzia bancaria
garde à vue (nf)	Polizeigewahrsam	police custody	detención preventiva	custodia cautelare
gérant(e) (nmf)	Geschäftsführer	manager	gerente	gerente
gestion (nf)	Verwaltung, Betriebsführung	management, administration	gestión	gestione
greffier (nm)	Urkundsbeamter	clerk of the court	secretario judicial	cancelliere
grève illicite (nf)	unerlaubter Streik	illegal strike	huelga ilícita	sciopero ingiustificato
grève licite (nf)	erlaubter Streik	lawful strike	huelga lícita	sciopero giustificato
grève perlée (nf)	Bummelstreik	go-slow (strike)	huelga intermitente	sciopero a singhiozzo
grève spontanée (nf)	spontaner Streik	wildcat strike	huelga espontánea	sciopero spontaneo
grève surprise (nf)	Überraschungsstreik	lightning strike	huelga sorpresa	sciopero a sorpresa
grève tournante (nf)	Wellenstreik	rotating strike	huelga por turnos	sciopero articolato, a scacchiera
groupement d'intérêt économique (nm)	Wirtschaftsinteressenverband	economic interest grouping	agrupación de interés económico	raggruppamento di interessi economico
groupement de biens (nm)	Verband	grouping of assets	agrupación de bienes	raggruppamento di beni
groupement de personnes (nm)	Personengruppe	association of individuals	agrupación o reunión de personas	raggruppamento di persone

H

harmonisation (nf)	Harmonisierung	harmonization	armonización	armonizzazione
honorer un contrat (v)	Vertrag honorieren	to honour a contract	cumplir con lo convenido	onorare un contratto
hôtel de région (nm)	Regionalverwaltung	regional administrative centre	sede de las autoridades regionales	palazzo regionale
hôtel de ville (nm)	Stadtverwaltung, Rathaus	town hall	ayuntamiento	municipio
hôtel du département (nm)	Departementsverwaltung	country hall	sede de las autoridades del departamento	sede dipartimentale
huis clos	unter Ausschluss der Öffentlichkeit	in camera	puerta cerrada	porte chiuse
huissier (nm)	Gerichtsvollzieher	bailiff	ujier o bedel	usciere

Glossaire

I

illicite (adj)	unerlaubt	illicit	ilícito	illecito
immatriculer (v)	einschreiben	to register	registrar	immatricolare
impôt sur le revenu (nm)	Einkommensteuer	income tax	impuesto a los réditos	imposta sul reddito
impôt sur les entreprises (nm)	Körperschaftssteuer	corporation tax	impuesto a las empresas	imposta sulle società
impôt sur les sociétés (nm)	Gesellschaftssteuer	corporation tax	impuesto a las sociedades	imposta sulle società
impôts locaux (nmp)	Steuer auf Miet-oder Privatwohnung	rates	impuestos locales	imposte locali
imprescriptible (adj)	unverjährbar	to which the statute of limitations does not apply	imprescriptible	imprescrittibile
inaliénable (adj)	unveräusserlich	inalienable	inalienable	inalienabile
indemnité (nf)	Vergütung	benefit, compensation	indemnización	indennità
indemnité de licenciement (nf)	Entlassungsabfindung	severance pay	indemnización por despido	liquidazione
indivision (nf)	Gesamthandsgemeinschaft	joint possession	indivisión	indivisione
infliger une peine (v)	Strafe auferlegen	to pass sentence, impose a punishment	infligir una pena	infliggere una pena
infraction (nf)	Verstoß	offence	infracción	infrazione
injonction (nf)	Aufforderung	command, order	intimación	ingiunzione
inspection du travail (nf)	Arbeitsinspektion	labour inspectorate	Inspección del trabajo	ispezione del lavoro
inspecteur du travail (nm)	Arbeitsinspektor	labour inspector	inspector del trabajo	ispettore del lavoro
instance (nf)	Instanz	proceedings	instancia	istanza, domanda
institution (nf)	Institution	institution	institución	istituzione
instruction (nf)	Ermittlung	pre-trial investigation	instrucción	istruzione
instruire une affaire (v)	Ermittlungsverfahren durchführen	to conduct an investigation into a case	instruir un asunto	istruire un processo
intégration (nf)	Integration	integration	integración	integrazione
intenter une action en nullité (v)	Nichtigkeitsklage erheben	to institute proceedings to render (a decision) null and void	entablar una acción de nulidad	intraprendere un'azione di nullità
interrogatoire (nm)	Verhör	questioning, cross-examination	interrogatorio	interrogatorio
inventaire (nm)	Inventur	inventory	inventario	inventario
investir qc (v)	investieren	to invest sth	investir a alguien	investire qc

J

jour férié (nm)	Feiertag	public holiday	día feriado	giorno festivo
jour ouvré (nm)	Arbeitstag	working day	día hábil	giorno feriale
journal officiel (nm)	Amtsblatt	official bulletin providing details of laws and official announcements, the Official Gazette (UK)	boletín oficial del Estado	Gazzetta Ufficiale
judiciaire (adj)	gerichtlich	judicial	judicial	giudiziario
juge d'instruction (nm)	Untersuchungsrichter	investigating magistrate	juez de instrucción	giudice istruttore
juge de proximité (nm)	Richter in unmittelbarer Nähe	local magistrate	juez de proximidad	giudice conciliatore
juge des enfants (nm)	Jugendrichter	children's judge	juez de menores	giudice dei minori
jugement (nm)	Urteil	sentence	sentencia	giudizio
jugement d'ouverture (nm)	Eingangsurteil	initial ruling	apertura del procedimiento judicial	giudizio d'apertura
juré (nm)	Geschworener	juror	jurado	giurato
juridiction (nf)	Gerichtsbarkeit, Rechtssprechung	jurisdiction	jurisdicción	giurisdizione
juridiction paritaire (nf)	paritätische Gerichtsbarkeit	industrial tribunal with equal representation of both sides	jurisdicción paritaria	giurisdizione paritaria
jurisprudence (nf)	Rechtsprechung	jurisprudence, case law	jurisprudencia	giurisprudenza
jury (nm)	Jury, Geschworenen	jury	jurado	giuria
justice administrative (nf)	Verwaltungsjustiz	administrative courts	justicia administrativa	giustizia amministrativa
justice civile (nf)	Ziviljustiz	civilian courts	justicia civil	giustizia civile
justice des mineurs (nf)	Jugendgerichtsbarkeit	juvenile courts	justicia de menores	giustizia dei minori

L

législatif(-ve) (adj)	gesetzgebend	legislative	legislativo (a)	legislativo
législation (nf)	Gesetzgebung	legislation	legislación	legislazione
lettre de licenciement (nf)	Kündigungsschreiben	letter of dismissal	carta de despido	lettera di licenziamento
lever l'audience (v)	Sitzung beenden	to close the proceedings	levantar la audiencia	togliere l'udienza
liberté d'association (nf)	Versammlungsfreiheit	freedom of association	libertad de asociación	libertà d'associazione
liberté d'expression (nf)	Ausdrucksfreiheit	freedom of expression	libertad de expresión	libertà d'espressione
liberté de penser (nf)	Gedankenfreiheit	freedom of thought	libertad de pensar	libertà di pensiero
libre circulation (nf)	freier Verkehr	free movement	libre circulación	libera circolazione
licence (nf)	Lizenz	licence	licencia	licenza
licenciement pour motif disciplinaire (nm)	verhaltensbedingte Kündigung	dismissal for professional misdemeanour	despido por motivo disciplinario	licenziamento per motivi disciplinari
licenciement pour motif économique (nm)	betriebsbedingte Kündigung	redundancy	despido por motivo económico	licenziamento per ragioni economiche
licite (adj)	erlaubt	lawful	lícito	lecito
lien de causalité (nm)	Zusammenhang	link of cause and effect	nexo causal	rapporto di causa
liquidation judiciaire (nf)	gerichtliche Abwicklung	liquidation subject to court supervision	liquidación judicial	liquidazione giudiziaria
litige (nm)	Rechtsstreit	dispute, lawsuit	pleito	litigio
lock-out (nm)	Ausschluss	lock-out	cierre empresarial	serrata
loi (nf)	Gesetz	law	ley	legge
loi d'orientation et de programmation (nf)	Orientierungs- und Programmierungsrecht	blueprint law	ley de orientación y de programación	legge d'orientazione e di programmazione

M

magistrat (nm)	Richter, Staatsanwalt	magistrate, prosecuting attorney	magistrado	magistrato
magistrat du parquet (nm)	Richter der Staatsanwaltschaft	public prosecutor	miembro del Ministerio público	magistrato della Procura
magistrat du siège (nm)	Richter	judge	magistrado de estrados o juez	magistrato di sede
maire (nmf)	Bürgermeister	mayor	alcalde	sindaco
mairie (nf)	Rathaus	town hall	ayuntamiento	comune

maison d'arrêt (nf)	Strafanstalt	prison	cárcel	carcere, prigione
majeur (adj)	volljährig	of age, responsible adult	mayor	maggiorenne
majorité (âge de la) (nf)	Volljährigkeit	majority, voting age	mayoría (de edad)	maggiore età
majorité absolue (nf)	absolute Mehrheit	absolute majority	mayoría absoluta	maggioranza assoluta
majorité qualifiée (nf)	qualifizierte Stimmenmehrheit	qualified majority	mayoría calificada	maggioranza qualificata
majorité relative (nf)	relative Mehrheit	relative majority	mayoría relativa	maggioranza relativa
majorité simple (nf)	einfache Stimmenmehrheit	simple majority	mayoría simple	maggioranza semplice
mandat (nm)	Mandat	mandate	mandato	mandato
mandater qu (v)	beauftragen	to appoint, commission sb	dar mandato a alguien	incaricare qu
manquement à (nm)	Verstoß gegen	breach of	falta, infracción o incumplimiento	non ottemperanza
marché unique (nm)	Einheitsmarkt	Single Market	mercado único	mercato unico
marque déposée (nf)	eingetragenes Warenzeichen	registered trademark	marca registrada	marchio depositato
médiateur de la République (nm)	Schlichter der Republik	ombudsman	mediador de la república	mediatore della repubblica
médiation (nf)	Vermittler, Schlichter	mediation, arbitration	mediación	mediazione
médiation judiciaire (nf)	Gerichtliche Vermittlung	legal mediation	mediación judicial	mediazione giudiziaria
médiation pénale (nf)	Strafrechtliche Vermittlung	penal mediation	mediación penal	mediazione penale
mesure de réparation (nf)	Wiedergutmachungsmaßnahme	compensation	medida de reparación	misure di indennizzo
mesure de rétorsion (nf)	Vergeltungsmaßnahmen	retaliatory measure	medida de represalia	misure di ritorsione
mesure éducative (nf)	Erziehungsmaßnahme	measure to reform (juvenile)	medida educativa	provvedimento educativo
mesure préventive (nf)	Vorbeugungsmaßnahme	preventive action	disposición precautoria	misura preventiva
mineur(e) (nm/f)	Minderjährige	minor	menor	minorenne, minore
ministère public (nm)	öffentliches Ministerium	the Prosecution	ministerio público	ministero pubblico
ministre (nm/f)	Minister	minister	ministro	ministro
mise en demeure (nf)	Zahlungsbefehl	formal notice	intimación	messa in mora
mitoyenneté (nf)	Angrenzung	common ownership	medianería	comproprietà
modalités (nfp)	Modalität	mode, method	modalidades	modalità
modalités de règlement (nfp)	Zahlungsweise	mode of settlement	modalidades de reglamento	modalità di pagamento
modalités en vigueur (nf)	geltende Bestimmungen	methods in force	modalidades vigentes	modalità in vigore
monnaie unique (nf)	Einheitswährung	single currency	moneda única	moneta unica
motif (nm)	Motif, Grund	reason	motivo	motivo
motion de censure (mf)	Misstrauensantrag	centure motion	moción de censura	mozione di censura
multipropriété (nf)	Timesharing bei Wohnungen	timesharing	multipropiedad	multiproprietà
municipal (adj)	Stadt-	municipal, local	municipal	municipale
mutuelle (nf)	Versicherung auf Gegenseitigkeit	complementary health insurance	mutualidad	mutua

N

négociation collective (nf)	gemeinsame Verhandlung	collective bargaining	negociación colectiva	negoziato collettivo
nom commercial (nm)	Handelsname / Firma	company name	nombre comercial	nome commerciale
nommer (v)	ernennen	to appoint	nombrar	nominare
non-lieu (nm)	Einstellung des Strafverfahrens	dismissal of a charge	sobreseimiento	non luogo a procedere
non-respect (nm)	Nichtrespektierung	failure to respect	no respeto	non rispetto
non-salarié(e) (nmf)	Selbständiger	non-wage-earning person	trabajador autónomo	non-salariato
notaire (nm)	Notar	public notary	notario	notaio
notifier qc à qu (v)	jm etwas bekanntgeben	to notify sb of sth	notificar algo a alguien	notificare qc a qu
nullité (nf)	Ungültigkeit	nullity	nulidad	nullità
numéraire (nm)	Bargeld	cash	numerario	numerario
numéro de sécurité sociale (nm)	Krankenversicherungsnummer	social security number	número de seguridad social	numero di previdenza sociale

O

objet social (nm)	Gesellschaftszweck	aim of a company	objeto social	oggetto sociale
obligation (nf)	Verpflichtung	obligation	obligación	obbligo
obligation conventionnelle (nf)	vertragliche Verpflichtung	contractual obligation	obligación convencional	obbligo convenzionale
obligation de donner (nf)	Verpflichtung zu geben	obligation to give	obligación de dar	obbligo di dare
obligation de moyens (nf)	Verpflichtung der Mittel	obligation to possess the necessary resources	obligación de medios	obbligo di mezzi
obligation de résultats (nf)	Verpflichtung zu Ergebnissen	obligation to provide results	obligación de resultado	obbligo di risultato
obligation délictuelle (nf)	deliktliche Verpflichtung	criminal obligation	obligación delictiva	obbligo delittuale
obligation légale (nf)	gesetzliche Verpflichtung	legal obligation	obligación legal	obbligo legale
obligation quasi délictuelle (nf)	deliktsähnliche Verpflichtung	quasi-criminal obligation	obligación cuasidelictual	obbligo semidelittuale
obligation selon l'effet (nf)	Verpflichtung je nach Auswirkung	obligation depending on the effect	obligación según el efecto	obbligo secondo l'effetto
obligation selon l'objet (nf)	Verpflichtung je nach Objekt	obligation depending on the purpose	obligación según el objeto	obbligo secondo l'oggetto
obligation selon la source (nf)	Verpflichtung je nach Quelle	obligation depending on the source	obligación según la fuente	obbligo secondo la fonte
offre de reprise (nf)	Übernahmeangebot	takeover offer	oferta de reanudación de la actividad	offerta di compensazione parziale
opposer son veto (v)	sein Veto einlegen	to veto sth	oponer su veto	opporre il proprio veto
ordonnance (nf)	Beschluss, Verordnung	order, edict	ordenanza	ordinanza, disposizione
organe décisionnaire (nm)	Entscheidungsträger	deciding body	organo de decisión	organo decisionario
organisation syndicale (nf)	Gewerkschaft	trade union organization	organización sindical	organizzazione sindacale
organisme international (nm)	internationale Organisation	international body	organismo internacional	organismo internazionale

P

palais de justice (nm)	Justizpalast	law courts	palacio de justicia	palazzo di giustizia
parité (nf)	Gleichheit	parity, equality	paridad	parità
parlement (nm)	Parlament	parliament	parlamento	parlamento
Parlement européen (nm)	Europäisches Parlament	European Parliament	Parlamento europeo	parlamento europeo
parquet (nm)	Staatsanwaltschaft	public prosecutor's department	fiscalía	Pretura
part employeur (nf)	Arbeitgeberanteil	employer's contribution	parte del empleador	quota patronale
part patronale (nf)	Arbeitgeberanteil	employer's contribution	parte patronal	quota patronale
part salariale (nf)	Arbeitnehmeranteil	worker's contribution	parte salarial	quota salariale
part salarié (nf)	Arbeitnehmeranteil	worker's contribution	parte del asalariado	quota salariale
part sociale (nf)	Gesellschaftsanteil	(partner's) share	participación social	parte sociale
particulier (nm)	Privatperson	private individual	particular	particolare, privato
partie(s) civile(s) (nf/p)	Privatkläger	private party/-ies (associating with a public prosecutor)	actor(es) civil (es)	la parte civile
parties (nf)	Parteien	parties, litigants	partes	parti

Glossaire

patrimoine (nm)	Vermögen	assets	patrimonio	patrimonio
peine de mort (nf)	Todesstrafe	death penalty	pena de muerte	pena di morte
peine maximale (nf)	Maximalstrafe	maximum sentence	pena máxima	pena massima
peine privative de liberté (nf)	Freiheitsstrafe	prison sentence	pena privativa de libertad	pena agli arresti
période d'essai (nf)	Probezeit	probationary period	período de prueba	periodo di prova
permis de travail (nm)	Arbeitserlaubnis	work permit	permiso de trabajo	permesso di lavoro
personnalité juridique (nf)	Rechtspersönlichkeit	legal status	personalidad jurídica	personalità giuridica
personne juridique (nf)	Rechtsperson	legal entity	persona jurídica	persona giuridica
personne morale (nf)	juristische Person	legal entity	persona moral	persona morale
personne physique (nf)	Person	natural person	persona física	persona fisica
pièce à conviction (nf)	Beweisstück	exhibit	documento probatorio	corpo del reato
piquet de grève (nm)	Streikposten	strike picket	piquete de huelga	picchetto
placement (nm)	Einweisung	admission	colocación	sistemazione
plaidoirie (nf)	Plädoyer	speech for the defence	alegato	arringa
plaignant(e) (nm/f)	Kläger	plaintiff	actor (a) o querellante	querelante
plan de cession (nm)	Abtretungsplan	transfer schedule	plan de cesión	piano di cessione
porter préjudice (v)	Schaden zufügen	to do harm	causar perjuicio	essere a scapito di qu qc
poursuivre qu (v)	verfolgen	to prosecute, sue sb	perseguir a alguien	incriminare qu
pourvoi en cassation (nm)	Revisionsantrag	appeal	recurso de casación	ricorso in cassazione
préambule (nm)	Präambel	preamble, recitals	preámbulo	preambolo
préavis (nm)	Frist, Vorankündigung	notice	preaviso	preavviso
préfet de département (nm)	Präfekt des Departements	prefect of the département (representative of the state at county level)	prefecto de departamento (delegado del gobierno en cada uno de los departamentos en que se divide Francia)	prefetto di dipartimento
préfet de région (nm)	Präfekt der Region	prefect of the region (representative of the state at regional level)	prefecto regional	prefetto di regione
préjudice (nm)	Schaden	loss, wrong, damage	perjuicio	danno
Premier ministre (nm)	Erster Minister	Prime Minister	primer ministro	primo ministro
première instance (nf)	erste Instanz	court of first instance	primera instancia	prima istanza
préretraite (nf)	Vorruhestand	early retirement	prejubilación	pensione anticipata
présenter une requête (v)	Antrag stellen	to petition a judge	interponer un recurso o requerimiento	presentare una richiesta
président (nm)	Präsident	presiding magistrate/judge	presidente	presidente
présomption d'innocence (nf)	Unschuldsvermutung	presumption of innocence	presunción de inocencia	presunzione d'innocenza
prestation (nf)	(Dienst)leistung	service	prestación	prestazione
présumer innocent (v)	als unschuldig gelten	to presume innocent	presumido inocente	presunto innocente
prêter serment (v)	Eid ablegen	to take the oath	prestar juramento	prestare giuramento
preuve (nf)	Beweis	evidence, proof	prueba	prova
prévenu(e) (nm/f)	Angeklagter	defendant	inculpado (a)	imputato
prévisions d'activités (nfp)	Aussichten, Prognosen	business forecasts	previsiones de actividad	previsione di attività
primauté (nf)	Vorrang	primacy, pre-eminence	primado	primato, supremazia
principe (nm)	Prinzip	principle	principio	principio
prison avec sursis (nf)	Gefängnis auf Bewährung	suspended prison sentence	prisión condicional	carcere con la condizionale
prison ferme (nf)	Gefängnisstrafe	(firm) prison sentence	prisión firme	carcere
procédure (nf)	Verfahren	procedure, proceedings	procedimiento	procedura
procédure civile (nf)	Zivilverfahren	civil procedure	procedimiento civil	procedura civile
procédure judiciaire (nf)	Gerichtsverfahren	legal proceedings	procedimiento judicial	procedura giudiziaria
procédure pénale (nf)	Strafverfahren	criminal procedure	procedimiento penal	procedura civile
procès (nm)	Prozess	trial	proceso	processo
procès verbal (nm)	Protokoll	report, statement	acta	verbale
procureur (nm)	Staatsanwalt	prosecutor	procurador	procuratore
procureur de la République (nm)	Staatsanwalt (1. Instanz)	public prosecutor	fiscal de la República en los Tribunales de primera instancia	procuratore della repubblica
profession libérale (nf)	Freiberufler	liberal profession	profesión liberal	professione liberale
promulguer qc (v)	Strafmandat	to promulgate sth	promulgar algo	promulgare
prononcé de la décision (nm)	Urteilsverkündung	pronouncement of the verdict	pronunciamiento de la decisión	pronuncia della decisione
proposition de loi (nf)	Gesetzesvorlage	private member's bill	propuesta de ley	proposta di legge
propriété industrielle (nf)	gewerbliches Eigentum	patent rights	propiedad industrial	proprietà industriale
propriété intellectuelle (nf)	geistiges Eigentum	intellectual property	propiedad intelectual	proprietà intellettuale
protection des consommateurs (nf)	Verbraucherschutz	consumer protection	protección de los consumidores	tutela dei consumatori
protection judiciaire (nf)	Rechtsschutz	legal protection	protección judicial	protezione giudiziaria
protection sociale (nf)	sozialer Schutz	social security	protección social	protezione sociale

Q

qualification (nf)	Qualifikation	qualification	calificación	qualificazione
quote-part (nf)	Anteil	share	cuota parte	quota-parte

R

raison sociale (nf)	Firmenbezeichnung	corporate name	razón social	ragione sociale
ratifier qc (v)	ratifizieren, bestätigen	to ratify sth	ratificar algo	ratificare
récidive (nf)	Rückfall	second or subsequent offence	reincidencia	recidiva
réclusion criminelle (nf)	(Straf)haft	imprisonment	reclusión	reclusione
réclusion criminelle à perpétuité (nf)	lebenslängliche Haft	life imprisonment	cadena perpetua	ergastolo
reconduite à la frontière (nf)	Begleitung bis an die Grenze	escorting back to the border	expulsión de un extranjero (haciéndolo repasar la frontera)	riconduzione alla frontiera
reconversion (nf)	Umschulung	resettlement	reconversión	riconversione
recours (nm)	Berufung, Rechtsbehelf	appeal	recurso	ricorso
redressement judiciaire (nm)	gerichtliche Sanierung	(company put into) receivership	procedimiento aplicado a la empresa en suspensión de pagos	risanamento giudiziario
référé (nm)	einstweilige Verfügung	summary proceedings	procedimiento judicial contradictorio de tramitación abreviada y urgente	procedura per direttissima
référendum (nm)	Volksentscheid	referendum	referendo	referendum
régime complémentaire (nm)	zusätzliches System	supplementary pension scheme	régimen complementario	regime complementare
régime d'imposition (nm)	Besteuerung	tax system	régimen impositivo	regime d'imposizione
régime d'incapacité (nm)	Arbeitsunfähigkeit	incapacity plan	régimen de incapacidad	regime di incapacità
régime fiscal (nm)	Steuersystem	tax regulations	régimen fiscal	regime fiscale

Glossaire

régir qc (v)	bestimmen	to govern sth	regir algo	dirigere qc
règlement (nm)	Vorschrift	regulations	reglamento	pagamento, regolamento
règlement à l'amiable (nm)	gütliche Einigung	out-of-court settlement	arreglo amistoso	accordo amichevole
réglementation (nf)	Regelung	regulations	reglamentación	normativa, regolamentazione
réhabilitation (nf)	Rehabilitierung	discharge	rehabilitación	riabilitazione
réintégration (nf)	Wiedereingliederung,-aufnahme	reinstatement	reintegración	reintegrazione
rejeter qc (v)	zurückweisen	to reject sth	rechazar algo	rigettare qc
rejeter un pourvoi (v)	Revision verwerfen	to throw out an appeal	rechazar un recurso extraordinario	respingere un ricorso
relaxer qu (v)	freilassen	to acquit sb	poner en libertad a alguien	rilasciare
remplir les conditions (v)	Bedingungen erfüllen	to fulfil the conditions	llenar las condiciones	adempiere alle condizioni
rémunération (nf)	Entlohnung	compensation, pay	remuneración	remunerazione
rendre un délibéré (v)	Beratungsergebnis verkünden	to announce a decision	pronunciar un fallo	esprimere una decisione
rendre un jugement (v)	Urteil aussprechen	to pass judgement	pronunciar una sentencia	pronunciare una sentenza
réparation (nf)	Wiedergutmachung	compensation	reparación	riparazione
représentation des salariés (nf)	Arbeitnehmervertretung	employee representation	representación de los asalariados	rappresentanza dei lavoratori
représenter qu/qc (v)	vertreten	to represent sb/sth	representar (a alguien o algo)	rappresentare
répression des fraudes (nf)	Betrugsverfolgung	fight against fraud	represión de los fraudes	repressione delle frodi
requérant(e) (nm/f)	Antragsteller/in	claimant	actor (a)	che richiede
requérir qc (v)	fordern	to demand sth	requerir algo	richiedere
réquisition (nf)	Antrag, Gesuch	summing-up for the prosecution	requisición	requisizione
réquisitoire (nm)	Strafantrag	summing-up for the prosecution, instruction brief	requisitoria	requisitoria
responsabilité civile (nf)	Haftpflicht	civil liability	responsabilidad civil	responsabilità civile
responsabilité civile contractuelle (nf)	vertragliche Haftpflicht	contractual civil liability	responsabilidad civil contractual	responsabilità civile contrattuale
responsabilité civile délictuelle (nf)	deliktliche Haftung	criminal civil liability	responsabilidad civil delictiva	responsabilità civile delittuale
responsabilité pénale (nf)	strafrechtliche Verantwortlichkeit	criminal responsibility	responsabilidad penal	responsabilità penale
ressortissant (nm)	Staatsangehöriger	national, citizen	natural (de un Estado)	cittadino
rétorsion (nf)	Vergeltung	retaliation	represalia	ritorsioni
réviser un jugement (v)	Verfahren wiederaufnehmen	to put up for judicial review	revisar una sentencia	riesaminare una sentenza
révocation du sursis (nm)	Widerruf der Strafaussetzung zur Bewährung	revocation of a suspended sentence	revocación de la condena condicional	revocazione della condizionale
révoquer qu (v)	widerrufen	to remove sb from office, dismiss	revocar algo	destituire
rompre un contrat (v)	Vertrag brechen	to break a contract	romper un contrato	rompere un contratto
rupture (nf)	Vertragsbeendigung	breach (of contract)	ruptura	rottura

S

saisir qc (v)	ergreifen, pfänden	to refer a case to sth	embargar algo	adire
salaire brut (nm)	Bruttogehalt	gross salary	salario bruto	salario/stipendio lordo
salaire net (nm)	Nettogehalt	net salary	salario neto	salario/stipendio netto
salle d'audience (nf)	Verhandlungssaal	courtroom	sala de audiencia	sala d'udienza
sanction (nf)	Bestrafung	sanction, penalty	sanción	sanzione
sanction pénale (nf)	Strafe	penal sanction	sanción penal	sanzione penale
sanctionner qc (v)	bestrafen	to punish sth	sancionar a alguien	sanzionare
scrutin de liste (nm)	Listenwahl	list system	escrutinio de lista	scrutinio di lista
scrutin majoritaire (nm)	Mehrheitswahl	election on a majority basis	escrutinio mayoriatario	scrutinio maggioritario
scrutin proportionnel (nm)	Verhältniswahl	proportional representation	escrutinio proporcional	sceutinio proporzionale
scrutin uninominal (nm)	Persönlichkeitswahl	uninominal system	escrutinio uninominal	scrutinio uninominale
se prononcer (v)	sich aussprechen für	to reach a decision	pronunciarse	pronunciarsi
séance publique (nf)	öffentliche Sitzung	public session	sesión pública	seduta pubblica
Sénat (nm)	Senat	Senate	Senado	senato
sentence (nf)	Urteilsspruch	sentence	sentencia	sentenza
séparation des pouvoirs	Gewaltenteilung	separation of powers	separación de los poderes	separazione dei poteri
serment (nm)	Eid	oath	juramento	giuramento
siège social (nm)	Sitz	head office	sede social	sede sociale
société (nf)	Gesellschaft	company	sociedad	società
société à responsabilité limitée (nf)	GmbH	private limited company	sociedad de responsabilidad limitada	società a responsabilità limitata
société anonyme (nf)	Aktiengesellschaft	limited liability company	sociedad anónima	società anonima
société par actions (nf)	Aktiengesellschaft	joint stock company	sociedad por acciones	società per azioni
société par actions simplifiée (nf)	vereinfachte Aktiengesellschaft	simplified joint stock company	sociedad por acciones simplificada	società per azioni semplificata
sources directes (nf)	direkte Quellen	direct sources	fuentes directas	fonti dirette
sources du droit (nf)	Rechtsquellen	sources of law	fuentes del derecho	fonti del diritto
sources écrites (nf)	schriftliche Quellen	written sources, statutes	fuentes escritas	fonti scritte
sources indirectes (nf)	indirekte Quellen	indirect sources	fuentes indirectas	fonti indirette
sources non écrites (nf)	nicht schriftlich niedergelegte Quellen	unwritten sources	fuentes no escritas	fonti non scritte
sous-traitance (nf)	Auftragsvergabe an Zulieferer	subcontracting	subcontratación	subappalto
souscrire à qc (v)	zeichnen	to subscribe to/for sth	suscribir a algo	sottoscriverte a qc
souveraineté (f)	Souveränität, Hoheit	sovereignty	soberanía	sovranità
statut (nm)	Satzung	status; articles of association	estatuto	statuto
suffrage (nm)	Stimme	vote, suffrage	sufragio	suffragio
suffrage direct (nm)	direktes Wahlrecht	direct suffrage	sufragio directo	suffragio diretto
suffrage indirect (nm)	indirektes Wahlrecht	indirect suffrage	sufragio indirecto	suffragio indiretto
suppression d'emploi (nf)	Arbeitsplatzabbau	axing of jobs	supresión del trabajo o del puesto	soppressione di posto di lavoro
sursis (nm)	Strafaufschub	reprieve, suspended sentence	condicional o en suspenso	rinvio

T

taxe à la valeur ajoutée (nf)	Mehrwertsteuer	value added tax	impuesto sobre le valor añadido	imposta valore aggiunto (IVA)
taxe d'apprentissage (nf)	Steuer für Ausbildung der Azubis	apprenticeship tax	impuesto de aprendizaje	tassa di formazione
taxe d'habitation (nf)	Steuer auf Miet- oder Privatwohnung	poll tax	contribución urbana	imposta sulla casa
taxe foncière (nf)	Grundsteuer	land tax	contribución territorial	imposta fondiaria, tassa di proprietà
taxe professionnelle (nf)	Gewerbesteuer	local tax on business activity	impuesto sobre actividades económicas	tassa professionale
témoin à charge (nm)	Zeuge der Anklage	witness for the prosecution	testigo de cargo	testimone a carico
témoin à décharge (nm)	Entlastungszeuge	witness for the defence	testigo de descargo	testimone a favore
termes d'un contrat (nmp)	Bestimmungen eines Vertrags	terms of a contract	términos de un contrato	termini di un contratto

titre de séjour (nm)	Aufenthaltsgenehmigung	residence permit	carta de residencia	carta di soggiorno
trafic (nm)	Handel, Verkehr	dealing	tráfico	traffico
traité (nm)	Abkommen	treaty	tratado	trattato
transposition (nf)	Übertragung	adaptation, transposition	transposición	trasposizione
travail à temps partiel (nm)	Teilzeitarbeit	part-time work	trabajo a tiempo parcial	lavoro part-time
travail saisonnier (nm)	Saisonarbeit	seasonal employment	trabajo estacional	lavoro stagionale
travail temporaire (nm)	Zeitarbeit	temporary work	trabajo temporario	lavoro temporaneo
travailler au noir (v)	schwarz arbeiten	to moonlight	trabajar clandestinamente	lavorare al nero
trésorerie (nf)	Kassenlage	cash, accounts	tesorería	tesoreria
tribunal administratif (nm)	Verwaltungsgericht	tribunal dealing with internal disputes in the French civil service	tribunal administrativo	tribunale amministrativo
tribunal correctionnel (nm)	Strafgericht	magistrates' court (dealing with criminal matters)	tribunal correccional	tribunale correzionale
tribunal d'instance (nm)	Amtsgericht	magistrates' court (dealing with civil matters)	tribunal de instancia	pretura
tribunal de grande instance (nm)	Landgericht	county court	tribunal jurisdiccional de derecho común de primer grado	tribunale di grande istanza
tribunal de police (nm)	Polizeigericht	police court	tribunal de policía correccional	tribunale di polizia
tribunal des enfants (nm)	Jugendgericht	juvenile court	tribunal de menores	tribunale dei minori

U

unanimité (nf)	allgemeine Zustimmung	unanimity	unanimidad	unanimità
usage (nm)	Gepflogenheit	common practice, customary right	uso	uso, consuetudine
usufruit (nm)	Nießbrauch	usufruct	usufructo	usufrutto
usurpation (nf)	Usurpation	usurpation	usurpación	usurpazione
usus (nm)	Gebrauch, Usus	right of use	uso	uso

V

vente viagère (nf)	Verkauf mit einer Rente	sold for a life annuity	venta vitalicia	vendita in vitalizio
verdict (nm)	Urteilsspruch	verdict	veredicto	verdetto
veto (nm)	Veto	veto	veto	veto
viager (nm)	(auf) Leibrente (nbasis)	life annuity	vitalicio	vitalizio
vice (nm)	Mangel	defect	vicio	vizio
vice-président(e) (nm/f)	Vizepräsident	vice-president	vicepresidente	vice-presidente
vide juridique (nm)	juristischer Leerraum	gap in the law	vacío jurídico	vuoto giuridico
violation (nf)	Verletzung, Hausfriedensbruch	violation	violación	violazione
voie de recours (nf)	Rechtsweg	appeal process	vía de recurso	via di ricorso
voix (nf)	Stimme	vote, voice	voz o voto	voto
vote (m)	Wahl, Stimme	vote	voto	voto
voter pour qu/qc (v)	wählen für	to vote for sb/sth	votar por alguien o algo	votare per qu/qc

---

Sigles

APCE : Association pour la création d'entreprise
ASSEDIC : Association pour l'emploi dans l'industrie et le commerce
BIC : bénéfices industriels et commerciaux
BNC : bénéfices non commerciaux
CA : cour d'appel
CC : Cour de cassation
CCI : chambre de commerce et d'industrie
CCIP : chambre de commerce et d'industrie de Paris
CDD : contrat à durée déterminée
CDI : contrat à durée indéterminée
CE : Commission européenne
CEE : Communauté économique européenne
CES : Conseil économique et social
CFE : Centre de formalités des entreprises
CHSCT : Comité d'hygiène, de sécurité et des conditions de travail
CJCE : Cour de justice des Communautés européennes
CNIL : Commission nationale de l'informatique et des libertés
CRDS : contribution au remboursement de la dette sociale
CSG : contribution sociale généralisée
DGCCRF : Direction générale de la concurrence, de la consommation et de la répression des fraudes
EURL : entreprise unipersonnelle à responsabilité limitée
GIE : groupement d'intérêt économique
INC : Institut national de la consommation

INPI : Institut national de la propriété industrielle
IR : impôt sur le revenu
IS : impôt sur les sociétés
JOCE : Journal officiel des communautés européennes
JO : Journal officiel de la République française
OEB : Office européen des brevets
OHMI : Office de l'harmonisation du marché intérieur
OMPI : Organisation mondiale de la propriété industrielle
OMT : Organisation mondiale du travail
ONU : Organisation des Nations Unies
PE : Parlement européen
PME : petites et moyennes entreprises
PRE : prime régionale à l'emploi
RCS : registre du commerce et des sociétés
RTT : réduction du temps de travail
SA : société anonyme
SARL : société à responsabilité limitée
SAS : société par actions simplifiée
SMIC : salaire minimum interprofessionnel de croissance
SNC : société en nom collectif
TTC : toutes taxes comprises
TVA : taxe à la valeur ajoutée
UE : Union européenne

Achevé d'imprimer en France par Dupli-Print à Domont (95) en août 2012

N° d'impression : 207647

Dépôt légal : août 2012 - Collection : 27 – Edition : 07

15/5200/9